История слов в жизни народа

A. Bragina

Word History in People's Lives

Russian Reader with a Marginal Russian-English
Vocabulary and Explanatory Notes

Russky Yazyk Publishers
Moscow
1989

А. Брагина

История слов в жизни народа

Книга для чтения со словарём и комментарием

Москва
«Русский язык»
1989

ББК 81.2Р—93
А 87

Рецензенты:
доктор филол. наук Е. М. Верещагин,
канд. филол. наук Л. В. Судавичене
Макет С. В. Красовского
Рисунки К. В. Орлова
Перевод Н. А. Перовой

Б $\frac{4306020102—119}{015(01)—89}$ 127—88
ISBN 5—200—00135—8

Оглавление

К читателям

Когда́ мы подъезжа́ем к родны́м места́м и смо́трим в окно́ ваго́на, нево́льно и́щем что́-то знако́мое: берёзовую ро́щу, лужайку, я́ркое пятно́ але́ющих ряби́н и́ли я́блоневый сад... Прия́тно ви́деть всё э́то родно́е и знако́мое, глаза́ светле́ют, гу́бы улыба́ются... Отку́да э́ти чу́вства? Как прихо́дят они́ к нам? Как возника́ет ро́дственное ощуще́ние берёз или рябин, полево́го цветка́, ко́лоса ржи?

Наш выдаю́щийся педаго́г Константи́н Дми́триевич Уши́нский вспомина́л себя́ ма́льчиком: «Но вот и сне́гу во́все нет, и неприя́тная нагота́ дере́вьев в саду́ замени́лась со все́х сторо́н маня́щими таи́нственными глуби́нами, вот и ви́шни бры́знули молоко́м цвето́в, зарозове́ли я́блони, кашта́н по́днял и распусти́л свой краси́вые султа́ны, и я бежа́л ка́ждый раз из гимна́зии домо́й, как бу́дто меня́ жда́ло там... сокро́вище... Каки́е впечатле́ния мо́гут быть даны́ взаме́н э́тих живы́х, си́льных, воспи́тывающих ду́шу впечатле́ний приро́ды».

Именно с де́тства возника́ет спосо́бность ви́деть окружа́ющую тебя́ приро́ду, дорожи́ть е́ю. И, наве́рное, э́то чу́вство идёт от де́дов и пра́дедов, ба́бушек, отца́ с ма́терью... И ему́ не у́чат, а передаю́т его́... Как?

В на́шей семье́, наприме́р, сло́вно ска́зку, расска́зывали, как мой оте́ц в ладо́ни принёс пе́рвый полево́й цвето́к для до́чери, а до́чь-то ещё то́лько тяну́лась ко всему́ незнако́мому и — в рот: на проре́завшийся зуб. Ещё не́ было для неё поня́тия «живо́й цвето́к», но всё-таки что́-то ра́достное, о́бщее с отцо́м, уже́ зароди́лось.

А ско́лько ска́зочной ра́дости таи́лось в ма́леньких вишнёвых «де́брях» ба́бушкиного са́да, в цвету́щей я́блоне и в зазвуча́вшем сло́ве ма́тери о волше́бных румя́ных я́блоках. И каза́лось, что ска́зка сло́жена о на́шей я́блоне из ба́бушкиного са́да. Постепе́нно круг впечатле́ний расширя́лся, вы́шел за огра́ду са́да. Пе́рвый раз — степь (полна́ со́лнцем!), лес... И запада́ют в се́рдце впечатле́ния, живы́е слова́ — имена́ — я́блоня, ви́шня, степь, лес...

Вот мне и хоте́лось бы рассказа́ть о том, что стои́т за сло́вом, что оно́ означа́ет и что зна́чит в на́шей жи́зни. У ка́ждого наро́да есть люби́мые дере́вья, цветы́, зла́ки... И они́ стано́вятся части́цей ЗЕМЛИ, СТРАНЫ, ЖИЗНИ НАРОДА.

Прочти́те снача́ла исто́рию сло́ва, а пото́м посмотри́те, почу́вствуйте, как живёт сло́во в ска́зке, в стиха́х, в пе́сне, как мо́жет обрати́ться в краю́шку хле́ба и́ли ла́комый пиро́г.

Те́ксты для чте́ния разнообра́зны. Пе́рвый, основно́й, текст — э́то исто́рия сло́ва. При э́том на́до по́мнить, что исто́рия объясня́ет не то́лько давно́ проше́дшую жизнь сло́ва, но и жизнь, теку́щую на на́ших глаза́х. Совреме́нную исто́рию сло́ва позволя́ют уви́деть та́кже разнообра́зные дополни́тельные те́ксты, специа́льно ото́бранные для ка́ждого сло́ва и в не́которых слу́чаях сокращённые. Что пресле́довал тако́й отбо́р? Хоте́лось, что́бы фило́лог, для кото́рого в основно́м предназна́чена кни́га, и́ли бу́дущий фило́лог, аспира́нт, стажёр или про́сто чита́тель, интересу́ющийся исто́рией ру́сского языка́, мог без изли́шних затрудне́ний понима́ть текст, вника́ть в дета́ли, опира́ясь на коммента́рий и слова́рь, предлага́емый на поля́х страни́ц (для удо́бства чте́ния). Коммента́рий дан в основно́м к дополни́тельным те́кстам в тех слу́чаях, когда́ отде́льные слова́ представля́ют интере́с для филологи́ческого ана́лиза. Есть в кни́ге зада́ния и ключи́ к не́которым из ни́х. Чита́тели встре́тят во мно́гих слу́чаях и отсы́лочный материа́л — слова́рь, нау́чное иссле́дование, газе́ту. Така́я то́чность нужна́ не то́лько в чи́сто филологи́ческих целях, но и для того́, что́бы показа́ть исто́рию сло́ва в жи́зни наро́да во временны́х грани́цах, свя́зывая тем са́мым поворо́ты в жи́зни сло́ва с жи́знью самого́ наро́да.

По своему́ хара́ктеру те́ксты де́лятся на информати́вные (нау́чно-популя́рные, публицисти́ческие) и худо́жественные (прозаи́ческие и поэти́ческие). Ска́зки и стихотворе́ния для дете́й, та́кже представля́ющие худо́жественный жанр, име́ют свою́ специ́фику — о́бразную и ле́ксико-граммати́ческую. Обраще́ния к чита́телю от а́втора предваря́ют по ме́ре необходи́мости отде́льные те́ксты. Но бы́ло бы изли́шним и утоми́тельным вводи́ть регуля́рный методи́ческий коммента́рий. Са́ми те́ксты обусло́вливают тот и́ли ино́й вид рабо́ты: переска́з, бесе́ду-обсужде́ние и́ли про́сто чте́ние для о́тдыха, для души́. Преподава́тель мо́жет испо́льзовать те́ксты так, как э́то ну́жно в тот и́ли ино́й моме́нт обуче́ния. От главы́ к главе́ должна́ нараста́ть самостоя́тельность уча́щихся, обостря́ться внима́ние к стили́стике те́кста. Ва́жно поддержа́ть стремле́ние побесе́довать на те́му прочи́танного те́кста, оцени́ть восприя́тие о́бразов слове́сных, зри́тельных.

Худо́жественная про́за, нау́чно-популя́рные о́черки предназна́чены в основно́м для аудито́рных бесе́д-обсужде́ний содержа́ния и стили́стики те́кста, а не для чте́ния (оно́ скоре́е всего́ должно́ быть дома́шним).

Стихотворе́ния, пе́сни, де́тские стихи́ и, коне́чно, ска́зки хороши́ для зау́чивания, обогаще́ния ре́чи не то́лько крыла́тыми строка́ми, о́бразным, перено́сным употребле́нием слов, но и про́сто повседне́вной бытово́й ле́ксикой.

Есть одна́ ру́брика, роль кото́рой своеобра́зна: она́ практи́ческая, утилита́рная. Это ру́брика «Из реце́птов мое́й ба́бушки». В ней даны́ реце́пты ру́сских ку́шаний, пирого́в, ла́комств. Мо́жно пригото́вить всё, что вы вы́берете по своему́ вку́су и́ли из любопы́тства. Гото́вя еду́ по вы́бранному реце́пту, вы практи́чески осво́ите и значе́ния слов, осо́бенно глаго́лов: вы ощути́те значе́ния видовы́х приста́вочных форм, означа́ющих де́йствия.

Вопро́сы и зада́ния позво́лят сосредото́читься на са́мом гла́вном, ва́жном и интере́сном. Коне́чно, чи́сто языковы́е зада́ния (строй предложе́ний, значе́ние и употребле́ние граммати́ческих форм и т. п.) иду́т паралле́льно, и́сподволь. Са́мое дорого́е в за́мысле а́втора не в э́том.

Автор наде́ется, что кни́га позво́лит приблизиться к на́шей ру́сской приро́де, позво́лит приоткры́ть бога́тства ру́сского языка́.

Берёзы, берёзы России

Берёзы, берёзы России

О берёзе напи́сано мно́го стихо́в, сло́жено мно́го пе́сен[1], проведено́ нема́ло нау́чных наблюде́ний и иссле́дований. Это краси́вое и поле́зное де́рево занима́ло и занима́ет осо́бое ме́сто в на́шей жи́зни.

Средь и́збранных дере́в[2] берёза
Не поэти́чески глядит.
Но в ней — душе́ родна́я про́за —
Живы́м наре́чьем[3] говори́т.

Так писа́л совреме́нник А. Пу́шкина — поэ́т П. Вя́земский. Он же призна́лся, что на чужби́не[4], вдали́ от ро́дины

Нам здесь и ты, берёза, сло́вно
От ми́лой ма́тери письмо́.

А. Пу́шкин вспомина́л в одно́м из пи́сем, как он обра́довался во вре́мя своего́ путеше́ствия на ю́г, когда́ уви́дел берёзу: «Мы перее́хали го́ры, и пе́рвый предме́т, порази́вший[5] меня́, была́ берёза, се́верная берёза! се́рдце моё сжа́лось[6]» (дека́брь 1824 — дека́брь 1825, Миха́йловское).

И вот э́то же восприя́тие[7] де́рева — на́шей берёзы в чужо́й стороне́[8] — в стиха́х совреме́нного поэ́та А. Проко́фьева:

Берёзка
Бо́льше всех укра́сила поля́нку,
Вста́ла, золоти́ста и светла́,
Ты не заблуди́лась, россия́нка?
Ты ведь до Швейца́рии дошла́!

Как шуми́тся[9] на чужо́й сторо́нке,
Зелене́ется[10] в друго́м краю́?
От твои́х подру́г, моя́ сестрёнка,
Я тебе́ покло́н передаю́.

Ско́лько забо́ты и понима́ния зави́симости от чужо́й стороны́ вы́разил поэ́т в глаго́лах *шуми́тся, зелене́ется*. Безли́чные оборо́ты (*тебе́ — берёзе — шуми́тся, зелене́ется*) выделя́ют на́шу берёзу из окруже́ния, кото́рому, каза́лось бы, она́ должна́ быть подвла́стна.

Берёза — одно́ из распространённейших дере́вьев се́верного полуша́рия, но то́лько в се́верной и сре́дней полосе́ Росси́и (да ещё в Белору́ссии) растёт берёза чи́стыми сплошны́ми ро́щами[11] (*бере́зник* и́ли *березня́к*). Поэ́тому и называ́ют берёзу ру́сским де́ревом.

1. many songs are composed
2. amidst the trees
3. in a living language
4. in foreign lands
5. that amazed
6. my heart gave a twinge
7. perception
8. in foreign lands
9. how do you like rustling...
10. how do you like to grow green...
11. clean dense groves

Берёза — однó из сáмых распространённых дерéвьев в срéдней полосé Росси́и.

О распространéнии берёзы на рýсских зéмлях говоря́т многочи́сленные назвáния сёл и рек — Берёзовки Пéрмской, Орлóвской, Кýрской областéй, Берёзовые гóры по Урáльскому хребтý. Замéтим тáкже, что как назвáние мéстности Берёза извéстна ужé по «Рýсской лéтописи[1]»: «Пришéдшу[2] вели́кому кня́зю Дми́трею Ивáновичю на мéсто, нарицáемое[3] Берéзу» (по Ни́конову спи́ску, IV, 104, 6889 (1381) год. См.: Срезнéвский И. И. Материáлы к словарю́ древнерýсского языкá. Т. I, СПб., 1893, стлб. 69—70).

Обы́чны и рýсские фами́лии, произвóдные от

1. chronicle
2. (*Old Russian*) have come
3. (*Old Russian*) called

берёза: Берёзкины, Берёзины, Березовые... «Космона́вты Анато́лий Березово́й, Валенти́н Ле́бедев, Леони́д Попо́в, Алекса́ндр Серебро́в и Светла́на Сави́цкая продолжа́ют выполня́ть запланиро́ванные иссле́дования[1]» (Изве́стия, 1982, 23 а́вгуста). Примеча́тельно осмысле́ние[2] на́шим совреме́нником-писа́телем Ю. Наги́биным фами́лии *Берёзкин* в расска́зе «Де́ти ле́пят из сне́га...». Мо́лоденькая воспита́тельница де́тского са́да ду́мает о бу́дущей судьбе́ дете́й из свое́й гру́ппы. Это возмо́жно бу́дущие ску́льптор, певи́ца, астроно́м, а *Берёзкин* — «лоба́стый»[3], «доброду́шный»[4], «прирождённый помо́щник»[5] — «я́вит вы́сший дар[6], тала́нт соверше́нной доброты́, он бу́дет всем помога́ть. И лю́дям Земли́ ста́нет привы́чно, попа́в в беду́, ради́ровать: «Москва́. Берёзкину. Нужна́ твоя́ по́мощь...» В со́бственных имена́х *Берёзкин, Бере́зин, Березово́й* прозра́чна связь[7] с так называ́емым вну́тренним о́бразом[8] сло́ва *берёза*: связь реа́лии «белоство́льная берёза» с поня́тием «бе́лый, све́тлый, я́сный». Эта связь постоя́нно подде́рживается зри́тельным впечатле́нием[9] от берёз, берёзовых рощ, не ухо́дит в исто́рию, остаётся откры́той[10].

Сло́во *берёза* то в бо́лее схо́дной[11] с ру́сской фо́рме, то в ме́нее схо́дной, отдалённой[12] быту́ет[13] в языка́х мно́гих наро́дов: и славя́нских и неславя́нских. В о́бщем ко́рне[14] э́тих наименова́ний просве́чивает[15] еди́ная индоевропе́йская осно́ва, свя́занная с поня́тиями «бе́лый», «беле́ет», «све́тлый, я́сный». Тем са́мым назва́ние де́рева определено́ цве́том его́ коры́: *берёза* — ру́сское сло́во, *бере́за* — украи́нское, *бяро́за* — белору́сское. Этот же ко́рень в болга́рском *бре́за*, сербохорва́тском *бре́за*, че́шском наименова́нии breza, слове́нском brëza, по́льском brzoza, лито́вском bérzas и латы́шском beřzs, древнеисла́ндском bjork и дре́вневерхненеме́цком birka (совреме́нное — Birke). До́брое и ла́сковое и́мя *берёза* сло́вно объединя́ет и сближа́ет все э́ти наро́ды. (Фа́смер М. Этимологи́ческий слова́рь ру́сского языка́. Т. 1, М., 1986, с. 154).

Бы́ло вре́мя, когда́ в ру́сском языке́ сло́во *берёза* явля́лось и наименова́нием берёз, и означа́ло та́кже 'де́рево вообще́'. Тако́е обобщённое значе́ние — свиде́тельство преоблада́ющего[16] распростране́ния берёз и предпочти́тельного к ним отноше́ния[17].

1. planned research
2. interpretation
3. having a large forehead
4. good-natured
5. born helper
6. will reveal the supreme talent
7. clear connection
8. inner image
9. visual impression
10. remains evident
11. similar
12. remote
13. exists
14. common root
15. is discernible
16. predominant
17. preference

Берёза занима́ла, пожа́луй, ни с чем не сравни́мое ме́сто в жи́зни ру́сского челове́ка.

Есть де́рево
Об четы́ре де́ла[1]:
пе́рвое де́ло — мир освеща́ет (лучи́на)[2],
друго́е де́ло — разби́тому связь (бере́ста)[3],
тре́тье де́ло — больны́х исцеля́ет[4], неко́панный коло́дец[5] (берёзовый сок),
четвёртое де́ло — чистоту́ соблюда́ет[6] (ве́ник).

1. of four uses
2. splint torch
3. birch-bark
4. heals
5. undug well
6. keeps clean
7. little log
8. rod
9. healing
10. secrete resin
11. fragrance
12. baskets
13. birch-bark boxes or baskets

Эта сложи́вшаяся в наро́де му́драя зага́дка говори́т о том, что ну́жно бы́ло знать о берёзе, что́бы цени́ть её. Сама́ фо́рма сочета́ния *об четы́ре де́ла* говори́т об о́чень да́внем вре́мени, когда́ счита́ли до́брые дела́ берёзы. Это выраже́ние коли́чества при́знаков в предме́те *(ср.*: конь о четырёх нога́х) уже́ устаре́ло и сохраня́ется то́лько в наро́дных посло́вицах, погово́рках, постоя́нных словосочета́ниях. Вот как, наприме́р, в э́той зага́дке, помога́я нам определи́ть её да́вний во́зраст. И ещё — зага́дка храни́т це́нность берёзы, определённую наро́дом. И в на́ше вре́мя поэ́т Д. Само́йлов, воспева́я берёзу, вспо́мнил пре́жде всего́ то, что несла́, да и несёт ещё берёза в на́шу повседне́вную жизнь:

О жа́ркая, о сне́жная берёзка!
Моё поле́нце[7], ве́ничек и ро́зга[8]...

Берёза согрева́ла избу́, дом (берёзовые дрова́ — поле́но — поле́нце), освеща́ла (лучи́на), мы́ла (берёзовый ве́ничек, с кото́рым ходи́ли в ба́ню). Берёза лечи́ла. Исстари цени́лся и как ла́комство, и как цели́тельный[9] напи́ток берёзовый сок (до 2% са́хара!). Ли́стья и кора́ берёзы выделя́ют осо́бую аромати́ческую смолу́[10], она́ враг вся́ких микро́бов: во́здух в берёзовой ро́ще оттого́ здоро́вый, чи́стый.

О лес! О жизнь! О со́лнца свет!
О све́жий дух[11] берёзы!

Коне́чно, э́то пре́жде всего́ эмоциона́льное восклица́ние поэ́та — А. К. Толсто́го. Но оно́ справедли́во и с нау́чной пози́ции, как мы могли́ уже́ заме́тить. Берёза, све́жесть и чистота́ — поня́тия нераздели́мые.

Пои́стине драгоце́нна кора́ берёзы — бере́ста. Из неё де́лали сосу́ды: кузо́вки[12] для грибо́в и я́год, туеса́[13] для смета́ны и тво́рога. А са́мое

1. birch-bark scrolls
2. sayings
3. punished careless ones

главное — на бере́сте писа́ли: «Я посла́л тебе́ бере́сту, написа́в...», т. е. 'я посла́л тебе́ письмо́, написа́в...' — так говори́ли когда́-то в мину́вшие века́ (XI—XV вв.) новгоро́дцы, посыла́я берестяны́е гра́моты[1] друг дру́гу: «От Мики́ты ко Улья́нице», «от Григо́рия ко До́моне и ко Ре́пеху...» (См.: Янин В. Л. Я посла́л тебе́ бере́сту.., М., 1965, с. 45, 143, 168).

Берестяны́е изде́лия.

Берёзовая кора́ — бере́ста — доно́сит до нас расска́з о жи́зни, культу́ре, гра́мотности на́ших пре́дков. А наро́дные присло́вья[2] напомина́ют о то́м, как гра́моте учи́ли лентя́ев, нака́зывали[3] нерадивых тонкими берёзовыми ветками — розгами, постегать[1] которыми лентяя было больно, но безопасно. *Накормить берёзовой кашей* — и означало наказать лентяя, отсюда — *берёза ума даёт.* Так думали в старину.

Но прежде всего берёза — добрый и неприхотливый[2] друг:

> Берёза не угроза,
> где стоит, там и шумит.

Берёза словно вобрала в себе всё привычное, родное, каждодневное[3] со всеми его радостями и горестями. Проза жизни, казалось, заслонила свежесть, чистоту, красоту берёзы (помните, «не поэтически глядит»). Но это только на первый взгляд. Возьмём ещё одну загадку и внимательно прочтём её:

> Стоят столбики белёны,
> На них шапочки зелёны.

Сколько в этой загадке ласки (*столбики*[4], *шапочки*[5]) и любования красотой берёз, берёзовой рощи.

Добрая берёза не только согревала, освещала, мыла, но и украшала. В давние времена новый год начинался не ёлкой, а берёзой. Название первого месяца года было «берёзовым»: *березозол* 'апрель' (от *берёза* и *-зол/зел* от *зелёный*). Так говорят этимологические словари, доказывая толкование[6] цепью фонетических чередований[7]: *зол — зел.* Но существует и иное — народное — толкование. Здесь опорой служат ассоциативные связи. В начале весны расширяли поля, секли, вырубали берёзу. А потом жгли деревья, удобряя золой землю. И был этот весенний месяц зол для берёзового леса: *березозол.*

Сейчас сохранилось в украинском языке название *березень*, в чешском — Brezen — март, в белорусском с берёзой связан апрель, но он — *сакавик* от *сок* (здесь, в более северных землях, берёзки в это время ещё не зеленели, в них только начиналось движение сока[8]). «Берёзовый» новый год существовал до середины XIV века (до 1343 г.), когда начало года было перенесено на сентябрь, на время сбора урожая. А праздник берёзки остался, им отмечали окончание весенних полевых работ. Шли в лес девушки и «завивали» берёзку. Это значит: наряжали[9] её лентами, плелй,

1. to whip
2. undemanding
3. everyday
4. poles
5. caps
6. interpretation
7. a series of phonetic interchanges
8. sap movement
9. decorated

ви́ли-завива́ли венки́ и уве́шивали ве́тки венка́ми, води́ли хорово́ды[1], пе́ли:

Берёза моя́, берёзонька,
Берёза моя́ бе́лая,
Берёза кудря́вая!
Стои́шь ты, берёзонька,
Посреди́ доли́нушки,
На тебе́, берёзонька,
Ли́стья зелёные,
Под тобо́й, берёзонька,
Кра́сные де́вушки
Венки́ плету́т.

1. sang and danced in a ring
2. imbibe old traditions
3. the sense of the thrifty master
4. of old-times
5. parting

Пе́сни, хорово́ды свя́заны с берёзкой, вот почему́ её зову́т в наро́де весёлой берёзой — *весёлкой*. «Берёзкой» называ́ется изве́стный во всём ми́ре танцева́льный анса́мбль, в репертуа́р кото́рого вхо́дят и хорово́ды.

Пра́здник берёзки сохраня́ется и тепе́рь там, где берегу́т до́брые тради́ции. Наприме́р, в Ряза́нской о́бласти пра́здник берёзки явле́ние не ре́дкое. Он впи́тывает ста́рые обы́чаи[2] и переплета́ет их с но́выми. На пра́зднике в ряза́нском селе́ Искра хорово́ды, пе́сни у берёз, встре́ча берёзки повторя́ют ста́рые обы́чаи, а вот покло́н берёзки ветера́нам, заслу́женным тру́женикам села́, спорти́вные соревнова́ния, разли́чные ко́нкурсы — э́то уже́ но́вое влия́ние совре́менной жи́зни. Иде́я пра́здника — воспита́ть любо́вь и уваже́ние к родно́й земле́, пробуди́ть чу́вство рачи́тельного хозя́ина[3] э́той земли́.

Интере́сна ещё одна́ традицио́нная роль берёзы — берёзовой ве́тки в сва́дебных обря́дах. Берёзовая ве́тка — э́то знак согласия де́вушки вы́йти за́муж, а вот ве́тка сосны́, е́ли и́ли ду́ба означа́ет отка́з.

Во мно́гих сёлах, дере́внях существова́л стародáвний[4] обы́чай: е́сли кто из дере́вни уходи́л в да́льние края́, в солда́ты, а в сове́тское вре́мя и учи́ться в го́род, то проща́лись-расстава́лись у придоро́жных берёз. А называ́ли таки́е берёзы — *расста́нными*[5].

6. overshadow
7. country grave-yards
8. weeping

Берёзка сло́вно осеня́ет[6] всю жизнь ру́сского челове́ка. Берёзка у моги́л на ру́сских кла́дбищах, пого́стах[7]. Под берёзой пла́кали, берёза ви́дела слёзы. Так скла́дывается осо́бый о́браз: *плаку́чая*[8] берёзка. В рома́не А. К. Толсто́го «Сёстры» (из трило́гии «Хожде́ние по му́кам») ме́жду молоды́-

ми супру́гами — Да́шей и Ива́ном Ильичём Теле́гиным — происхо́дит тако́й разгово́р:

— Ты лю́бишь меня́, Да́ша?

— О, — она́ сни́зу вверх кивну́ла голово́й, — люблю́ до са́мой берёзки.

— До како́й берёзки?

— Ра́зве ты не зна́ешь: у ка́ждого в конце́ жи́зни — хо́лмик и над ним плаку́чая берёза.

В ру́сском языке́ *берёза* име́ет таки́е ла́сковые уменьши́тельные фо́рмы: *берёзка, берёзонька, берёзынька*... Эти разгово́рные, наро́дно-поэти́ческие имена́ име́ют и постоя́нные эпи́теты,

Берёзы в снегу́.

ча́ще всего́ э́то берёза *кудря́вая*[1] и́ли *бе́лая* (см. та́кже Горбаче́вич К. С., Хабло́ Е. П. Слова́рь эпи́тетов ру́сского литерату́рного языка́. Л., 1979, с. 25—26).

Поэти́чность берёзы свя́зана с родно́й повседне́вной жи́знью. В э́том её своеобра́зие. Напо́лнен ла́ской о́браз берёзы в стиха́х А. Пу́шкина. Пу́шкинская берёзка близка́ наро́дно-поэти́чным, пе́сенным берёзам. Это отража́ется и в само́й фо́рме стихо́в:

Ско́ро ль у кудря́вой у берёзы
Распу́стятся кле́йкие листо́чки.

Обрати́те внима́ние на постоя́нный эпи́тет (*кудря́вая*), уменьши́тельно-ласка́тельную фо́рму *листо́чки*, повто́р предло́га *у* ...

Со́здал о́браз зи́мней берёзы А. Фет:

Печа́льная берёза
У моего́ окна́,
И при́хотью моро́за[2]
Разу́брана[3] она́...

С. Есе́нин воспе́л берёзу, одухотвори́л её:

Бе́лая берёза
Под мои́м окно́м
Принакры́лась сне́гом[4]
То́чно серебро́м...

Та же зи́мняя берёза под окно́м, что и у А. Фе́та. Но есе́нинская берёза чи́сто же́нским же́стом *принакры́лась сне́гом*, сло́вно платко́м. С. Есе́нин создаёт о́браз *де́вушки*-берёзки, *же́нщины*-берёзки. У его́ берёзок *стан*[5], *деви́ческая грудь, зелёная причёска* и *лу́нный гребешо́к*[6]. У берёзы *юбчо́нка бе́лая* и *зелёные ко́сы*. А о́сенью у неё *золоти́стые ко́сы, холщёвый сарафа́н*:

Зеленоко́сая[7]
В юбчо́нке бе́лой
Стои́т берёза над пруд́ом[8]...

К о́сени берёзка сло́вно повзросле́ет. Поэ́т тепе́рь уви́дел

И её золоти́стые ко́сы,
И холщёвый её сарафа́н.

Берёзку окружа́ет не то́лько мир деви́чьих веще́й (*серёжки, гребешо́к, сарафа́н, юбчо́нка*), но

1. curly
2. by whim of the frost
3. decorated
4. covered herself with snow
5. torso
6. comb
7. green-plaited
8. pond

1. white-trunked
2. white swan
3. side by side
4. timidity
5. fragility
6. bends
7. heavy rain
8. almost naked
9. dashes
10. stops
11. storm
12. to wear out
13. apparently
14. chains
15. inspired
16. shedding catkins
17. shall I take fright?
18. penetrates my soul

она́ вся прони́зана ощуще́ниями мо́лодости, ожида́ния ра́дости и трево́ги.

Зелёная причёска,
Деви́ческая грудь,
О то́нкая берёзка,
Что загляде́лась в пруд?
Что ше́пчет тебе́ ве́тер?
О чём звени́т песо́к?
Иль хо́чешь в ко́сы-ве́тви
Ты лу́нный гребешо́к?

И у А. Проко́фьева берёзка пре́жде всего́ же́нственна:

Берёзка моя́
Белоство́льная[1].
Доро́жка к тебе́
Беспоко́йная...
Берёзка, ле́бедь бе́лая[2],
Рядко́м[3] с тобо́й стою́,
Тебе́, моя́ несме́лая,
Я пе́сенки пою́.

Деви́чья, же́нская не́жность, ро́бость[4], хру́пкость[5], но и ве́рность, и сто́йкость сла́вятся поэ́тами в о́бразе берёзы. Вот как у С. Щипачёва:

Её к земле́ сгиба́ет[6] ли́вень[7]
почти́ нагу́ю[8], а она́
рванётся[9], гля́нет молчали́во —
и до́ждь уймётся[10] у окна́...
Её бура́н[11] берёт за пле́чи
За ру́ки бе́лые берёт.
Но, то́нкую, её лома́я,
Из си́лы вы́бьются[12]... Она́,
вида́ть[13], хара́ктером прямая́,
кому́-то тре́тьему верна́.

Берёза прико́вывает[14], завора́живает. Посмотри́те, как одухотворён[15] о́браз берёзы у И. Сельви́нского:

Берёзка в розова́той ко́же
Стои́т, серёжками струя́сь[16].
А на берёзке — тёмный глаз,
На о́ко де́вичье похо́жий...
Она́ как бу́дто вся гори́т,
Ка́к бы испы́тывает: стру́шу[17]?
Загля́дывает пря́мо в ду́шу[18]
И... то́лько что не говори́т...

1. artists painted
2. azure

Поэти́ческий о́браз берёзки скла́дывается из традицио́нных эпи́тетов — *бе́лая, кудря́вая*, традицио́нных мета́фор — *ле́бедь бе́лая*, у берёзки *серёжки*. И одновреме́нно ка́ждый поэ́т ви́дит берёзку по-сво́ему: в *зелёной причёске* и с *лу́нным гребешко́м* (С. Есе́нин), у берёзы *розова́тая ко́жа* и *тёмный глаз* (И. Сельви́нский)... Образ берёзы о́чень нагля́ден, подкреплён ассоциа́циями. Берёзу **писа́ли худо́жники**[1] ра́зных времён: А. Куи́нджи «Берёзовая ро́ща» (1879), И. Левита́н «Берёзовая ро́ща» (1885), «Золота́я о́сень» (1895), И. Граба́рь «Февра́льская **лазу́рь**[2]» (1904), «Берё-

Левита́н И. И.
Весна́ — больша́я вода́.

зовая алле́я» (1940), П. Кончало́вский «Верху́шки берёз» (1934), П. Ко́рин «Ру́сский пейза́ж с берёзкой» из три́птиха, посвящённого Кулико́вской би́тве 1380 го́да (1942), С. Гера́симов «Лёд тро́нулся»[1] (1945), «Берёзы» (1947)... Берёзы ча́сто изобража́лись худо́жниками как си́мвол родно́й земли́, Ро́дины.

Образ берёзы ещё и музыка́лен благодаря́ наро́дным пе́сням:

Во́ поле берёзонька стоя́ла,
Во́ поле кудря́вая стоя́ла...

Музыка́льность о́браза захвати́ла компози́торов то́же ра́зных времён (как и худо́жников). Два́жды поло́жено на му́зыку[2] (Н. Ри́мский-Ко́рсаков, П. Чайко́вский) уже́ упомина́вшееся стихотворе́ние А. Толсто́го:

То бы́ло ра́ннею весно́й
В тени́ берёз то бы́ло...
О жизнь! О лес! О со́лнца свет!
О ю́ность! О наде́жды!

Г. Свири́дов преврати́л в рома́нсы стихи́ С. Есе́нина о берёзах. Ста́ли пе́сней стихи́ А. Проко́фьева «Берёзка — ле́бедь бе́лая...» (компози́тор В. Пенько́в).

С незапа́мятных времён[3] чистота́, све́жесть, красота́ берёзы соединя́лись с о́бразом де́вушки, неве́сты, же́нщины. А в тяжёлое для на́шей Ро́дины вре́мя — в Вели́кую Оте́чественную войну́ — берёзы-*неве́сты*, берёзы-*жёны* ста́ли берёзами-*солда́тками*[4]:

Похо́жи на ру́сских солда́ток
берёзы вое́нной поры́.
Светлы́, велича́вы и стро́ги,
С Росси́ей сродни́вшись судьбо́й[5],
Стоя́ли у ка́ждой доро́ги,
Солда́т провожа́я на бо́й.
Бежа́ли за по́ездом сле́дом,
в снегу́ утопа́я по грудь...
Зимо́ю бежа́ли и ле́том,
и был нескончае́м[6] их путь...
Берёзы — разлу́ки и встре́чи,
печа́ль над безмо́лвием[7] трав...
Люблю́ ва́ши си́льные пле́чи
и ти́хий приве́тливый нра́в[8]...
А. Деме́нтьев

1. the ice has begun to break
2. set to music
3. from times immemorial
4. came to be associated with soldiers' wives and widows
5. shared the same fate
6. endless
7. over the silence
8. temper, disposition

Си́льные пле́чи, ти́хий приве́тливый нрав — но́вые определе́ния, продикто́ванные жи́знью[1]. В э́то же вре́мя осо́бенно жи́во ощути́мым ста́ло символи́чное значе́ние: «берёза — Ро́дина».

Образ *берёзы* со вре́менем, коне́чно, меня́ется. Берёзовые дрова́ сменя́ет центра́льное отопле́ние[2], лучи́ну — свеча́, кероси́новая ла́мпа[3], электри́чество... Мы пи́шем не на бере́сте, а на бума́ге. Повседне́вный «берёзовый» быт отступа́ет, меня́ется «страна́ берёзового си́тца» (С. Есе́нин). Но всё бо́лее откры́тым, всё бо́лее я́вственным[4] стано́вится поэти́ческий о́браз. *Берёза*-реа́лия и *берёза*-сло́во ста́ли высо́кими си́мволами Ро́дины, хотя́ одновре́ме́нно сло́во храни́т[5] в своём значе́нии и то, что бы́ло нако́плено века́ми[6]. В э́том смы́сле знамена́тельны стро́ки из то́лько что упомина́вшегося стихотворе́ния А. Деме́нтьева «Берёзы Росси́и»:

Берёзы, берёзы Росси́и,—
вы всё вме́сте с на́ми прошли́.
И не́ту конца́ ва́шей си́ле,
иду́щей от ру́сской земли́!

1. dictated by life
2. central heating
3. kerosene lamp
4. more distinct
5. preserves
6. accumulated over the centuries

То было раннею весной

Как интере́сно быва́ет: два поэ́та что́-то почу́вствовали о́чень схо́дно, но вы́разили ка́ждый по-сво́ему. А. К. Толсто́й обрати́л внима́ние, как он пи́шет в одно́м из пи́сем своему́ дру́гу, на ма́ленькую пастора́ль из В. Гёте — «то́лько толчок, не перево́д». Вот стро́ки, со́зданные В. Гёте:

O Erd, O Sonne, O Glück, O Lust,
Wie herrlich leuchtet Mir die Natur.

(буквально: О земля́! О со́лнце! О сча́стье! О ра́дость! Как прекра́сен для меня́ свет приро́ды.)

А сейча́с сравни́те стихотворе́ние А. К. Толсто́го, изве́стное тепе́рь ча́ще как рома́нс П. Чайко́вского и́ли рома́нс Н. Ри́мского-Ко́рсакова:

То бы́ло ра́ннею весно́й,
Трава́ едва́ всходи́ла,
Ручьи́ текли́, не па́рил зной,
И зе́лень рощ сквози́ла...

То бы́ло ра́ннею весно́й,
В тени́ берёз то бы́ло,
Когда́ с улы́бкой предо мно́й
Ты о́чи опусти́ла.

То на любо́вь мою́ в отве́т
Ты опусти́ла ве́жды *—
О жи́знь! О лес! О со́лнца свет!
О ю́ность! О наде́жды!

И пла́кал я перед тобо́й,
На лик твой гля́дя ми́лый,—
То бы́ло ра́ннею весно́й,
В тени́ берёз то бы́ло.

То бы́ло у́тро на́ших лет.
О сча́стие! О слёзы!
О лес! О жизнь! О со́лнца свет!
О све́жий дух * берёзы!

Пе́рвая любо́вь и ра́нняя весна́, пе́рвая трава́, берёза и сквозя́щая ещё зе́лень и, коне́чно, «све́жий дух берёз»...

И вот уже́ ины́ми, ме́нее романти́ческими, но по́лными реа́льной поэ́зии слова́ми введёт нас С. Щипачёв в берёзовую ро́щу:

Здесь тро́пки сквозны́е *, здесь во́здух све́тел,
Здесь кро́ме влюблённых, ни ко́нных, ни пе́ших,
И гла́дит с поле́й набежа́вший ве́тер
коле́ни берёз оробе́вших.

Здесь мо́лодо всё, всё лучи́тся здоро́вьем,
любо́й бугоро́к мо́жет быть изголо́вьем.

Каза́лось бы, прозаи́ческая реа́льность фитонци́дов вошла́ в поэти́ческие бессме́ртные о́бразы: *све́жий дух берёзы — зе́лень сквози́ла — со́лнца свет...* и *тро́пки сквозны́е — во́здух све́тел — мо́лодо всё, всё лучи́тся здоро́вьем...*

А мно́гие стро́ки из стихотворе́ния-рома́нса (А. К. Толсто́й — П. Чайко́вский) ста́ли крыла́тыми: *То бы́ло ра́ннею весно́й, В тени́ берёз то бы́ло* (обрати́м здесь внима́ние на стилисти́ческую фигу́ру — поря́док слов в строка́х, так называ́емое кольцо́ — сплете́ние и́ли коро́ткие назывны́е восклица́ния: *О лес! О жизнь! О со́лнца свет! О све́жий дух берёзы!*)

КОММЕНТАРИЙ

па́рить — *зд.*: обдава́ть вла́жным жа́ром. *Ср.*: зной па́рил, па́рит, по́лдень па́рит

сквози́ть — *зд.*: пропуска́ть сквозь себя́ свет, просве́чивать

о́ко, *с. р.*, о́чи, *мн. ч.* — старославя́нское торже́ственное сло́во, высо́кий стиль — глаза́ — глаз

ве́жды, *мн. ч.— устар.*— старославя́нское торже́ственное сло́во, в поэти́ческой ре́чи высо́кий стиль — глазны́е ве́ки

лик, *м. р.*— старославя́нское торже́ственное сло́во, высо́кий стиль — лицо́

у́тро, *ср. р.* (на́ших дней) — *зд.*: нача́ло жи́зни, ю́ность и́ли мо́лодость

дух, *м. р.— зд.*: за́пах

тро́пки сквозны́е — все в просве́тах, сквозь кото́рые прохо́дит свет (сквозь зе́лень, *ср.*: зе́лень сквози́ла)

ЗАДАНИЯ

1. Объясни́те синтакси́ческое построе́ние вы́деленных крыла́тых слов. Определи́те их стилисти́ческую окра́ску.
2. Вы́делите мета́форы и эпи́теты в стихотворе́ниях А. К. Толсто́го и С. Щипачёва.
3. Перескажи́те исто́рию те́кста рома́нса П. Чайко́вского «То бы́ло ра́ннею весно́й...»

Время, поэты и берёза

Поэ́т П. Вя́земский, любя́ берёзу, всё же писа́л о ней: «не поэти́чески гляди́т» — берёза была́ вся в про́зе жи́зни (дрова́, лучи́на...). И вот перед на́ми стихотворе́ние о берёзе совреме́нного поэ́та Ю. Пашко́ва:

Берёзонька, не во́лею свое́й
Ты в пре́жний век на ро́зги шла, быва́ло,
И пре́дков на́ших — го́рдых бунтаре́й [1] —
Корми́ла го́рькой ка́шей до отва́ла.
Мне э́ти го́ды — старико́вский сказ [2].
Я никогда́ живьём [3] не ви́дел ро́зги.
Непро́сто их уга́дывать сейча́с
Мне в ла́сковой и ра́достной берёзке.
Не узнаю́ их в ша́рканье метлы́ [4]
И в жа́рком бе́ге ве́ника по спи́нам.
Все размышле́нья [5] о тебе́ светлы́,
Как ты сама́ в накло́не лебеди́ном [6],
Ты кро́ну вширь раски́нула вразбро́с [7]
И под знако́мой кро́влей говорли́вой [8]
От со́лнечных меня́ спаса́ешь розг [9],
От хлёстких розг [10] стреми́тельного [11] ли́вня.

1. proud rebels
2. old people's tales
3. alive
4. shuffling of the broom
5. reflections
6. (*fig*) swan-like curve
7. *here*: widely
8. (*fig*) noisy, chatty roof
9. (*fig*) sunrays thrashing
10. biting blows
11. impetuous

* Здесь и да́лее в коммента́рии употребля́ются сле́дующие сокраще́ния: *ед. ч.*— еди́нственное число́, *ж. р.*— же́нский род, *зд.*— здесь, *м. р.*— мужско́й род, *мн. ч.*— мно́жественное число́, *разг.*— разгово́рное, *с. р.*— сре́дний род, *сов. в.*— соверше́нный вид, *ср.*— сравни́те, *уменьш. ф.*— уменьши́тельная фо́рма, *устар.*— устаре́вшее.

Берёза перенесена́ в мир поэ́зии (*светла́, накло́н лебеди́ный*, а ро́зги — *со́лнечные лучи́, стру́и ли́вня*[1]). В поэти́чную ска́зку влеку́т берёзы поэ́тов. Берёзы — заворожённый хорово́д:

Заче́м како́й-то чаровни́к
В како́й-то да́вний год
Заворожи́л в недо́брый миг
Деви́чий хорово́д?
Заче́м никто́ не уберёг[2]
Тех белопле́чных дев[3],
Что сты́нут[4] в о́блике[5] берёз,
Лесно́й наря́д наде́в?..

И. Ко́бзев

1. downpour
2. failed to protect
3. white-shouldered maidens
4. getting cool
5. in the guise
6. hills
7. composed a song

Берёзка — сама́ ска́зка:

А мо́жет из ска́зки пришла́ ты,
Алёнкой * грусти́шь над ручьём?
И со́лнце жар-пти́цей крыла́той
Сади́тся тебе́ на плечо́?

Р. Гера́симов

Но всех миле́й мне де́вушка-берёза,
Прише́дшая из ска́зок и были́н,
Снегу́рочка *, люби́мица Моро́за,
Алёнушка приго́рков[6] и равни́н...

Вс. Рожде́ственский

КОММЕНТАРИЙ

говорли́вая кро́вля, *зд.*: листва́

Алёнка — герои́ня ска́зки «Сестри́ца Алёнушка и бра́тец Ива́нушка» — прекра́сная, до́брая, гру́стная и сто́йкая в несча́стьях

Снегу́рочка — ска́зочная до́чка Весны́ и Де́да Моро́за

ЗАДАНИЯ

1. Расскажи́те, како́й поэти́ческий о́браз *берёзы* создаю́т совреме́нные поэ́ты?
2. Сравни́те о́браз *берёзы* у ра́зных поэ́тов.

Песни о берёзе

Во́ поле берёзонька стоя́ла,
Во́ поле кудря́вая стоя́ла,
Ой, лю́ли-лю́ли * стоя́ла...

Это наро́дная пе́сня о берёзе. Она́ передаётся из у́ст в уста́, от поколе́ния к поколе́нию. Когда́ её сложи́ли[7]? Наве́рное, когда́ заме́тили красоту́ родно́й земли́. Ско́лько родило́сь вариа́ций э́той пе́сни! Мело́дия вошла́ в симфони́ческую му́зыку — 4-ю симфо́нию Чайко́вского и 1-ю симфо́-

нию Кали́нникова. Поистине [1] ве́чно жи́вы наро́дные пе́сни!

Много есть и пе́сен, и рома́нсов, свя́занных с берёзой. Познако́мимся с двумя́ пе́снями, со́зданными сове́тскими поэ́тами и компози́торами.

Русская берёзка

слова́ А. Власенко́ва *му́зыка М. Шуми́лина*

Как бу́дто в сва́дебном наря́де [2]
Берёзка ру́сская стои́т.
Ей ве́тер не́жно ку́дри [3] гла́дит,
Серёжки со́лнце золоти́т.
Под не́ю ра́ннею весно́ю
Девча́та во́дят хорово́д
Её краса́вицей лесно́ю
Зовёт неда́ром наш наро́д.
В ней сто́лько не́жности и све́та!
И как тут не сказа́ть *, друзья́,
Что для меня́ берёзка э́та —
Мой край родно́й и песнь моя́.

1. indeed
2. in a wedding dress
3. curls
4. spring sunrises
5. snowstorm
6. rustling

Берёза белая

слова́ Л. Овся́нниковой *му́зыка В. Шаи́нского*

Берёза бе́лая, подру́га
Весе́нних зорь [4], прозра́чных рек,
Скажи́, скажи́, кака́я вьюга [5],
Скажи́, скажи́, кака́я вьюга
Тебе́ оста́вила свой снег?

Ветвя́ми тя́нешься за мно́ю,
На пле́чи ру́ки мне кладёшь
И шелестя́щею [6] листво́ю,
И шелестя́щею листво́ю
Без слов, без му́зыки поёшь.

О чём поёшь, моя́ берёза,
Кача́ясь ти́хо, как во сне?
И почему́, не зна́ю, слёзы,
И почему́, не зна́ю, слёзы
Прихо́дят све́тлые ко мне?

Как ви́дим, но́вые пе́сни, а о́браз берёзы сохраня́ет ста́рые черты́. Но присмотри́тесь, как варьи́руется он — как ста́рая мело́дия в но́вой совреме́нной обрабо́тке. Бе́лая берёза — ру́сская берёза предстаёт перед на́ми в одно́й из пе́сен в сва́дебном наря́де. Сва́дебный — бе́лый, серебри́стый,

Изображе́ние берёзы ча́сто встреча́ется в рабо́тах мастеро́в из Па́леха.

а не кра́сный как в старину́. Бе́лый ствол берёзы — э́то снег необыкнове́нной како́й-то вью́ги. Постоя́нным остаётся о́браз белизны́, све́та, не́жности и ещё, как у де́вушки, у берёзы серёжки и ку́дри...

Мно́го стихо́в С. Есе́нина («Бе́лая берёза под мои́м окно́м...», «Зелёная приче́ска, деви́ческая грудь...») поло́жено на му́зыку Г. Свири́довым, Ю. Леви́тиным и мно́гими други́ми. Ста́ли пе́сней стихи́ А. Проко́фьева «Берёзка — ле́бедь бе́лая...» (В. Пенько́в).

По наро́дным напе́вам и слова́м стари́нных песен С. Пото́цкий, опира́ясь на по́мощь изве́стных знатоко́в ру́сской старины́ А. Корзи́нкина и Н. Телешо́ва, со́здал цикл из пяти́ пе́сен (1915 г.), одна́ из кото́рых — «Наклони́лась берёзынька»:

Наклони́лась берёзынька
зелёная не по́ ветру,
Зелёная берёзынька покачну́лась,
кудря́вая по со́лнышку.

Эта ли́ния сближе́ния с наро́дной ре́чью ощути́ма почти́ во все́х пе́снях о берёзе и поны́не: «бе́лая берёза» — «родна́я мать».

Есть стари́нный [1] вальс «Берёзка», чья немно́го гру́стная мело́дия уже́ бо́лее 80 лет не теря́ет свое́й популя́рности. А когда́ в 1948 году́ возни́к анса́мбль «Берёзка», э́тот вальс стал всеми́рно изве́стным, потому́ что был включён в репертуа́р анса́мбля. Де́вушки сплета́ют узо́р та́нца [2], движе́нием сло́вно вто́рят слова́м пе́сни-ва́льса:

Средь со́сен суро́вых,
меж тёмных раки́т *
в серéбряном пла́тье
берёзка стои́т.

И вот что интере́сно: столь популя́рная мело́дия счита́ется наро́дной, а́втора никогда́ не называ́ют. А ме́жду тем их два. Схо́дная мело́дия, то́лько в ри́тме ме́дленной мазу́рки, звучи́т в рома́нсе А. Рубинште́йна «Разби́тое се́рдце» [3]. А мело́дия в ри́тме ва́льса принадлежи́т Е. Дре́йзину, вое́нному капельме́йстеру, а́втору и други́х изве́стных ва́льсов. Мело́дия ва́льса «Берёзка» легко́ воспринима́ется и запомина́ется.

1. old
2. weave the pattern of the dance
3. broken heart

КОММЕНТАРИЙ

ой, лю́ли-лю́ли — э́ти слова́ испо́льзуются в припе́вах наро́дных пе́сен (для пополне́ния стиха́)

как тут не сказа́ть, *разг.* — нельзя́, невозмо́жно не сказа́ть

раки́та, *ж. р.* — наро́дное назва́ние и́вы, и́вовых кусто́в

ЗАДАНИЯ

1. Каки́е пе́сни вы зна́ете о берёзе? Стихи́ каки́х поэ́тов поло́жены на му́зыку? (Обрати́тесь к основно́му те́ксту).

2. Что вы могли́ бы рассказа́ть о популя́рном ва́льсе «Берёзка»?

Весенний плач берёзы

1. simple treat
2. clinged
3. to suck the sap through the pipe
4. drunk from the radiant day
5. wandered at random
6. along the streams
7. sap flow
8. rich in
9. barefooted
10. head crown
11. dropped
12. didn't stop
13. swallowful

Есть по́весть «Берёзовый сок»: о де́тях и о де́тстве. Её написа́л С. Щипачёв. Почему́ так называ́ется э́та по́весть? В ней есть глава́, на́званная «Берёзовый сок», где опи́саны и берёзы, и берёзовый сок — нехи́трое ла́комство [1] крестья́нских дете́й: «Я прильну́л [2] к де́реву, каса́ясь лбом коры́, и стал тяну́ть сок через ду́дку *» [3].

Воспомина́ния о берёзах, све́тлой берёзовой ро́ще, родно́й земле́, семье́ ока́зываются цели́тельными подо́бно берёзовому со́ку: «Каки́м бы ни́ было де́тство — пусть да́же тяжёлым и го́рьким, — э́то све́тлая и ми́лая се́рдцу пора́».

А в пе́сне В. Ба́снера (слова́ М. Матусо́вского) «Берёзовый сок» создаётся о́браз — исто́чник сил, исцеле́ния:

Как ча́сто пьяне́я от све́тлого дня [4],
Я брёл науга́д [5] по весе́нним прото́кам [6].
И Ро́дина ще́дро пои́ла меня́
Берёзовым со́ком, берёзовым со́ком.

Так бытова́я реа́лия, — каза́лось бы, прозаи́ческая, — стано́вится поэти́ческим си́мволом.

Весно́й, когда́ устана́вливается температу́ра чуть вы́ше пяти́ гра́дусов тепла́, у берёз начина́ется сокодвиже́ние [7]. Если надломи́ть то́нкую ве́точку, то ка́пельками бежи́т сок — слёзы берёзы. «Плач» берёзы прекраща́ется, как то́лько распу́стятся ли́стья. Берёзовый сок — о́чень вку́сный, насы́щенный [8] витами́нами весе́нний напи́ток.

КОММЕНТАРИЙ

ду́дка, *ж. р. — зд.*: по́лая тру́бочка (из сте́бля пусто́го внутри́ расте́ния)

Берёзовый сок (В. Алексешников). Доро́жки в лесу́ просо́хли. Снял башмаки́ * и босико́м [9] пошёл по уже́ пы́льной тро́пке. Вдруг све́рху пря́мо на маку́шку [10] шлёпнулось [11] не́сколько холо́дных ка́пель. Отку́да э́то? В не́бе ни о́блачка, ни ту́чки!

Зага́дочный до́ждик, бу́дто игра́я в пря́тки *, не унима́лся [12]. Подня́л го́лову и уви́дел: из обло́манной зи́мними бура́нами ве́тви берёзы оби́льно сочи́тся сок.

Подста́вил ко́вшик ладо́ней *. Через мину́ту набежа́л глото́чек [13] вла́ги.

В друго́й раз прихвати́л пол-литро́вую ба́нку и приспосо́бил её под де́ревом.

Броди́л по́ лесу, наблюда́я весе́ннее оживле́-

1. hidden, cherished
2. What's the matter?
3. crowded
4. with pleasure
5. enjoyed
6. (*fig*) ant tribe
7. enough
8. had my fill of

ние. К заве́тной[1] берёзке возвраща́лся с наде́ждой. Издали заме́тил — цела́ ба́ночка. Но... пуста́. В чём де́ло?[2] Подошёл бли́же... На ве́тке, на само́м её кра́ешке, столпи́лись[3] муравьи́ и с наслажде́нием[4] ла́комились[5] сла́дким со́ком. Кто посмеле́е, перебра́лся на ве́рхний ободо́к ба́нки. Но один лишь реши́лся, ви́дно, са́мый отча́янный, спусти́ться вовну́трь. Но сорва́лся и пла́вал тепе́рь в сла́дкой «ва́нне».

Уходи́л из ле́са без оби́ды на муравьи́ное пле́мя[6]. И хотя́ вдо́воль[7] не напи́лся со́ка, зато́ сполна́ хлебну́л[8] лесно́го во́здуха.

КОММЕНТАРИЙ

башма́к, *м. р.* — вид невысо́кой о́буви. Мужска́я о́бувь — башмаки́, обы́чно разгово́рная речь, же́нская, краси́вая — башмачо́к, башмачки́

игра́ть в пря́тки — игра́ в пря́тки — де́тская игра́, состоя́щая в том, что оди́н (водя́щий) и́щет остальны́х, спря́тавшихся уча́стников игры́ и́ли каку́ю-либо спря́танную вещь. *Зд.*: как бы игра́ет в пря́тки зага́дочный до́ждик (ка́пнет и сло́вно спря́чется).

ко́вшик ладо́ней — т. е. сложи́ть ладо́ни в фо́рме ма́ленького ковша́; ковш — *м. р.*, широ́кий окру́глый сосу́д для зачёрпывания жи́дкости, *уменьш. ф.* — ко́вшик

ЗАДАНИЯ

1. Определи́те сочета́емость и ситуати́вно опра́вданное употребле́ние слов: *башмаки́, ту́фли, боти́нки, сапоги́* (испо́льзуйте толко́вые и двуязы́чные словари́).

2. Определи́те разли́чие в ряду́ сино́нимов *тропи́нка — тро́пка, бу́ря — бура́н* (испо́льзуйте словари́ сино́нимов).

3. Объясни́те значе́ние оборо́та *ни о́блачка, ни ту́чки.*

4. Определи́те роль уменьши́тельных су́ффиксов в слова́х из те́кста: *до́ждик, ко́вшик, глото́чек, ба́ночка, кра́ешек.*

5. Каки́ми сре́дствами создана́ разгово́рная окра́ска те́кста «Берёзовый сок»?

6. Почему́ берёзовый сок называ́ют цели́тельным? Име́ет ли сочета́ние *берёзовый сок* перено́сное значе́ние?

Как дышит берёза?

Дава́йте снача́ла вчита́емся в поэти́ческие стро́ки, довери́мся[1] поэти́ческой наблюда́тельности.

Берёзка, ле́бедь бе́лая *,
Рядко́м[2] с тобо́й стою́,
Тебе́, моя́ несме́лая,
Я пе́сенку пою́.

Как ты стои́шь счастли́вая,
Весёлым ле́тним днём,
Из-за тебя́, краси́вая,
Светло́ в лесу́ моём.

Зелёная, раздо́льная[3],
Ты ги́бче * камыша́,
Берёзка белоство́льная
Ну всем ты хороша́!

А. Прокофьев

Берёзка для поэ́та ле́бедь бе́лая, она *белоство́льная,* от неё в лесу́ *светло́.*

А вот тако́й о́браз берёзки со́здал В. Солоу́хин. И стро́ится о́браз необы́чной, непохо́жей, бесконе́чно ми́лой берёзки со́бственно на двух дета́лях — бе́лом цве́те (*бе́лый* ство́л) и *све́тлой* облета́ющей листве́:

В лесу́ ело́вом всё небро́ско[4],
Приглушены́[5] его́ тона́.
И вдруг белы́м-бела́ * берёзка
В угрю́мом е́льнике[6] одна́.

Изве́стно, смерть на лю́дях про́ще *.
Вида́л и сам я час наза́д,
Как начина́лся в да́льней ро́ще
Весёлый дру́жный листопа́д[7].

А здесь она́ роня́ет[8] ли́стья
Вдали́ от бли́зких и подру́г,
Как от огня́ в чащо́бе * мгли́стой[9]
Светло́ на сто́ шаго́в вокру́г.

И непоня́тно тёмным е́лям,
Собра́вшимся ещё тесне́й,
Что с ней? Ведь вме́сте зелене́ли
Совсе́м неда́вно. Что́ же с ней?

И вот заду́мчивы, серьёзны,
Как бы поту́пив в зе́млю взгля́д *,

1. let us trust
2. side by side
3. expansive
4. is modest
5. subdued
6. in the gloomy fir-grove
7. falling leaves
8. sheds
9. dark thicket

1. fading

Над угаса́ющей[1] берёзой
Они́ в молча́нии стоя́т.

Белы́м-бела́ берёзка, от неё — как *от огня́ — светло́ на сто́ шаго́в* вокру́г. А вокру́г *тёмные е́ли.* Это одно́ противопоставле́ние, одна́ антите́за,

«Пункти́рный ствол берёзки...»

а паралле́льно идёт друго́е противопоставле́ние, друга́я антите́за: е́ли вечнозелёные — берёзка угаса́ет — сбра́сывает, роня́ет све́тлые ли́стья.

Друго́й поэ́т — К. Ванше́нкин — создаёт на подо́бном противопоставле́нии (е́ли — берёзка) совсе́м ино́й о́браз — весе́нний, по́лный ра́дости:

Среди́ ело́вой тьмы
Пункти́рный ствол [1] берёзки.
И различа́ем мы
Набу́хшие желёзки[2].

Поёт весе́нний сок.
Волну́ется берёзка.
Тако́е в ну́жный срок
Быва́ет у подро́стка.

С ней ря́дом ёлки те
Густеют[3] в буера́ке*.
Она́ в их черноте́—
Как мо́лния во мра́ке.

Но здесь чёрный цве́т вхо́дит пункти́ром в белизну́ берёзки: *пункти́рный ство́л* берёзки. И всё равно́ берёзка в ело́вой черноте́ как мо́лния во мра́ке.

Вы́делим *чёрный пункти́р* на *бе́лом*—поэ́ты отме́тили э́ту дета́ль и по-сво́ему осмы́слили её, из реа́льной черноты́ на бе́лом стволе́ берёзы скла́дывается но́вый одухотворённый[4], по́лный маня́щей зага́дочности[5] о́браз.

Березня́к Б. Пастерна́ка ска́зочен, как древнеру́сский го́род на Во́лге—Углич. В его́ стихотворе́нии цветово́й о́браз берёзы—*бе́лое* и *чёрное*—соединя́ет о́браз слове́сный и о́браз зри́тельный.

Укры́вшись но́чью навесно́й,
Здесь белизна́ сурьми́тся у́глем[6].
Непревзойдённой[7] новизно́й
Земля́ здесь ска́зочна, как Углич...

Жары́ неща́дная резня́[8]
Сюда́ не су́нется[9] с опу́шки[10].
И вот ты вхо́дишь в березня́к,
Вы всма́триваетесь друг в дру́жку.

По-сво́ему, то жале́я, то восторга́ясь, смо́трит на чёрно-бе́лую берёзку поэ́т И. Сельви́нский:

Ты, берёзонька ряба́я,
Чёрно-пе́гая [11] моя́...

И вдруг, в э́той чёрно-пе́гости поэ́т уви́дел осо́бую красоту́:

И—чёрт возьми́!—не зна́ю сам,
Но я подпа́л под оба́янье[12]
Просто́го де́рева. Глаза́м
Берёзки э́той изва́янье[13]

1. (*fig*) the dotted line of the birch trunk
2. (*fig*) swollen glands
3. grow densely
4. inspired
5. luring, mysterious
6. (*fig*) darkens with coal
7. unsurpassed
8. (*fig*) merciless massacre
9. won't poke its nose
10. the edge of the forest
11. black-skewbald
12. enchanted
13. statue

3—1413

Предста́ло[1], то́чно дре́вний рок *,
Так же́нственно сия́ло те́ло,
Так го́рестно она́ гляде́ла,
И был в зрачке́[2] тако́й упрёк[3],
Что я смути́лся[4] и пойти́
Реши́л не лу́гом, а дере́вней,
Как бу́дто встре́тился в пути́
С заворожённою царе́вной.

Вы обрати́ли внима́ние на перехо́д от *берёзоньки* к *берёзке*: измени́лись ласка́тельно-уменьши́тельные су́ффиксы (*-оньк-* — *-к-*) и измени́лся оттéнок значе́ния в и́мени — от жа́лостливости[5] к любова́нию. Этот же пери́од и в описа́нии берёзы. Берёзонька *ряба́я, чёрно-пе́гая*. А берёзка — *же́нственно сия́ло те́ло*, а чёрные то́чки, поло́ски — э́то *зрачо́к*, а в нём *упрёк*... И нет рябо́й, чёрно-пе́гой берёзки, а есть *заворожённая царе́вна*.

Отку́да же на бе́лом стволе́ берёзки беру́тся чёрные то́чки и поло́ски, э́тот чёрно-бе́лый пункти́р, зрачки́?

Де́ло в том, что кора́ берёзы, берёста, состои́т из кле́ток, так те́сно спа́янных[6] между собо́й, что образу́ется про́чный, непроница́емый[7] ни для воды́, ни для во́здуха слой. Но ствол берёзы живо́й, он растёт и ды́шит, ему́ ну́жен во́здух. Вот поэ́тому приро́да сло́вно приду́мала «отду́шины»[8] в непроница́емом сло́е берёсты. Чёрные поло́ски, то́чки — глаза́, зрачки́ — э́то и есть «отду́шины». Через ни́х прохо́дит к живы́м кле́ткам ствола́ во́здух.

Вот так ды́шит берёза.В чёрном пункти́ре, в чёрном зрачке́ — дыха́ние, жизнь белоство́льной березы.

1. appeared
2. eye apple
3. reproach
4. was embarrassed
5. out of pity
6. firmly joined together
7. impenetrable
8. outlets

КОММЕНТАРИЙ

ле́бедь бе́лая — фолькло́рный о́браз
ги́бче, *разг.* — бо́лее ги́бкий
белы́м-бела́ — о́чень бе́лая
смерть на лю́дях про́ще — на лю́дях (в прису́тствии люде́й) сме́рть ле́гче
чащо́ба, *ж. р.* — ча́стый, густо́й лес
поту́пить взгля́д — опуска́ть вниз (взгля́д, глаза́)
буера́к, *м. р.* — углубле́ние, небольшо́й овра́г
дре́вний рок — *зд.*: судьба́

ЗАДАНИЯ

1. Расскажи́те, в каки́х поэти́ческих о́бразах отража́ются реа́льные чёрно-бе́лые кра́ски берёзовых ство́лов.

2. Как ды́шит берёза, что тако́е «отду́шина» на стволе́ берёзы?

Символ России

Через века́ прохо́дит и́стинно наро́дная любо́вь к берёзе:

Люблю́ берёзу ру́сскую,
То све́тлую, то гру́стную...
То я́сную, кипу́чую [1]...
То гру́стную, плаку́чую.

1. ebullient

Так вы́разил свою́ любо́вь к берёзе А. Проко́фьев. Берёзка-сестри́ца, родна́я мать, до́брая сестра́, ми́лая жена́, родна́я дочь... Всё в ней — родна́я земля́, печа́ль, ра́дость, любо́вь. Как в пе́сне поётся.

Русская берёзка

сло́ва П. Кудря́вцева *му́зыка М. Би́рмана*

Бе́лая берёза
мне родна́я мать,
Кто тебе́ посме́ет
ру́ки зало́ма́ть *?!

Бе́лая берёза —
до́брая сестра́,
Ты расти́, не бо́йся
зво́на топора́.

Бе́лая берёза —
ми́лая жена́,
Не мое́й ли ла́ской
ты окружена́!

Бе́лая берёза,
ты светла́ и в ночь,
Я тебя́ жале́ю,
как родну́ю дочь.

Бе́лая берёза,
мой покло́н тебе́,
Ты — в судьбе́ Росси́и,
и в мое́й судьбе́...

Бе́лая берёза —
ру́сская земля́.
И печа́ль, и ра́дость,
и любо́вь моя́.

1. satin
2. skin
3. through the eyes of
4. to fill one's lungs
5. spraying with dew
6. years of trouble

«Бе́лая берёза»—так назва́л свой рома́н, посвящённый Вели́кой Оте́чественной войне́, М. Бубенно́в. Берёза—си́мвол жи́зни, ми́ра откры́тости и дове́рия: «Шуме́л листопа́д... На скло́не небольшо́го приго́рка, у са́мой доро́ги стоя́ла моло́денькая берёза. У неё была́ не́жная и све́тлая атла́сная ко́жица [2]. Берёза по-де́тски ра́достно взма́хивала ветвя́ми, то́чно восто́рженно приве́тствуя со́лнце...» И да́лее через при́зму глаз [3] одного́ из геро́ев рома́на, Андре́я, раскрыва́ется на́ше о́бщее восприя́тие де́рева берёзы: «С де́тских лет Андре́й люби́л берёзы. Он люби́л смотре́ть как они́, пробужда́ясь весно́й, ощу́пывают во́здух го́лыми ветвя́ми, люби́л всей гру́дью вдыха́ть [4] за́пах их листвы́, гу́сто брызжущий [5] на заре́, люби́л смотре́ть, как они́ шу́мно во́дят хорово́ды вокру́г по́ля, как протя́гивают к о́кнам ве́тви, опушённые и́неем...»

Эпи́графом к рома́ну взя́ты стро́ки наро́дной пе́сни «Во́ поле берёзонька стоя́ла». С неё—берёзоньки—и начина́ется повествова́ние. Она́ встаёт на приго́рке у доро́ги си́мволом страны́. Этот обобщённый си́мвол конкретизи́рует, раскрыва́ет свою́ суть в вое́нное лихоле́тье [6].

Заме́тим, что космона́вты беру́т с собо́й в ко́смос на кора́бль фотогра́фию берёзовой ро́щи как си́мвол ро́дины. Если поста́вить её перед глаза́ми, то мо́жно предста́вить себе́ прогу́лку по подмоско́вной берёзовой ро́ще, по родно́й земле́.

КОММЕНТАРИЙ

залома́ть (ве́тки, ру́ки)—существу́ет в наро́дных го́ворах, сохраня́ется в наро́дных пе́снях, в поэ́зии как о́браз: сгиба́я, обломи́ть

ЗАДАНИЯ

1. Почему́ берёзу называ́ют си́мволом ру́сской земли́? Припо́мните всё, что вы прочли́, что вы зна́ете о символи́ческом значе́нии берёзы.
2. Каки́е стихи́, пе́сни говоря́т об осо́бой любви́ к де́реву берёзе?

7. production of sugar-substitutes
8. craving for sweets

Берёзовые сласти. Вы́пуск сахарозамени́телей [7]—одна́ из остре́йших пробле́м во всём ми́ре. Это свя́зано пре́жде всего́ с увлече́нием сластя́ми [8]. Да́же традицио́нное ру́сское хлебосо́льство тепе́рь сплошь и ря́дом вы́глядит как оби́льная «хлебоса́харность». А сла́дкая жизнь—э́то угро́за нашему́ здоро́вью, э́то возмо́жная са́харная боле́знь. Найти́ сахарозамени́тели—зада́ча первоочередна́я и поси́льная.

Из отхо́дов древеси́ны ра́зных поро́д уже́ мно́гие го́ды выраба́тывают спи́рт, дро́жжи, углекислоту́. Все э́ти проду́кты — произво́дные[1] от име́ющихся в древеси́не полисахари́дов. Са́мый нейтра́льный их них — *ксила́н* — даёт берёза. Из ксила́на де́лают *ксили́т* — «берёзовый са́хар». По вку́су и вне́шнему ви́ду он ниче́м не отлича́ется от са́хара свеклови́чного[2] и тростнико́вого[3]. Его́ досто́инство — абсолю́тная безвре́дность.

Больны́е диабе́том мо́гут, не опаса́ясь, есть сла́дкие то́рты, пиро́жные...

ЗАДАНИЕ

Расскажи́те, что тако́е *ксили́т* и каку́ю роль игра́ет в его́ изготовле́нии берёза?

Что мы знаем о берёзе?

В ру́брике «Оте́чество моё» в газе́те «Пра́вда» (1967, 12 ма́рта) был опублико́ван о́черк В. Солоу́хина, не́которые стро́ки из кото́рого предлага́ем вам прочита́ть как ито́г всей на́шей бесе́ды о ру́сской берёзе.

Берёзы. Расска́зывать ли про берёзовый лес? Расска́зывать ли про саму́ берёзу? Нет де́рева, расту́щего на террито́рии Росси́и, включа́я и ряби́ну.., кото́рому бы так повезло́ и в фолькло́ре, и в литерату́ре, и в жи́вописи, и да́же в му́зыке.

Впро́чем, я непра́в. Сказа́ть повезло́ мо́жно про то, что не совсе́м заслу́живает своего́ успе́ха. Берёза досто́йна свое́й многоголо́сой и про́чной сла́вы...

Нет на све́те де́рева бе́лого, как ле́тнее о́блако в синеве́, как рома́шка в зе́лени лу́га, как снег, когда́ он то́лько что вы́пал и ещё непривы́чен[4] для глаз, смотре́вших до сих по́р на чёрную нена́стную[5] зе́млю. Мы присмотре́лись, привы́кли, но е́сли разобра́ться, то во всём зелёном ца́рстве* нет подо́бного де́рева, оно́ одно́.

Нельзя́ сказа́ть, что еди́нственное ка́чество берёзы — белизна́. С давних по́р у э́того де́рева больша́я дру́жба с челове́ком. Я не зна́ю, пра́вда, как в други́х стра́нах. Бу́дем говори́ть про Росси́ю.

Нетру́дно заме́тить, что все на́ши тепе́решние воспомина́ния о берёзе односторо́нни. Мы перечисля́ем всё, что даёт берёза челове́ку, верне́е всего́ сказа́ть, всё, что он у неё берёт. Но ведь э́то ещё не дру́жба. Это скоре́е эксплуата́ция.

И всё-таки мо́жно говори́ть, что берёза и челове́к нахо́дятся в дру́жбе.Чем же мы отпла́чиваем[6] берёзе за её ще́дрое[7] добро́? Одни́х карти́н, пусть

1. derivatives
2. beetroot
3. cane
4. unusual
5. rainy
6. repay
7. generous

1. not enough
2. owner of a new house
3. comes to his mind
4. quite a different matter
5. the eye distinguishes
6. merge into a bright-coloured background

да́же и левита́новских *, стихо́в, пе́сен и да́же сим фо́ний (Четвёртая симфо́ния П. Чайко́вскогс в кото́рой ра́звита мело́дия наро́дной пе́сни «Во поле берёзонька стоя́ла») бы́ло бы маловáто[1]. Но ведь е́сли новосёл[2], постро́ивший дом, захо́че посади́ть под окно́м дере́вья, пе́рвой на ум при дёт[3] берёза.

Но ка́к бы ни была́ краси́ва одна́ берёза и́ли да́же заве́щанная нам М. Ле́рмонтовым «чета́ * белéющих берёз», совсе́м осо́бенное де́ло[4] — це́лый берёзовый лес.

В берёзовом лесу́ всегда́ ка́к-то просто́рнс и далеко́ ви́дно. Бе́лые берёзы, снача́ла ре́дкие, отде́льные друг от дру́жки, вдали́ стано́вятся для глаза́[5] всё бо́лее ча́стыми и, наконе́ц, влива́ются в пестроту́[6].

КОММЕНТАРИЙ

зелёное ца́рство, *о́бразно*: лес

левита́новские (карти́ны) — карти́ны ру́сского худо́жника И. Левита́на (1860—1900)

чета́, *ж. р.* — сочета́ние двух и́ли двух одноро́дных предме́тов, составля́ющих как бы не́что еди́ное. *Ср.*: чета́ — супру́ги; о́бразно — чета́ берёз (из стихотворе́ния М. Ле́рмонтова «Ро́дина»)

ЗАДАНИЕ

Объясни́те, почему́ мо́жно сказа́ть, что «челове́к и берёза нахо́дятся в дру́жбе»?

КЛЮЧ

«Берёзовый сок»

3. Оборо́т (нет, не́ было) ни... (о́блачка), ни... (ту́чки) — отрица́тельный, усили́тельный, в разгово́рной ре́чи ча́сто опуска́ются предикати́вные нет, не́ было, не бу́дет.
4. Уменьши́тельно-ласка́тельные су́ффиксы име́ют ра́зные значе́ния: до́ждик — небольшо́й дождь, *разг.*; ко́вшик — ма́ленький ковш; глото́чек, ба́ночка, кра́ешек — уменьши́тельные фо́рмы, сво́йственные разгово́рной ре́чи.
5. Лекси́ческие: башмаки́, тро́пка, вдруг шлёпнулся, не унима́лся, глото́чек, прихвати́л, приспосо́бил, ба́ночка, вовну́трь, сполна́ хлебну́л.

Граммати́ческие: отку́да э́то? В не́бе ни о́блачка, ни ту́чки, и́здали заме́тил — цела́ ба́ночка. Но... пуста́. В чём де́ло? (эллипти́чные фо́рмы, зна́ки препина́ния передаю́т разгово́рную интона́цию).

Рябина-рябинушка

Рябина-Рябинушка

Ах, как зарде́лись[1], разгоре́лись[2] ряби́ны! «К зиме́ за́яц мехово́й камзо́л переоде́л, со сне́гом сли́лся. А ряби́на в тре́тий раз цветёт»,— отмеча́ет наро́дная при́сказка. И сто́ит взять хоть одну́ я́году в рот — холо́дную, прихва́ченную моро́зом[3],— и рука́ потя́нется за[4] второ́й: так сладка́ го́рькая я́года ряби́ны. Угоща́йтесь — угоща́ю...

Кру́глый год[5] украша́ют ряби́ны на́ши леса́, сёла. И города́. В са́мом це́нтре Москвы́, на проспе́кте Кали́нина — ряби́ны.

Но, спро́сите вы, почему́ ряби́ну мы преподно́сим как что́-то и́менно на́ше, ру́сское? Ра́зве ряби́на не растёт в други́х стра́нах, и ра́зве де́рево ряби́на и я́годы ряби́ны не изве́стны други́м наро́дам? И вы бу́дете пра́вы. Растёт ряби́на в други́х зе́млях. Но из 80 ви́дов ряби́н, встреча́емых на всём земно́м ша́ре, 34 ви́да произраста́ет в на́шей стране́. Вот почему́ у нас говоря́т о ряби́не, что она́ живёт с на́ми от рожде́ния до ста́рости, тоску́ет, ра́дуется, поёт... И опя́ть вы мо́жете спроси́ть: почему́ тоску́ет? почему́ ра́дуется? почему́ поёт?.. И почему́ люби́мое де́рево на́звано *ряби́на*? от *ряба́я*? И ещё: почему́ мы говори́м, что ряби́на три́жды в году́ цветёт?

Так уж сложи́лась судьба́[6] ряби́ны в на́шей жи́зни — и в исто́рии, и в совреме́нности. Но дава́йте начнём с и́мени.

Ви́шни, я́блони и мно́гие други́е дере́вья в по́ру цвете́ния — бе́лые. А кудря́вые соцве́тия ряби́ны выделя́ются из о́бщей белизны́: они́ пёстрые, в прозра́чных зо́нтиках переплета́ются и светло-зелёные, и бе́лые цветы́, и темне́ют, просве́чивают сквозь них и ли́стья, и ве́тви, и во́здух. В глаза́броса́лась пестрота́[7] цветовы́х пя́тен — *рябы́е*, как говори́ли на́ши пре́дки. Вспо́мним и сравни́м, в ста́рых ска́зках ку́рица-пестру́шка, кото́рая снесла́ золото́е яйцо́ — э́то ку́рочка-ря́ба, и на́звана она́ так за пёстрое (рябо́е), неодноцве́тное опере́ние[8]. Как ви́дим, в назва́нии отража́ется о́бразное восприя́тие на́ших дре́вних пре́дков[9] — ряби́на от *ря́ба* 'пестра́'. И, сле́довательно, и́мя своё де́рево получи́ло весно́й: заме́тили и оцени́ли его́ цвету́щую кудря́вую красоту́, в по́ру пе́рвого — весе́ннего — цвете́ния.

Растёт ряби́на и в ли́ственном лесу́[10], и в хво́йном бору́[11], и на опу́шке[12] ле́са, и при доро́ге, и на дереве́нской у́лице, и в саду́, и в го́роде — в скве́рах, на бульва́рах. Вот и говоря́т о ряби́не, что она́

1. grew red
2. flared
3. touched by frost
4. your hand reaches for
5. all year round
6. such is the fate of
7. diversity of colour
8. feathering
9. ancestors
10. deciduous forest
11. coniferous forest
12. the edge of the wood

живёт с на́ми от рожде́ния до ста́рости, тоску́ет, ра́дуется, поёт...

В «Евге́нии Оне́гине» А. Пу́шкина есть примеча́тельные [1] стро́ки о родно́м кра́е. Мно́го есть ра́зных чуде́сных земе́ль —

Пусты́ни, волн края́ жемчу́жны [2],
И мо́ря шум, и гру́ды скал [3]...

Но всё э́то не ра́дует:

Ины́е ну́жны мне карти́ны:
Люблю́ песча́ный косого́р [4],
Перед избу́шкой две ряби́ны,
Кали́тка, сло́манный забо́р [5]...

Ряби́на — приме́та родно́го кра́я, родно́го до́ма. Ряби́на вошла́ в наро́дный быт. Поэ́тому и сложи́лись в наро́де приме́ты [6]. По цвете́нию ряби́ны определя́ли состоя́ние пого́ды [7] и де́лали прогно́зы на урожа́й [8]: *хорошо́ ряби́на цветёт — к урожа́ю льна [9], мно́го овса [10] бу́дет.*

Вошла́ ряби́на и в наро́дную о́бразную речь. *Ряби́новая ночь* — ду́шная ночь, с зарни́цами [11] во вре́мя цвете́ния ряби́ны в ма́е. Цветёт ряби́на — ле́ту встре́ча, а весне́ — про́воды [12]. Так утвержда́ют погово́рки.

Фолькло́р наш — пе́сни — расска́зывают о весе́нней ряби́не. *Кудря́вая* ряби́на — свиде́тель [13] свида́ний [14], ей поверя́ют [15] свои́ чу́вства лю́бящие. Эта символи́ческая о́бразность сохраня́ется в совре́менных пе́снях. Вот, наприме́р, «Ура́льская ряби́нушка» (му́зыка Е. Роды́шина, стихи́ М. Пилипе́нко):

Ве́чер ти́хой пе́снею над реко́й плывёт,
Да́льними зарни́цами све́тится заво́д,
Где́-то по́езд ка́тится то́чками огня́ [16],
Где́-то под ряби́нушкой па́рни [17] ждут меня́...
Ой, ряби́на кудря́вая,
Бе́лые цветы́,
Ой, ряби́на, ряби́нушка,
Что взгрустну́ла ты?

Ряби́на — де́рево и привы́чное [18], и обы́чное [19], и о́чень дорого́е, родно́е. Прохо́дит весна́, пора́ ра́дости, и начина́ет ряби́на грусти́ть. *Ряби́на-ряби́нушка* — э́то де́вушка, же́нщина — кудря́вая, когда́ в цвету́, то́нкая, беззащи́тная, одино́кая. Тако́й о́браз сложи́лся [20] в наро́дной пе́сне «Ряби́на»:

1. remarkable
2. the pearly edges of the waves
3. rock clusters
4. sandy slope
5. broken fence
6. signs formed
7. the state of the weather
8. harvest forecasts
9. good flax harvest
10. big oats harvest
11. summer lightnings
12. send-off
13. witness
14. rendezvous
15. confide to
16. (*fig*) dots of the lights
17. lads
18. habitual
19. ordinary
20. image formed

Что стои́шь, кача́ясь,
То́нкая ряби́на,
Голово́й склоня́ясь
До само́го ты́на[1]...

У рябины давно́ есть ла́сковая наро́дно-поэти́ческая фо́рма *ряби́нушка*:

Ты ряби́нушка,
Да ты кудря́вая,
Ах ты кудря́вая,
Ты да моложа́вая[2]...

И эпи́теты сочета́ются с *ряби́ной-ряби́нушкой* то́же ла́сковые, не́жные — *то́нкая, кудря́вая, одино́кая, моложа́вая*.

Как вы могли́ заме́тить, ряби́на вхо́дит в наро́дную поэ́зию, отме́чена наро́дной наблюда́тельностью весно́ю — всё ка́к бы идёт от весны́. Но са́мой я́ркой приме́той ряби́ны всё же на́до назва́ть не цветы́, а я́годы. *Ряби́на* — де́рево и́ли высо́кий куста́рник с со́бранными в пучо́к[3] ора́нжево-кра́сными я́годами.Так поясня́ет сло́во *ряби́на* Большо́й Академи́ческий слова́рь (Слова́рь совреме́нного ру́сского литерату́рного языка́).

Зре́ли я́годы, красне́ли ряби́ны, и скла́дывались но́вые приме́ты[4], но́вые о́бразные представле́ния: заре́лась ряби́на — *маку́шка ле́та*[5]. Ряби́на покрасне́ла — ле́то проща́ется, к о́сени вре́мя идёт[6], наступа́ет пора́ в т о р о́ г о цвете́ния ряби́ны. Всё кра́ше[7] стано́вятся ряби́ны. И им — осе́нним — сто́лько поэ́тов посвяти́ло свои́ стихи́!

Гори́т костёр[8] ряби́ны кра́сной,
Но никого́ не мо́жет он согре́ть.

Это С. Есе́нин вы́делил я́ркую окра́ску осе́нней ряби́ны и соедини́л с э́тим гру́стные чу́вства: ушла́ весна́, ушло́ ле́то.

Не обгоря́т[9] ряби́новые ки́сти[10],
От желтизны́ не пропадёт трава́,
Как де́рево роня́ет[11] ти́хо ли́стья
Так я роня́ю гру́стные слова́:

Тепе́рь внима́ние прико́вано[12] к кра́сным я́годам ряби́ны. Синоними́ческий ряд цветовы́х определе́ний и мета́фор растёт от поэ́та к поэ́ту — я́годы *кра́сные, ора́нжево-кра́сные*, о́гненно-воспалённые...И в са́мом де́ле, ряби́ны в кра́сных я́годах сло́вно надева́ют наря́дное пла́тье[13] и вы-

1. as low as the paling
2. young-looking
3. bunch
4. signs formed
5. the crest of the summer
6. time moves on
7. more beautiful
8. (*fig*) bonfire
9. won't burn out
10. rowan bunches
11. sheds
12. attention is focussed
13. smart dress

«Гори́т костёр
ряби́ны кра́сной...»

бега́ют на опу́шки ле́са, к доро́ге. Ли́стья опада́ют и ничто́ не скрыва́ет я́ркую красоту́ ряби́н:

> В наря́дном кра́сном сарафа́не,
> Под бле́ском со́лнечного дня
> Ещё пышне́й [1], ещё румя́ней [2]
> Гляди́т краса́вица моя́.

1. luxuriant
2. glowing

Так ви́дел ряби́ну П. Вя́земский (1792—1878). А вот стихи́ на́шей совреме́нницы Л. Татья́ничевой:

> Нет ничего́ волше́бнее
> Ряби́ны.

1. (*folk.*) arrange weddings
2. (*folk.*) celebrate name-days
3. shawl with fiery red fringe
4. slowly moves a round shoulder

Когда́ она́,
Как де́вушка в гостя́х,
Где ла́дят сва́дьбы [1],
Пра́вят имени́ны [2],—
Игра́ет ша́лью
В о́гненных кистя́х [3].
Плечо́м окру́глым
Ме́дленно пово́дит [4]:
Несуетна́,
Заду́мчива,
Нежна́.
В широ́ком многоцве́тном

Малявин Ф. А. Вихрь.

1. embroidery
2. as brides' gathering
3. burdened
4. revelry
5. will flare up
6. movable
7. changing
8. emerging
9. unconscious
10. belief
11. widows' tears
12. woman's heart

Хорово́де
Краса́виц нет
Наря́дней, чем она́.

Ещё бо́лее зри́тельный, живопи́сный о́браз ряби́ны рису́ет Ф. Абра́мов в свои́х разду́мьях «Наедине́ с приро́дой»: «Кра́сная ряби́на — цари́ца осе́ннего ле́са.

Зелёная поля́на и кра́сные за́росли ряби́ны на ней. Как наря́дные вы́шивки[1]. Как неве́сты на бесе́де[2].

Кра́сные, изныва́ющие[3] под тя́жестью я́год ряби́ны — как маля́винские де́вки. Маля́винский разгу́л[4] ряби́н».

Заме́тим, что по дре́внему ру́сскому обы́чаю неве́сту наряжа́ли в кра́сное — краси́вое, наря́дное — пла́тье. Есть же и пе́сня, когда́ тоску́ющая де́вушка про́сит мать:

— Не ше́й ты мне, ма́тушка,
Кра́сный сарафа́н...

И на карти́нах худо́жника Ф. Маля́вина — разгу́л весе́лья, деви́чий хорово́д, вихрь кра́сных сарафа́нов. Худо́жник так и назва́л одну́ свою́ карти́ну — «Вихрь»: я́рко-кра́сные сарафа́ны, ли́ца — все в вихрево́м движе́нии пля́ски. В ту по́ру (в 1900-х года́х) Ф. Маля́вин жил в одно́м из селе́ний недалеко́ от Ряза́ни, увлека́лся изображе́нием ру́сской дереве́нской жизни и сло́вно перенёс в свою́ карти́ну цвети́стую ра́дость наро́дного пра́здника.

Осенью ряби́на — второ́й раз цветёт, а зимо́й — тре́тий. Снег, моро́з, а ряби́ны рде́ют а́лым пла́менем. Ли́стья опаду́т, а ки́сти ряби́н заполыха́ют[5]. Меня́ется красота́ ряби́ны, и сам о́браз *ряби́ны* стано́вится подви́жным[6], меня́ющимся[7] о́бразом-си́мволом любви́ — зарожда́ющейся[8] по весне́, ещё неосо́знанной[9], ро́бкой, а пото́м всё бо́лее и бо́лее расту́щей, горя́чей.

Ягоды ряби́ны разгораются, налива́ются и вме́сте с я́ркой кра́ской в ка́ждой я́годе растёт го́речь. И сложи́лось пове́рье[10] (его́ расска́зывают в ра́зных места́х Сиби́ри), что пе́рвую го́речь набира́ет ряби́на в ряби́новую ночь. В грозовы́е но́чи в конце́ весны́ — в нача́ле ле́та ряби́на «жмётся к земле́-ма́тери, сте́лется... Го́рькие со́ки её пьёт, слёзы вдо́вьи[11], матери́нские, кровь горя́чую, что ка́пает в неё со слезо́й из ба́бьего се́рдца[12]. Оттого́, слы́шишь ты, я́годы ряби́новые го́рьки да а́лы»

(Т. Гончаро́ва «Ряби́новая ночь»). Бу́дет цвести́ ряби́на и холо́дной о́сенью, и моро́зной зимо́й, но с моро́зом стано́вится всё сла́ще [1], «как сла́дкая па́мять о ле́те».

У те́рпких и горькова́тых я́год, прихва́ченных моро́зом [2], ни с чем не сравни́мый вкус [3], ряби́на — се́верный виногра́д.

Мне и доны́не
Хо́чется гры́зть
Жа́ркой ряби́ны
Го́рькую кисть.

Это М. Цвета́ева. Вкус я́год подари́л поэте́ссе ещё оди́н о́браз:

Ряби́ну
Руби́ли [4]
Зо́рькою.
Ряби́на —
Судьби́на
Го́рькая [5].

Зо́рькой руби́ли — зо́рькой жи́зни, в мо́лодости, вот и го́рькая судьба́ чья-то предста́ла в го́речи ряби́новых я́год. Образ поэти́ческий переклика́ется с о́бразом фолькло́рным — го́речью вдо́вьих и матери́нских слёз.

Прихва́ченные моро́зом я́годы ряби́ны — ла́комство, хороши́ на вкус, и ещё целе́бны.

Прошлого́дняя ряби́на
Снегиря́ми склёвана [6]...
(*Л. Татья́ничева*)

Пти́чий пир [7] зимо́й на ве́тках ряби́ны — уже́ весе́нняя приме́та. Отцвета́ет ряби́на. К тому́ вре́мени ещё раз меня́ется цвет ряби́н, цвет ряби́новых я́год: «он стал мя́гче и бога́че по тона́м: от кори́чневого, почти́ оре́хового, до янта́рного и я́ркожёлтого, как цвет лимо́на. Впро́чем, почему́ э́то на́до сра́внивать ряби́ну с лимо́ном, а не лимо́н с ряби́ной?». Так восто́рженно пи́шет о ряби́не А. Яшин. И он прав. Краси́вая ряби́на, цели́тельная, поле́зная, за́пах ли́стьев и коры́ её губи́телен для вре́дных микро́бов. А из древеси́ны ряби́новой ре́жут ра́зные поде́лки [8], когда́-то и отли́чную деревя́нную посу́ду де́лали. В да́вние времена́ из я́год ряби́ны бу́сы низа́ли [9], украша́ли себя́ э́тим лёгким и ра́достным да́ром краси́вого и ще́дрого де́рева: кисть я́год — ни́тка бус [10]. Поле́зное и кра-

1. sweeter
2. touched by frost
3. incomparable
4. to fell
5. bitter fate
6. pecked
7. feast
8. carve various objects
9. stringed beads
10. beads

си́вое де́рево ряби́ну люби́ли всегда́, ре́вностно[1] охраня́ли от по́рчи[2]. Оттого́ и сложи́лась в наро́де непи́санная за́поведь[3]: «Не руби́ и не лома́й ряби́ну — зу́бы боле́ть не бу́дут». Угро́за зубно́й бо́лью была́ как охра́нная гра́мота[4] ряби́не от неразу́мных и злых рук[5], е́сли таки́е всё-таки появля́лись.

Но прозаи́чная по́льза ряби́ны как-то забыва́ется, а выступа́ет, согрева́я ду́шу[6], её красота́. Ряби́ны в цвету́, кудря́вые, в стре́льчатых ли́стьях, в вы́шивках наря́дных, в кра́сных сарафа́нах, в ша́лях с о́гненными кистя́ми, ряби́ны-неве́сты, краса́вицы, хорово́д краса́виц не́жных, заду́мчивых, ряби́ны то́нкие, одино́кие, моложа́вые...

Вот како́е де́рево ряби́на.

Рябина в сказке

Ска́зки лю́бят все де́ти. А что тако́е ска́зки? Это па́мять челове́чества. Ска́зки храня́т са́мые ну́жные для челове́ческого существова́ния и́стины. Отку́да мы впервы́е узнаём о добре́ и зле, о пра́вде, и́стине и непра́вде, о че́стности и преда́тельстве, о любви́ и не́нависти, о дру́жбе и вражде́ и ещё о то́м, что добро́ побежда́ет, то́лько на́до ве́рить в свои́ си́лы[7], ве́рить друзья́м и самому́ быть до́брым, работя́щим[8], че́стным. «Что за пре́лесть э́ти ска́зки!» — воскли́кнул одна́жды А. Пу́шкин. Фра́за э́та ста́ла крыла́той.

Есть ска́зки наро́дные. Они́ живу́т, переходя́ из у́ст в уста́[9] от прапрапраба́бушек, прапраба́бушек, праба́бушек, ба́бушек к вну́чкам, пра́внучкам, а те, став ба́бушками, расска́зывают их свои́м вну́чкам, пра́внучкам.

Ска́зки переска́зывают писа́тели, и са́ми их пи́шут, прислу́шиваясь к му́дрому го́лосу наро́дных ска́зок.

Написа́л ска́зку «Ряби́нка» и сове́тский писа́тель Я. Тайц (1905—1957), а́втор мно́гих книг для дете́й и о де́тях. В них ма́ленький чита́тель нахо́дит уро́ки доброты́, справедли́вости, любви́, му́жества. Как в ска́зке «Ряби́нка»: зло́е де́ло сде́лал се́рый волк — слома́л ряби́нку. А ба́бка Алёна, де́вочка Ряби́нка, гу́си-ле́беди, бе́лка, медве́дь в беде́ и в ра́дости подружи́лись.

Сюже́т в ска́зке о́чень просто́й и язы́к её прост: так говоря́т ба́бушки со свои́ми ма́ленькими внуча́тами, так говоря́т все в просты́х обы́денных ситуа́циях. Это разгово́рная речь, о́чень жива́я. Обрати́те внима́ние на оборо́ты: *шла ле́сом* (по́-

1. zealously
2. from damage
3. an unwritten law took shape among the people
4. safe-conduct
5. from unwise hands
6. warming the heart
7. to trust one's strength
8. diligent
9. by word of mouth

лем, сте́пью); *кто тебя́ слома́л* (оби́дел); *волк меня́ слома́л* (оби́дел); *перевяза́ла* (кого́?); *как тебя́ зову́т*? Да про́сто нельзя́ всё перечи́слить. Весь текст ска́зки состои́т из часто́тных, ситуати́вно мотиви́рованных фраз-фо́рмул. Но ска́зка потому́ и ска́зка, что в ней живу́т и традицио́нные слове́сные о́бразы (*се́рый волк, медве́дь косола́пый, гу́си-ле́беди*), и при́нятые в ска́зке наро́дно-разгово́рные фо́рмы (*скажи́-ка, тут* бе́лки прибежа́ли, *тут* медве́дь вы́лез), и уменьши́тельные фо́рмы (*ряби́нка, сарафа́нчик, пря́нички, оре́шки, мину́точка, крыле́чко*), и о́чень проста́я фо́рма обраще́ния-обще́ния в еди́нственном числе́ (*тебя́, дай, угости́, пойдём*), сво́йственная де́тской ре́чи, вме́сто так называ́емых «форм ве́жливости» (*вас, да́йте, угости́те, пойдёмте*), при́нятых «речевы́м этике́том».

Рябинка (сказка). Шла ба́бка * Алёна ле́сом. Ви́дит — ряби́на стои́т, вся поло́мана.

— Кто тебя́ слома́л?

— Это се́рый волк меня́ слома́л.

Вы́прямила ба́бка ве́тви, перевяза́ла, ряби́на и говори́т: — Спаси́бо ба́бушка. Скажи́-ка ба́бушка, чего́ у тебя́ нет?

Заду́малась ба́бка: — Да всё как бу́дто есть. Вот ра́зве что вну́чки нет! — И пошла́ домо́й.

Подхо́дит к до́му, ви́дит — на крыльце́ де́вочка в кра́сном сарафа́нчике да в кра́сных сапо́жках.

— Ты кто́, де́вочка?

— Я твоя́ вну́чка.

— А как тебя́ зову́т?

— Ряби́нка.

Обра́довалась ба́бушка и повела́ вну́чку в дом.

Утром ба́бушка сказа́ла: — Я, Ряби́нка, в по́ле пойду́ *, а ты оста́нешься до́ма. Смотри́, никуда́ не уходи́!

Оста́вила ба́бушка ей пря́ников, оре́шков с мёдом и ушла́. Се́ла Ряби́нка к окну́, ви́дит — гу́си-ле́беди летя́т.— Дай нам пое́сть, Ряби́нка! Дала́ им Ряби́нка пря́ничка.

Тут бе́лки прибежа́ли: — И нам дай чего́-нибудь *, Ряби́нка! Дала́ им Ряби́нка оре́шков.

Тут медве́дь косола́пый вы́лез и́з лесу: — И меня́ угости́, Ряби́нка! Отдала́ ему́ Ряби́нка мёд.

Тут се́рый волк показа́лся.

— Пойдём, Ряби́нка, гуля́ть!

— Нельзя́, ба́бушка не веле́ла.

Среди́ ело́вой тьмы
Пункти́рный ствол [1] берёзки.
И различа́ем мы
Набу́хшие желёзки [2].

Поёт весе́нний сок.
Волну́ется берёзка.
Тако́е в ну́жный срок
Быва́ет у подро́стка.

С ней ря́дом ёлки те
Густеют [3] в буера́ке *.
Она́ в их черноте́ —
Как мо́лния во мра́ке.

Но здесь чёрный цве́т вхо́дит пункти́ром в белизну́ берёзки: *пункти́рный ство́л* берёзки. И всё равно́ берёзка в ело́вой черноте́ как мо́лния во мра́ке.

Вы́делим *чёрный пункти́р* на *бе́лом* — поэ́ты отме́тили э́ту дета́ль и по-сво́ему осмы́слили её, из реа́льной черноты́ на бе́лом стволе́ берёзы скла́дывается но́вый одухотворённый [4], по́лный маня́щей зага́дочности [5] о́браз.

Березня́к Б. Пастерна́ка ска́зочен, как древнеру́сский го́род на Во́лге — Углич. В его́ стихотворе́нии цветово́й о́браз берёзы — *бе́лое* и *чёрное* — соединя́ет о́браз слове́сный и о́браз зри́тельный.

Укры́вшись но́чью навесно́й,
Здесь белизна́ сурьми́тся у́глем [6].
Непревзойдённой [7] новизно́й
Земля́ здесь ска́зочна, как Углич...

Жары́ неща́дная резня́ [8]
Сюда́ не су́нется [9] с опу́шки [10].
И вот ты вхо́дишь в березня́к,
Вы всма́триваетесь друг в дру́жку.

По-сво́ему, то жале́я, то восторга́ясь, смо́трит на чёрно-бе́лую берёзку поэ́т И. Сельви́нский:

Ты, берёзонька ряба́я,
Чёрно-пе́гая [11] моя́...

И вдруг, в э́той чёрно-пе́гости поэ́т уви́дел осо́бую красоту́:

И — чёрт возьми́! — не зна́ю сам,
Но я подпа́л под оба́янье [12]
Просто́го де́рева. Глаза́м
Берёзки э́той изва́янье [13]

1. (*fig*) the dotted line of the birch trunk
2. (*fig*) swollen glands
3. grow densely
4. inspired
5. luring, mysterious
6. (*fig*) darkens with coal
7. unsurpassed
8. (*fig*) merciless massacre
9. won't poke its nose
10. the edge of the forest
11. black-skewbald
12. enchanted
13. statue

3—1413

Предста́ло[1], то́чно дре́вний рок *,
Так же́нственно сия́ло те́ло,
Так го́рестно она́ гляде́ла,
И был в зрачке́[2] тако́й упрёк[3],
Что я смути́лся[4] и пойти́
Реши́л не лу́гом, а дере́вней,
Как бу́дто встре́тился в пути́
С заворожённою царе́вной.

Вы обрати́ли внима́ние на перехо́д от *берёзоньки* к *берёзке*: измени́лись ласка́тельно-уменьши́тельные су́ффиксы (*-оньк-* — *-к-*) и измени́лся оттéнок значе́ния в и́мени — от жа́лостливости[5] к любова́нию. Этот же пери́од и в описа́нии берёзы. Берёзонька *рябá*я, *чёрно-пе́гая*. А берёзка — *же́нственно сия́ло те́ло*, а чёрные то́чки, поло́ски — э́то *зрачо́к*, а в нём *упрёк*... И нет рябо́й, чёрно-пе́гой берёзки, а есть *заворожённая царе́вна*.

Отку́да же на бе́лом стволе́ берёзки беру́тся чёрные то́чки и поло́ски, э́тот чёрно-бе́лый пункти́р, зрачки́?

Де́ло в том, что кора́ берёзы, берёста, состои́т из клéток, так те́сно спа́янных[6] между собо́й, что образу́ется про́чный, непроница́емый[7] ни для воды́, ни для во́здуха слой. Но ствол берёзы живо́й, он растёт и ды́шит, ему́ ну́жен во́здух. Вот поэ́тому приро́да сло́вно приду́мала «отду́шины»[8] в непроница́емом сло́е берёсты. Чёрные поло́ски, то́чки — глаза́, зрачки́ — э́то и есть «отду́шины». Через ни́х прохо́дит к живы́м клéткам ствола́ во́здух.

Вот так ды́шит берёза.В чёрном пункти́ре, в чёрном зрачке́ — дыха́ние, жизнь белоство́льной берёзы.

1. appeared
2. eye apple
3. reproach
4. was embarrassed
5. out of pity
6. firmly joined together
7. impenetrable
8. outlets

КОММЕНТАРИЙ

ле́бедь бе́лая — фолькло́рный о́браз
ги́бче, *разг.* — бо́лее ги́бкий
белы́м-бела́ — о́чень бе́лая
смерть на лю́дях про́ще — на лю́дях (в прису́тствии люде́й) сме́рть ле́гче
чащо́ба, *ж. р.* — ча́стый, густо́й лес
поту́пить взгля́д — опуска́ть вниз (взгля́д, глаза́)
буера́к, *м. р.* — углубле́ние, небольшо́й овра́г
дре́вний рок — *зд.*: судьба́

ЗАДАНИЯ

1. Расскажи́те, в каки́х поэти́ческих о́бразах отража́ются реа́льные чёрно-бе́лые кра́ски берёзовых стволо́в.

2. Как ды́шит берёза, что тако́е «отду́шина» на стволе́ берёзы?

Символ России

Через века́ прохо́дит и́стинно наро́дная любо́вь к берёзе:

Люблю́ берёзу ру́сскую,
То све́тлую, то гру́стную...
То я́сную, кипу́чую [1]...
То гру́стную, плаку́чую.

1. ebullient

Так вы́разил свою́ любо́вь к берёзе А. Проко́фьев. Берёзка-сестри́ца, родна́я мать, до́брая сестра́, ми́лая жена́, родна́я дочь... Всё в ней — родна́я земля́, печа́ль, ра́дость, любо́вь. Как в пе́сне поётся.

Русская берёзка

слова́ П. Кудря́вцева *му́зыка М. Би́рмана*

Бе́лая берёза
мне родна́я мать,
Кто тебе́ посме́ет
ру́ки залома́ть *?!

Бе́лая берёза —
до́брая сестра́,
Ты расти́, не бо́йся
зво́на топора́.

Бе́лая берёза —
ми́лая жена́,
Не мое́й ли ла́ской
ты окружена́!

Бе́лая берёза,
ты светла́ и в ночь,
Я тебя́ жале́ю,
как родну́ю дочь.

Бе́лая берёза,
мой покло́н тебе́,
Ты — в судьбе́ Росси́и,
и в мое́й судьбе́...

Бе́лая берёза —
ру́сская земля́.
И печа́ль, и ра́дость,
и любо́вь моя́.

1. satin
2. skin
3. through the eyes of
4. to fill one's lungs
5. spraying with dew
6. years of trouble

«Бе́лая берёза» — так назва́л свой рома́н, посвящённый Вели́кой Оте́чественной войне́, М. Бубенно́в. Берёза — си́мвол жи́зни, ми́ра откры́тости и дове́рия: «Шуме́л листопа́д... На скло́не небольшо́го приго́рка, у са́мой доро́ги стоя́ла молоде́нькая берёза. У неё была́ не́жная и све́тлая атла́сная[1] ко́жица[2]. Берёза по-де́тски ра́достно взма́хивала ветвя́ми, то́чно восто́рженно приве́тствуя со́лнце...» И да́лее через при́зму глаз[3] одного́ из геро́ев рома́на, Андре́я, раскрыва́ется на́ше о́бщее восприя́тие де́рева берёзы: «С де́тских лет Андре́й люби́л берёзы. Он люби́л смотре́ть как они́, пробужда́ясь весно́й, ощу́пывают во́здух го́лыми ветвя́ми, люби́л все́й гру́дью вдыха́ть[4] за́пах их листвы́, гу́сто брызжущий[5] на заре́, люби́л смотре́ть, как они́ шу́мно во́дят хорово́ды вокру́г по́ля, как протя́гивают к о́кнам ве́тви, опушённые и́неем...»

Эпи́графом к рома́ну взя́ты стро́ки наро́дной пе́сни «Во́ поле берёзонька стоя́ла». С неё — берёзоньки — и начина́ется повествова́ние. Она́ встаёт на приго́рке у доро́ги си́мволом страны́. Этот обобщённый си́мвол конкретизи́рует, раскрыва́ет свою́ суть в вое́нное лихоле́тье[6].

Заме́тим, что космона́вты беру́т с собо́й в ко́смос на кора́бль фотогра́фию берёзовой ро́щи как си́мвол ро́дины. Если поста́вить её перед глаза́ми, то мо́жно предста́вить себе́ прогу́лку по подмоско́вной берёзовой ро́ще, по родно́й земле́.

КОММЕНТАРИЙ

залома́ть (ве́тки, ру́ки) — существу́ет в наро́дных го́ворах, сохраня́ется в наро́дных пе́снях, в поэ́зии как о́браз: сгиба́я, обломи́ть

ЗАДАНИЯ

1. Почему́ берёзу называ́ют си́мволом ру́сской земли́? Припо́мните всё, что вы прочли́, что вы зна́ете о символи́ческом значе́нии берёзы.
2. Каки́е стихи́, пе́сни говоря́т об осо́бой любви́ к де́реву берёзе?

7. production of sugar-substitutes
8. craving for sweets

Берёзовые сласти. Вы́пуск сахарозамени́телей[7] — одна́ из остре́йших пробле́м во всём ми́ре. Это свя́зано пре́жде всего́ с увлече́нием сластя́ми[8]. Да́же традицио́нное ру́сское хлебосо́льство тепе́рь сплошь и ря́дом вы́глядит как оби́льная «хлебоса́харность». А сла́дкая жизнь — э́то угро́за на́шему здоро́вью, э́то возмо́жная са́харная боле́знь. Найти́ сахарозамени́тели — зада́ча первоочередна́я и поси́льная.

Из отхо́дов древеси́ны ра́зных поро́д уже́ мно́гие го́ды выраба́тывают спи́рт, дро́жжи, углекислоту́. Все э́ти проду́кты — производны́е[1] от име́ющихся в древеси́не полисахари́дов. Са́мый нейтра́льный их них — *ксила́н* — даёт берёза. Из ксила́на де́лают *ксили́т* — «берёзовый са́хар». По вку́су и вне́шнему ви́ду он ниче́м не отлича́ется от са́хара свеклови́чного[2] и тростнико́вого[3]. Его́ досто́инство — абсолю́тная безвре́дность.

Больны́е диабе́том мо́гут, не опаса́ясь, есть сла́дкие то́рты, пиро́жные...

ЗАДАНИЕ

Расскажи́те, что тако́е *ксили́т* и каку́ю роль игра́ет в его́ изготовле́нии берёза?

Что мы знаем о берёзе?

В ру́брике «Оте́чество моё» в газе́те «Пра́вда» (1967, 12 ма́рта) был опублико́ван о́черк В. Солоу́хина, не́которые стро́ки из кото́рого предлага́ем вам прочита́ть как ито́г всей на́шей бесе́ды о ру́сской берёзе.

Берёзы. Расска́зывать ли про берёзовый лес? Расска́зывать ли про саму́ берёзу? Нет де́рева, расту́щего на террито́рии Росси́и, включа́я и ряби́ну.., кото́рому бы так повезло́ и в фолькло́ре, и в литерату́ре, и в жи́вописи, и да́же в му́зыке.

Впро́чем, я непра́в. Сказа́ть повезло́ мо́жно про то, что не совсе́м заслу́живает своего́ успе́ха. Берёза досто́йна свое́й многоголо́сой и про́чной сла́вы...

Нет на све́те де́рева бе́лого, как ле́тнее о́блако в синеве́, как рома́шка в зе́лени лу́га, как снег, когда́ он то́лько что вы́пал и ещё непривы́чен[4] для глаз, смотре́вших до сих по́р на чёрную нена́стную[5] зе́млю. Мы присмотре́лись, привы́кли, но е́сли разобра́ться, то во всём зелёном ца́рстве* нет подо́бного де́рева, оно́ одно́.

Нельзя́ сказа́ть, что еди́нственное ка́чество берёзы — белизна́. С давних по́р у э́того де́рева больша́я дру́жба с челове́ком. Я не зна́ю, пра́вда, как в други́х стра́нах. Бу́дем говори́ть про Росси́ю.

Нетру́дно заме́тить, что все на́ши тепе́решние воспомина́ния о берёзе односторо́нни. Мы перечисля́ем всё, что даёт берёза челове́ку, верне́е всего́ сказа́ть, всё, что он у неё берёт. Но ведь э́то ещё не дру́жба. Это скоре́е эксплуата́ция.

И всё-таки мо́жно говори́ть, что берёза и челове́к нахо́дятся в дру́жбе.Чем же мы отпла́чиваем[6] берёзе за её ще́дрое[7] добро́? Одни́х карти́н, пусть

1. derivatives
2. beetroot
3. cane
4. unusual
5. rainy
6. repay
7. generous

1. not enough
2. owner of a new house
3. comes to his mind
4. quite a different matter
5. the eye distinguishes
6. merge into a bright-coloured background

да́же и левита́новских *, стихо́в, пе́сен и да́же сим фо́ний (Четвёртая симфо́ния П. Чайко́вского в кото́рой ра́звита мело́дия наро́дной пе́сни «Во поле берёзонька стоя́ла») бы́ло бы малова́то[1]. Но ведь е́сли новосёл[2], постро́ивший дом, захо́чет посади́ть под окно́м дере́вья, пе́рвой на ум придёт[3] берёза.

Но ка́к бы ни была́ краси́ва одна́ берёза и́ли да́же заве́щанная нам М. Ле́рмонтовым «чета́ * беле́ющих берёз», совсе́м осо́бенное де́ло[4] — це́лый берёзовый лес.

В берёзовом лесу́ всегда́ ка́к-то просто́рно и далеко́ ви́дно. Бе́лые берёзы, снача́ла ре́дкие, отде́льные друг от дру́жки, вдали́ стано́вятся для гла́за[5] всё бо́лее ча́стыми и, наконе́ц, влива́ются в пестроту́[6].

КОММЕНТАРИЙ

зелёное ца́рство, *о́бразно*: лес

левита́новские (карти́ны) — карти́ны ру́сского худо́жника И. Левита́на (1860—1900)

чета́, *ж. р.* — сочета́ние двух и́ли двух однoро́дных предме́тов, составля́ющих как бы не́что еди́ное. *Ср.*: чета́ — супру́ги; о́бразно — чета́ берёз (из стихотворе́ния М. Ле́рмонтова «Ро́дина»)

ЗАДАНИЕ

Объясни́те, почему́ мо́жно сказа́ть, что «челове́к и берёза нахо́дятся в дру́жбе»?

КЛЮЧ

«Берёзовый сок»

3. Оборо́т (нет, не́ было) ни... (о́блачка), ни... (ту́чки) — отрица́тельный, усили́тельный, в разгово́рной ре́чи ча́сто опуска́ются предикати́вные нет, не́ было, не бу́дет.
4. Уменьши́тельно-ласка́тельные су́ффиксы име́ют ра́зные значе́ния: до́ждик — небольшо́й дождь, *разг.*; ко́вшик — ма́ленький ковш; глото́чек, ба́ночка, кра́ешек — уменьши́тельные фо́рмы, сво́йственные разгово́рной ре́чи.
5. Лекси́ческие: башмаки́, тро́пка, вдруг шлёпнулся, не унима́лся, глото́чек, прихвати́л, приспосо́бил, ба́ночка, вовну́трь, сполна́ хлебну́л.

Граммати́ческие: отку́да э́то? В не́бе ни о́блачка, ни ту́чки, и́здали заме́тил — цела́ ба́ночка. Но... пуста́. В чём де́ло? (эллипти́чные фо́рмы, зна́ки препина́ния передаю́т разгово́рную интона́цию).

Рябина-рябинушка

Рябина-Рябинушка

Ах, как зарде́лись [1], разгоре́лись [2] ряби́ны! «К зиме́ за́яц мехово́й камзо́л переоде́л, со сне́гом сли́лся. А ряби́на в тре́тий раз цветёт»,— отмеча́ет наро́дная при́сказка. И сто́ит взять хоть одну́ я́году в рот — холо́дную, прихва́ченную моро́зом [3],— и рука́ потя́нется за [4] второ́й: так сладка́ го́рькая я́года ряби́ны. Угоща́йтесь — угоща́ю...

Кру́глый год [5] украша́ют ряби́ны на́ши леса́, сёла. И города́. В са́мом це́нтре Москвы́, на проспе́кте Кали́нина — ряби́ны.

Но, спро́сите вы, почему́ ряби́ну мы преподно́сим как что́-то и́менно на́ше, ру́сское? Ра́зве ряби́на не растёт в други́х стра́нах, и ра́зве де́рево ряби́на и я́годы ряби́ны не изве́стны други́м наро́дам? И вы бу́дете пра́вы. Растёт ряби́на в други́х зе́млях. Но из 80 ви́дов ряби́н, встреча́емых на всём земно́м ша́ре, 34 ви́да произраста́ет в на́шей стране́. Вот почему́ у нас говоря́т о ряби́не, что она́ живёт с на́ми от рожде́ния до ста́рости, тоску́ет, ра́дуется, поёт... И опя́ть вы мо́жете спроси́ть: почему́ тоску́ет? почему́ ра́дуется? почему́ поёт?.. И почему́ люби́мое де́рево на́звано *ряби́на*? от *ряба́я*? И ещё: почему́ мы говори́м, что ряби́на три́жды в году́ цветёт?

Так уж сложи́лась судьба́ [6] ряби́ны в на́шей жи́зни — и в исто́рии, и в совре́менности. Но дава́йте начнём с и́мени.

Ви́шни, я́блони и мно́гие други́е дере́вья в по́ру цвете́ния — бе́лые. А кудря́вые соцве́тия ряби́ны выделя́ются из о́бщей белизны́: они́ пёстрые, в прозра́чных зо́нтиках переплета́ются и светло-зелёные, и бе́лые цветы́, и темне́ют, просве́чивают сквозь них и ли́стья, и ве́тви, и во́здух. В глаза́ броса́лась пестрота́ [7] цветовы́х пя́тен — *ря́бые*, как говори́ли на́ши пре́дки. Вспо́мним и сравни́м, в ста́рых ска́зках ку́рица-пестру́шка, кото́рая снесла́ золото́е яйцо́ — э́то ку́рочка-ря́ба, и на́звана она́ так за пёстрое (рябо́е), неодноцве́тное опере́ние [8]. Как ви́дим, в назва́нии отража́ется о́бразное восприя́тие на́ших дре́вних пре́дков [9] — ряби́на от *ря́ба* 'пестра́'. И, сле́довательно, и́мя своё де́рево получи́ло весно́й: заме́тили и оцени́ли его́ цвету́щую кудря́вую красоту́, в по́ру пе́рвого — весе́ннего — цвете́ния.

Растёт ряби́на и в ли́ственном лесу́ [10], и в хво́йном бору́ [11], и на опу́шке [12] ле́са, и при доро́ге, и на дереве́нской у́лице, и в саду́, и в го́роде — в скве́рах, на бульва́рах. Вот и говоря́т о ряби́не, что она́

1. grew red
2. flared
3. touched by frost
4. your hand reaches for
5. all year round
6. such is the fate of
7. diversity of colour
8. feathering
9. ancestors
10. deciduous forest
11. coniferous forest
12. the edge of the wood

живёт с на́ми от рожде́ния до ста́рости, тоску́ет, ра́дуется, поёт...

В «Евге́нии Оне́гине» А. Пу́шкина есть примеча́тельные [1] стро́ки о родно́м кра́е. Мно́го есть ра́зных чуде́сных земе́ль —

> Пусты́ни, волн края́ жемчу́жны [2],
> И мо́ря шум, и гру́ды скал [3]...

Но всё э́то не ра́дует:

> Ины́е ну́жны мне карти́ны:
> Люблю́ песча́ный косого́р [4],
> Перед избу́шкой две ряби́ны,
> Кали́тка, сло́манный забо́р [5]...

Ряби́на — приме́та родно́го кра́я, родно́го до́ма. Ряби́на вошла́ в наро́дный быт. Поэ́тому и сложи́лись в наро́де приме́ты [6]. По цвете́нию ряби́ны определя́ли состоя́ние пого́ды [7] и де́лали прогно́зы на урожа́й [8]: *хорошо́ ряби́на цветёт — к урожа́ю льна* [9], *мно́го овса* [10] *бу́дет.*

Вошла́ ряби́на и в наро́дную о́бразную речь. *Ряби́новая ночь* — ду́шная ночь, с зарни́цами [11] во вре́мя цвете́ния ряби́ны в ма́е. Цветёт ряби́на — ле́ту встре́ча, а весне́ — про́воды [12]. Так утвержда́ют погово́рки.

Фолькло́р наш — пе́сни — расска́зывают о весе́нней ряби́не. *Кудря́вая* ряби́на — свиде́тель [13] свида́ний [14], ей поверя́ют [15] свои́ чу́вства лю́бящие. Эта символи́ческая о́бразность сохраня́ется в совреме́нных пе́снях. Вот, наприме́р, «Ура́льская ряби́нушка» (му́зыка Е. Роды́шина, стихи́ М. Пилипе́нко):

> Ве́чер ти́хой пе́снею над реко́й плывёт,
> Да́льними зарни́цами све́тится заво́д,
> Где́-то по́езд ка́тится то́чками огня́ [16],
> Где́-то под ряби́нушкой па́рни [17] ждут меня́...
> Ой, ряби́на кудря́вая,
> Бе́лые цветы́,
> Ой, ряби́на, ряби́нушка,
> Что взгрустну́ла ты?

Ряби́на — де́рево и привы́чное [18], и обы́чное [19], и о́чень дорого́е, родно́е. Прохо́дит весна́, пора́ ра́дости, и начина́ет ряби́на грусти́ть. *Ряби́на-ряби́нушка* — э́то де́вушка, же́нщина — кудря́вая, когда́ в цвету́, то́нкая, беззащи́тная, одино́кая. Тако́й о́браз сложи́лся [20] в наро́дной пе́сне «Ряби́на»:

1. remarkable
2. the pearly edges of the waves
3. rock clusters
4. sandy slope
5. broken fence
6. signs formed
7. the state of the weather
8. harvest forecasts
9. good flax harvest
10. big oats harvest
11. summer lightnings
12. send-off
13. witness
14. rendezvous
15. confide to
16. (*fig*) dots of the lights
17. lads
18. habitual
19. ordinary
20. image formed

Что стои́шь, кача́ясь,
То́нкая ряби́на,
Голово́й склоня́ясь
До само́го ты́на[1]...

У ряби́ны давно́ есть ла́сковая наро́дно-поэти́ческая фо́рма *ряби́нушка*:

Ты ряби́нушка,
Да ты кудря́вая,
Ах ты кудря́вая,
Ты да моложа́вая[2]...

И эпи́теты сочета́ются с *ряби́ной-ряби́нушкой* то́же ла́сковые, не́жные — *то́нкая, кудря́вая, одино́кая, моложа́вая.*

Как вы могли́ заме́тить, ряби́на вхо́дит в наро́дную поэ́зию, отме́чена наро́дной наблюда́тельностью весно́ю — всё ка́к бы идёт от весны́. Но са́мой я́ркой приме́той ряби́ны всё же на́до назва́ть не цветы́, а я́годы. *Ряби́на* — де́рево и́ли высо́кий куста́рник с со́бранными в пучо́к[3] ора́нжево-кра́сными я́годами. Так поясня́ет сло́во *ряби́на* Большо́й Академи́ческий слова́рь (Слова́рь совреме́нного ру́сского литерату́рного языка́).

Зре́ли я́годы, красне́ли ряби́ны, и скла́дывались но́вые приме́ты[4], но́вые о́бразные представле́ния: зарде́лась ряби́на — *маку́шка ле́та*[5]. Ряби́на покрасне́ла — ле́то проща́ется, к о́сени вре́мя идёт[6], наступа́ет пора́ второ́го цвете́ния ряби́ны. Всё кра́ше[7] стано́вятся ряби́ны. И им — осе́нним — сто́лько поэ́тов посвяти́ло свои́ стихи́!

Гори́т костёр[8] ряби́ны кра́сной,
Но никого́ не мо́жет он согре́ть.

Это С. Есе́нин вы́делил я́ркую окра́ску осе́нней ряби́ны и соедини́л с э́тим гру́стные чу́вства: ушла́ весна́, ушло́ ле́то.

Не обгоря́т[9] ряби́новые ки́сти[10],
От желтизны́ не пропадёт трава́,
Как де́рево роня́ет[11] ти́хо ли́стья
Так я роня́ю гру́стные слова́.

Тепе́рь внима́ние прико́вано[12] к кра́сным я́годам ряби́ны. Синоними́ческий ряд цветовы́х определе́ний и мета́фор растёт от поэ́та к поэ́ту — я́годы *кра́сные, ора́нжево-кра́сные*, о́гненно-воспалённые...И в са́мом де́ле, ряби́ны в кра́сных я́годах сло́вно надева́ют наря́дное пла́тье[13] и вы-

1. as low as the paling
2. young-looking
3. bunch
4. signs formed
5. the crest of the summer
6. time moves on
7. more beautiful
8. (*fig*) bonfire
9. won't burn out
10. rowan bunches
11. sheds
12. attention is focussed
13. smart dress

«Гори́т костёр ряби́ны кра́сной...»

бега́ют на опу́шки ле́са, к доро́ге. Ли́стья опада́ют и ничто́ не скрыва́ет я́ркую красоту́ ряби́н:

В наря́дном кра́сном сарафа́не,
Под бле́ском со́лнечного дня
Ещё пышне́й [1], ещё румя́ней [2]
Гляди́т краса́вица моя́.

1. luxuriant
2. glowing

Так ви́дел рябину П. Вя́земский (1792—1878). А вот стихи́ на́шей совреме́нницы Л. Татья́ничевой:

Нет ничего́ волшéбнее
Рябины.

1. (*folk.*) arrange weddings
2. (*folk.*) celebrate name-days
3. shawl with fiery red fringe
4. slowly moves a round shoulder

Когда́ она́,
Как де́вушка в гостя́х,
Где ла́дят сва́дьбы [1],
Пра́вят имени́ны [2],—
Игра́ет ша́лью
В о́гненных кистя́х [3].
Плечо́м окру́глым
Ме́дленно пово́дит [4]:
Несуетна́,
Заду́мчива,
Нежна́.
В широ́ком многоцве́тном

Малявин Ф. А. Вихрь.

1. embroidery
2. as brides' gathering
3. burdened
4. revelry
5. will flare up
6. movable
7. changing
8. emerging
9. unconscious
10. belief
11. widows' tears
12. woman's heart

Хорово́де
Краса́виц нет
Наря́дней, чем она́.

Ещё бо́лее зри́тельный, живопи́сный о́браз ряби́ны рису́ет Ф. Абра́мов в свои́х разду́мьях «Наедине́ с приро́дой»: «Кра́сная ряби́на — цари́ца осе́ннего ле́са.

Зелёная поля́на и кра́сные за́росли ряби́ны на ней. Как наря́дные вы́шивки[1]. Как неве́сты на бесе́де[2].

Кра́сные, изныва́ющие[3] под тя́жестью я́год ряби́ны — как маля́винские де́вки. Маля́винский разгу́л[4] ряби́н».

Заме́тим, что по дре́внему ру́сскому обы́чаю неве́сту наряжа́ли в кра́сное — краси́вое, наря́дное — пла́тье. Есть же и пе́сня, когда́ тоску́ющая де́вушка про́сит мать:

— Не ше́й ты мне, ма́тушка,
Кра́сный сарафа́н...

И на карти́нах худо́жника Ф. Маля́вина — разгу́л весе́лья, деви́чий хорово́д, вихрь кра́сных сарафа́нов. Худо́жник так и назва́л одну́ свою́ карти́ну — «Вихрь»: я́рко-кра́сные сарафа́ны, ли́ца — все в вихрево́м движе́нии пля́ски. В ту по́ру (в 1900-х года́х) Ф. Маля́вин жил в одно́м из селе́ний недалеко́ от Ряза́ни, увлека́лся изображе́нием ру́сской дереве́нской жизни и сло́вно перенёс в свою́ карти́ну цвети́стую ра́дость наро́дного пра́здника.

Осенью ряби́на — второ́й раз цветёт, а зимо́й — т р е́ т и й. Снег, моро́з, а ряби́ны рде́ют а́лым пла́менем. Ли́стья опаду́т, а ки́сти ряби́н заполыха́ют[5]. Меня́ется красота́ ряби́ны, и сам о́браз *ряби́ны* стано́вится подви́жным[6], меня́ющимся[7] о́бразом-си́мволом любви́ — зарожда́ющейся[8] по весне́, ещё неосо́знанной[9], ро́бкой, а пото́м всё бо́лее и бо́лее расту́щей, горя́чей.

Ягоды ряби́ны разгораются, налива́ются и вме́сте с я́ркой кра́ской в ка́ждой я́годе растёт го́речь. И сложи́лось пове́рье[10] (его́ расска́зывают в ра́зных места́х Сиби́ри), что пе́рвую го́речь набира́ет ряби́на в ряби́новую ночь. В грозовы́е но́чи в конце́ весны́ — в нача́ле ле́та ряби́на «жмётся к земле́-ма́тери, сте́лется... Го́рькие со́ки её пьёт, слёзы вдо́вьи[11], матери́нские, кровь горя́чую, что ка́пает в неё со слезо́й из ба́бьего се́рдца[12]. Оттого́, слы́шишь ты, я́годы ряби́новые го́рьки да а́лы»

(Т. Гончаро́ва «Ряби́новая ночь»). Бу́дет цвести́ ряби́на и холо́дной о́сенью, и моро́зной зимо́й, но с моро́зом стано́вится всё сла́ще [1], «как сла́дкая па́мять о ле́те».

У те́рпких и горькова́тых я́год, прихва́ченных моро́зом [2], ни с чем не сравни́мый вкус [3], ряби́на — се́верный виногра́д.

Мне и доны́не
Хо́чется гры́зть
Жа́ркой ряби́ны
Го́рькую кисть.

Это М. Цвета́ева. Вкус я́год подари́л поэте́ссе ещё оди́н о́браз:

Ряби́ну
Руби́ли [4]
Зо́рькою.
Ряби́на —
Судьби́на
Го́рькая [5].

Зо́рькой руби́ли — зо́рькой жи́зни, в мо́лодости, вот и го́рькая судьба́ чья́-то предста́ла в го́речи ряби́новых я́год. Образ поэти́ческий переклика́ется с о́бразом фолькло́рным — го́речью вдо́вьих и матери́нских слёз.

Прихва́ченные моро́зом я́годы ряби́ны — ла́комство, хороши́ на вкус, и ещё целе́бны.

Прошлого́дняя ряби́на
Снегиря́ми склёвана [6]...
(*Л. Татья́ничева*)

Пти́чий пир [7] зимо́й на ве́тках ряби́ны — уже́ весе́нняя приме́та. Отцвета́ет ряби́на. К тому́ вре́мени ещё раз меня́ется цвет ряби́н, цвет ряби́новых я́год: «он стал мя́гче и бога́че по тона́м: от кори́чневого, почти́ оре́хового, до янта́рного и я́рко-жёлтого, как цвет лимо́на. Впро́чем, почему́ э́то на́до сра́внивать ряби́ну с лимо́ном, а не лимо́н с ряби́ной?». Так восто́рженно пи́шет о ряби́не А. Яшин. И он прав. Краси́вая ряби́на, цели́тельная, поле́зная, за́пах ли́стьев и коры́ её губи́телен для вре́дных микро́бов. А из древеси́ны ряби́новой ре́жут ра́зные поде́лки [8], когда́-то и отли́чную деревя́нную посу́ду де́лали. В да́вние времена́ из я́год ряби́ны бу́сыниза́ли [9], украша́ли себя́ э́тим лёгким и ра́достным да́ром краси́вого и ще́дрого де́рева: кисть я́год — ни́тка бус [10]. Поле́зное и кра-

1. sweeter
2. touched by frost
3. incomparable
4. to fell
5. bitter fate
6. pecked
7. feast
8. carve various objects
9. stringed beads
10. beads

си́вое де́рево ряби́ну люби́ли всегда́, ре́вностно[1] охраня́ли от по́рчи[2]. Оттого́ и сложи́лась в наро́де непи́санная за́поведь[3]: «Не руби́ и не лома́й ряби́ну — зу́бы боле́ть не бу́дут». Угро́за зубно́й бо́лью была́ как охра́нная гра́мота[4] ряби́не от неразу́мных и злых рук[5], е́сли таки́е всё-таки появля́лись.

Но прозаи́чная по́льза ряби́ны как-то забыва́ется, а выступа́ет, согрева́я ду́шу[6], её красота́. Ряби́ны в цвету́, кудря́вые, в стре́льчатых ли́стьях, в вы́шивках наря́дных, в кра́сных сарафа́нах, в ша́лях с о́гненными кистя́ми, ряби́ны-неве́сты, краса́вицы, хорово́д краса́виц не́жных, заду́мчивых, ряби́ны то́нкие, одино́кие, моложа́вые...

Вот како́е де́рево ряби́на.

Рябина в сказке

Ска́зки лю́бят все де́ти. А что тако́е ска́зки? Это па́мять челове́чества. Ска́зки храня́т са́мые ну́жные для челове́ческого существова́ния и́стины. Отку́да мы впервы́е узнаём о добре́ и зле, о пра́вде, и́стине и непра́вде, о че́стности и преда́тельстве, о любви́ и не́нависти, о дру́жбе и вражде́ и ещё о то́м, что добро́ побежда́ет, то́лько на́до ве́рить в свои́ си́лы[7], ве́рить друзья́м и самому́ быть до́брым, работя́щим[8], че́стным. «Что за пре́лесть э́ти ска́зки!» — воскли́кнул одна́жды А. Пу́шкин. Фра́за э́та ста́ла крыла́той.

Есть ска́зки наро́дные. Они́ живу́т, переходя́ из у́ст в уста́[9] от прапрапраба́бушек, прапраба́бушек, праба́бушек, ба́бушек к вну́чкам, пра́внучкам, а те, став ба́бушками, расска́зывают их свои́м вну́чкам, пра́внучкам.

Ска́зки переска́зывают писа́тели, и са́ми их пи́шут, прислу́шиваясь к му́дрому го́лосу наро́дных ска́зок.

Написа́л ска́зку «Ряби́нка» и сове́тский писа́тель Я. Тайц (1905—1957), а́втор мно́гих книг для дете́й и о де́тях. В них ма́ленький чита́тель нахо́дит уро́ки доброты́, справедли́вости, любви́, му́жества. Как в ска́зке «Ряби́нка»: зло́е де́ло сде́лал се́рый волк — слома́л ряби́нку. А ба́бка Алёна, де́вочка Ряби́нка, гу́си-ле́беди, бе́лка, медве́дь в беде́ и в ра́дости подружи́лись.

Сюже́т в ска́зке о́чень просто́й и язы́к её прост: так говоря́т ба́бушки со свои́ми ма́ленькими внуча́тами, так говоря́т все в просты́х обы́денных ситуа́циях. Это разгово́рная речь, о́чень жива́я. Обрати́те внима́ние на оборо́ты: *шла ле́сом* (по-

1. zealously
2. from damage
3. an unwritten law took shape among the people
4. safe-conduct
5. from unwise hands
6. warming the heart
7. to trust one's strength
8. diligent
9. by word of mouth

лем, сте́пью); *кто тебя́ слома́л* (оби́дел); *волк меня́ слома́л* (оби́дел); *перевяза́ла* (кого́?); *как тебя́ зову́т*? Да про́сто нельзя́ всё перечи́слить. Весь текст ска́зки состои́т из часто́тных, ситуати́вно мотиви́рованных фраз-фо́рмул. Но ска́зка потому́ и ска́зка, что в ней живу́т и традицио́нные слове́сные о́бразы (*се́рый волк, медве́дь косола́пый, гу́си-ле́беди*), и при́нятые в ска́зке наро́дно-разгово́рные фо́рмы (*скажи́-ка, тут* бе́лки прибежа́ли, *тут* медве́дь вы́лез), и уменьши́тельные фо́рмы (*ряби́нка, сарафа́нчик, пря́нички, оре́шки, мину́точка, крыле́чко*), и о́чень проста́я фо́рма обраще́ния-обще́ния в еди́нственном числе́ (*тебя́, дай, угости́, пойдём*), сво́йственная де́тской ре́чи, вме́сто так называ́емых «форм ве́жливости» (*вас, да́йте, угости́те, пойдёмте*), при́нятых «речевы́м этике́том».

Рябинка (сказка). Шла ба́бка * Алёна ле́сом. Ви́дит — ряби́на стои́т, вся поло́мана.

— Кто тебя́ слома́л?

— Это се́рый волк меня́ слома́л.

Вы́прямила ба́бка ве́тви, перевяза́ла, ряби́на и говори́т: — Спаси́бо ба́бушка. Скажи́-ка ба́бушка, чего́ у тебя́ нет?

Заду́малась ба́бка: — Да всё как бу́дто есть. Вот ра́зве что вну́чки нет! — И пошла́ домо́й.

Подхо́дит к до́му, ви́дит — на крыльце́ де́вочка в кра́сном сарафа́нчике да в кра́сных сапо́жках.

— Ты кто́, де́вочка?

— Я твоя́ вну́чка.

— А как тебя́ зову́т?

— Ряби́нка.

Обра́довалась ба́бушка и повела́ вну́чку в дом.

Утром ба́бушка сказа́ла: — Я, Ряби́нка, в по́ле пойду́ *, а ты оста́нешься до́ма. Смотри́, никуда́ не уходи́!

Оста́вила ба́бушка ей пря́ников, оре́шков с мёдом и ушла́. Се́ла Ряби́нка к окну́, ви́дит — гу́си-ле́беди летя́т. — Дай нам пое́сть, Ряби́нка! Дала́ им Ряби́нка пря́ничка.

Тут бе́лки прибежа́ли: — И нам дай чего́-нибудь *, Ряби́нка! Дала́ им Ряби́нка оре́шков.

Тут медве́дь косола́пый вы́лез и́з лесу: — И меня́ угости́, Ряби́нка! Отдала́ ему́ Ряби́нка мёд.

Тут се́рый волк показа́лся.

— Пойдём, Ряби́нка, гуля́ть!

— Нельзя́, ба́бушка не веле́ла.

1. carried away
2. got nothing for his pains

— А ты на мину́точку, на крыле́чке посто́ять. Вы́шла Ряби́нка на крыле́чко, а се́рый волк её цап-цара́п * и в лес уволо́к [1].

Пришла́ ба́бка домо́й — нет Ряби́нки! Побежа́ла в лес, дава́й звать: — Ряби́нка, где́ ты? Выруча́ли Ряби́нку все вме́сте — гу́си-ле́беди, бе́лки, медве́дь. Верну́лись домо́й ба́бушка Алёна с вну́чкой Ряби́нкой. А се́рый волк ни с чем оста́лся.[2] Так ему́, се́рому, и на́до *!

КОММЕНТАРИЙ

ба́бка, *разг.* — грубова́тая фо́рма к *ба́бушка*

в по́ле пойду́ (в по́ле ходи́ть) — стари́нный оборо́т идти́ на рабо́ту в по́ле, на полевы́е рабо́ты

дай нам чего́-нибудь, *разг.* — дай нам что́-нибудь

цап-цара́п — схвати́ть бы́стро (*ср.*: ко́шка цап-цара́п мы́шку)

так ему́ и на́до — получи́л по заслу́гам, подело́м, по справедли́вости

ЗАДАНИЯ

1. Вы́делите все уменьши́тельные фо́рмы слов и определи́те их роль в те́ксте ска́зки. Каки́е фо́рмы вы употреби́те в повседне́вной ре́чи?
2. Назови́те характе́рные для ска́зок и для разгово́рной ре́чи постоя́нные словосочета́ния, разгово́рные фо́рмы и да́йте синоними́ческие заме́ны.
3. Перескажи́те ска́зку, постара́йтесь сохрани́ть о́бразные и типи́чные для ска́зки оборо́ты, ре́плики из диало́гов.
4. Перескажи́те ска́зку, замени́в диало́ги ко́свенной ре́чью.
5. Постро́йте ситуати́вно схо́дные диало́ги, опира́ясь на диало́ги из ска́зки, как на образцы́.

Слово писателя о рябине

Писа́тель А. Яшин (Алекса́ндр Яковлевич Попо́в, 1913—1968) роди́лся в крестья́нской семье́, его́ родна́я земля́ — се́верная вологóдская. Пе́рвый сбо́рник его́ стихо́в называ́лся «Пе́сни Се́веру». Примеча́тельны [3] назва́ния и други́х его́ произведе́ний: «Земляки́», «Сове́тский челове́к», «Со́весть», «Босико́м по земле́». А. Яшин — при́знанный [4] ма́стер лири́ческой про́зы, язы́к его́ есте́ственный, бли́зкий к фолькло́ру, то́чный и о́чень живо́й. Писа́тель всегда́ заставля́ет заду́маться о су́ти жи́зни [5], пра́вильно оцени́ть и ста́рое, и но́вое.

3. remarkable
4. recognised
5. meaning of life

В расска́зе «Угоща́ю ряби́ной» он обраща́ется к нам от пе́рвого лица́ — угоща́ю ряби́ной. Но э́то

4—1413

не про́сто угоще́ние я́годой. Угоща́я, А. Яшин напомина́ет нам всем о родно́й земле́, о то́м, как стра́шно забы́ть родно́е, что до́лжен знать, по́мнить и люби́ть с де́тства. Писа́тель создаёт портре́ты «а́втора колхо́зных рома́нов» и «накра́шенной немолодо́й да́мы», осужда́ет их за забы́вчивость и нену́жное притво́рство. Посмотри́те, как уси́ливают смысл отрица́тельно-крити́ческих определе́ний *шу́мный* и *накра́шенная немолода́я* слова́, кото́рые, каза́лось бы, совсе́м не име́ют отрица́тельного значе́ния. Но вду́майтесь в них: *сказа́л «ого́!», се́верный виногра́д, витами́ны, арома́т по все́й избе́...* Сказа́л о свое́й ряби́не чужи́ми слова́ми (сравне́ние с виногра́дом, специа́льное *витами́ны*, кни́жное *арома́т*). Или: *зaа́хала вдруг, «что за пре́лесть», ди́во-ди́вное, чу́до-чу́дное, как па-а́х-нет...*

А тепе́рь вчита́йтесь в а́вторские описа́ния я́год ряби́ны: *ряби́на моя́ взволнова́ла мои́х знако́мых, упру́гие и со́чные я́годы с де́рева...*

Мо́жет быть и вас взволну́ет просто́й и и́скренний расска́з о ряби́не.

1. to put away
2. give one more proof
3. among colleagues
4. to give gifts
5. broad-boned
6. made smacking sounds
7. what sort of house is that if it doesn't have...

Угощаю рябиной. Весно́й в Подмоско́вье, пря́ча[1] лы́жи на черда́к *, я заме́тил разве́шанные по стропи́лам * ки́сти ряби́ны, кото́рую о́сенью сам собира́л, сам нани́зывал на верёвки *, а вот забы́л о не́й и, е́сли бы не лы́жи *, не вспо́мнил бы.

Попро́бовав я́годы ту́т же на чердаке́, я пе́рвым де́лом * обра́довался, что опя́ть смогу́ ка́к-то поба́ловать свои́х дете́й и ли́шний раз доказа́ть[2] им, что дереве́нское де́тство не то́лько не ху́же, но во мно́гих отноше́ниях да́же лу́чше де́тства городско́го...

Но пре́жде чем встре́титься со свое́й семьёй, я со свя́зкой ряби́ны * на верёвке появи́лся в кругу́ това́рищей по рабо́те[3]. Всегда́ прия́тно че́м-нибудь ода́ривать[4] люде́й, и поэ́тому я осо́бенно обра́довался, когда́ ряби́на моя́ взволнова́ла мои́х знако́мых.

Оди́н из них, ширококо́стный[5], шу́мный, а́втор колхо́зных рома́нов, пе́рвый шагну́л мне навстре́чу, сказа́л «ого́!», взял свя́зку из мои́х рук...

— Да, се́верный виногра́д. Витами́ны,— причмо́кивал[6] он.— У на́с ра́ньше под ка́ждым окно́м в дере́вне два и́ли три де́рева обяза́тельно росли́. Весно́й арома́т по все́й избе́.

Что за до́м без[7] своего́ са́дика под о́кнами!..

— Ме́жду про́чим, у на́с ра́ньше пироги́ пекли́ с черёмуховыми я́годами [1]. Зу́бы у всех бы́ли кре́пкие, ешь — хруст стои́т *. А из ряби́ны не по́мню, что де́лали... Спе́лые ки́сти её раскла́дывали на́ зиму проме́ж * око́нных рам [2], э́то уже́ для красоты́. На бе́лых листо́чках из шко́льных тетра́дей [3] — кра́сные кра́пинки [4]... И на рушника́х * вышива́ли [5] ряби́ну — хорошо́!..

— Ах, что за пре́лесть [6], что за пре́лесть! — восто́рженно заа́хала [7] вдруг накра́шенная немолода́я да́ма, печа́тавшая в газе́тах о́черки на мора́льно-бытовы́е те́мы...

— Это же ди́во-ди́вное, чу́до-чу́дное *! И как па-а́хнет!..

Я снял све́рху не́сколько кисте́й, протяну́л ей.

— Челове́к не мо́жет не тяну́ться к приро́де, он сам её творе́ние, — сказа́л пожило́й гру́зный [8] литера́тор.

По-ра́зному относи́лись знако́мые к моему́ угоще́нию и ра́зными глаза́ми [9] на него́ смотре́ли.

...А де́ти мои́ взяли́сь за ряби́ну * снача́ла недове́рчиво [10], мо́рщась [11] и вздра́гивая [12] та́к же, как о́сенью, когда́ е́ли упру́гие и со́чные я́годы пря́мо с де́рева [13]. Но ско́ро они́ набро́сились [14] на ряби́ну * аза́ртно, съе́ли её всю с удово́льствием и всё упрека́ли меня́ за то́, что я не угоща́л их тако́й вку́сной ра́ньше.

— Это же ра́зные ве́щи! — говори́ла мне ста́ршая дочь. — Неуже́ли ты не понима́ешь? Это ра́зные ряби́ны *.

— Па́па, ра́зве там на твое́й ро́дине, мно́го тако́й ряби́ны? Мо́жет быть, о́сенью съе́здим, наберём [15], а? Той, ва́шей! То́лько ведь о́сенью опя́ть в шко́лу на́до *...

1. bird cherries
2. between window-panes
3. exercise-books
4. specks
5. embroidered
6. delightful!
7. exclaimed "ah!"
8. corpulent
9. with different eyes
10. mistrustfully
11. making a face
12. shivering
13. right from the tree
14. gobbled up
15. pick

КОММЕНТАРИЙ

черда́к, *м. р.* — помеще́ние ме́жду потолко́м и кро́влей до́ма

стропи́ла, *мн. ч.* (стропи́ло, *ед. ч.*, *ср. р.*) — брёвна, слу́жащие для устро́йства кро́вли, они́ соединя́ются под угло́м ве́рхними конца́ми и упира́ются ни́жними конца́ми в сте́ны строе́ния (избы́)

нани́зывать на верёвки (нани́зываю, *сов. в.* — наниза́ть, нанижу́) — прока́лывая, протыка́я насквозь, надева́ть что́-либо (на нить, сте́ржень и т. п.), *ср.*: нани́зывать я́годы ряби́ны на ни́тку — нани́зывать бу́сы, де́лать бу́сы (прока́лывая я́годы) — нани́зывать ки́сти ряби́ны (продева́я верёвку в ки́сти)

е́сли бы не лы́жи...— е́сли бы не убира́л (пря́тал) лы́жи...

пе́рвым де́лом — пре́жде всего́

свя́зка ряби́ны — состои́т из нани́занных на верёвку кисте́й ряби́ны и гро́здьев ряби́ны (кисть, *ед. ч.*— ки́сти, *мн. ч.*, и гроздь, *ед. ч.*— гро́здья, *мн. ч.*)

ди́во-ди́вное, чу́до-чу́дное — тавтологи́ческий повто́р, усиле́ние, характе́рен для ру́сского фолькло́ра, ру́сской разгово́рной ре́чи (*ср.*: не́бо си́нее-си́нее; све́жий-све́жий хлеб; ряби́ны кра́сные-кра́сные)

ешь — хруст стои́т — когда́ ешь, хрустя́т под зуба́ми ко́сточки в черёмуховых я́годах

проме́ж — ме́жду (для тепла́ око́нные ра́мы — двойны́е, а ме́жду ни́ми кла́ли для красоты́ ряби́ну)

рушни́к, *м. р.*— полоте́нце, *с. р.* (от *рука́*, полоте́нце для ру́к)

взя́ться за ряби́ну, *зд.*: на́чали есть, *ср.*: взя́ться за де́ло (нача́ть рабо́тать, труди́ться и т. п.), взя́ться за у́м (поумне́ть, уче́сть оши́бки)

набро́ситься на ряби́ну — нача́ть есть с больши́м удово́льствием, бы́стро, с жа́дностью

ра́зные ряби́ны — осе́нняя ряби́на — те́рпкая, го́рькая я́года; зи́мняя ряби́на, кото́рую схвати́л, уда́рил моро́з,— сла́дкая я́года

в шко́лу на́до — разгово́рное сокраще́ние: на́до идти́ (ходи́ть) в шко́лу, посеща́ть шко́лу

ЗАДАНИЯ

1. Как создаётся слове́сный портре́т а́втора колхо́зных рома́нов, накра́шенной немолодо́й да́мы, пожило́го гру́зного литера́тора, дете́й а́втора (воспо́льзуйтесь поясне́ниями, да́нными в те́ксте «Сло́во писа́теля о ряби́не»).

2. Объясни́те употребле́ние притяжа́тельных местоиме́ний в сле́дующих фра́зах:

а) поба́ловать *свои́х* дете́й;

б) Ряби́на *моя́* взволнова́ла мои́х знако́мых;

в) Па́па, ра́зве там на *твое́й* ро́дине мно́го тако́й ряби́ны? Мо́жет быть, о́сенью съе́здим, наберём, а? Той, *ва́шей*!

3. Объясни́те сле́дующие оборо́ты, найдя́ к ним сино́нимы:

поба́ловать дете́й; в кругу́ това́рищей по рабо́те; по-ра́зному относи́ться; смотре́ть ра́зными глаза́ми; де́ти взяли́сь за ряби́ну; набро́сились на ряби́ну.

4. Поясни́те значе́ние вы́деленной глаго́льной фо́рмы в да́нном предложе́нии:

Осенью *съе́здим, наберём* ряби́ны.

5. Прочти́те текст. Обрати́те внима́ние на интона́цию ре́плик в зави́симости от сти́ля ре́чи, фо́рмы выска́зывания (повествова́ние-расска́з, кни́жная речь а́втора колхо́зных рома́нов, литера́тора, восто́рженная речь да́мы (восклица́ния), разгово́рная сокращённость в ре́чи дете́й).

6. Перескажи́те текст, замени́в диало́ги ко́свенной ре́чью (обрати́те внима́ние на согласова́ние ли́чных и притяжа́тельных местоиме́ний, трансформа́цию в переска́зе эллипти́ческих (сокращённых) разгово́рных фраз в диало́гах во фра́зы с по́лной синтакси́ческой констру́кцией (нали́чие всех чле́нов предложе́ния) в ко́свенной ре́чи.

Воспоминание о рябине

Анато́лий Фёдорович Земля́нский — совреме́нный сове́тский писа́тель. Челове́к и приро́да, пожа́луй, его́ гла́вная те́ма. Небольшо́й расска́з, кото́рый мы сейча́с прочтём, как раз и посвящён неразры́вности приро́дных свя́зей[1]. Тру́дно сказа́ть, кто геро́й расска́за — ряби́нка и́ли же́нщина, хозя́йка уса́дьбы[2]? Обе, вме́сте. И идёт ме́жду ни́ми перекли́к *. Ма́ленькая ряби́нка зацвела́ в год Побе́ды, в год оконча́ния Вели́кой Оте́чественной войны́ (1941—1945 го́ды), сло́вно угада́в ра́дость хозя́йки до́ма, ра́дость родно́й земли́. А тепе́рь ряби́на сама́ свое́й красо́й да́рит лю́дям ра́дость.

В расска́з вплетены́ наро́дные слова́ (*нали́висто, яри́тся, жар в глаза́х, ла́дность губ...*) и слова́ кни́жные, иду́щие от а́втора (*по-сентя́брьски смягчённый, подчёркнутый сла́бо колеблю́щейся ды́мкой, лёгкие ску́лы, лёгкое удлине́ние...*), и́ли соедине́ние кни́жного и наро́дного сло́ва (*рисо́ванная ла́дность, нажи́мистые фра́зы*). И всё же повествова́ние разгово́рно. Это в са́мом де́ле разгово́р двои́х — ра́зных по языку́, но ра́вно бли́зко чу́вствующих родну́ю приро́ду. Разгово́рны ласка́тельно-уменьши́тельные фо́рмы (*частоко́льчик*[3], *де́ревце, пя́тнышки*), усечённые, мотиви́рованные ситуа́цией фра́зы (*Гроздь над гро́здью..; Одна́ я́рче друго́й; И все — в со́лнце*), диалоги́ческие ре́плики.

Есте́ственно в тако́м расска́зе олицетворе́ние, одушевле́ние ряби́нки (*никто́ не сажа́л, сама́ вы́росла*), метафори́чность (*ср.*: *в бе́лых пя́тнышках*

1. indissoluble ties in nature
2. farmstead
3. little palisade

и *сло́ва́ — цветы́ на неви́димой гря́дке, неразры́вная цепо́чка жи́зни*). И ещё оди́н о́чень интере́сный приём, сво́йственный и фолькло́ру, и разгово́рной ре́чи: определе́ние ве́щи по её ка́честву, здесь — цве́ту. Это создаёт осо́бую вырази́тельность, привлека́ет внима́ние к са́мой суще́ственной черте́. *Ср.*: *гу́сто-зелёные*, а по нему́ *я́рко-жёлтые... нали́висто кра́сные* (о листве́ и я́годах ряби́ны).

А тепе́рь дава́йте внима́тельно прочтём расска́з, предста́вив и осе́нний день, и ряби́ну, и говоря́щих.

Переклик. Из-за невысо́кого частоко́льчика *, обня́вшего [1] кра́йнюю в селе́ уса́дьбу, подняла́ в во́здух неопису́емую [2] свою́ осе́ннюю красу́ ряби́на.

Впро́чем, и осе́ннюю и вро́де * ещё не совсе́м осе́ннюю. Потому́ что бы́ло де́ревце и багря́но [3] и зе́лено одновреме́нно.

И как раз э́тим зва́ло оно́ и прико́вывало * к себе́ взгля́ды [4].

Сочета́ние окра́ски её ли́стьев * и совсе́м уже́ созре́вших я́год бы́ло до того́ впечатля́ющим, что всё остально́е по́просту [5] пропада́ло из по́ля зре́ния [6].

Гу́сто-зелёное, а по нему́ я́рко-жёлтое... А меж те́м и други́м, сни́зу до́верху,— нали́висто * кра́сное.

Гроздь над гро́здью [7]...

Одна́ друго́й я́рче.

И все — в со́лнце.

Да не в том, жесто́ком и обжига́ющем, что яри́тся * ле́том, а в по-сентя́брьски смягчённом, подчёркнутом [8] сла́бо коле́блющейся [9] ды́мкой [10].

И от э́того ещё кра́сочнее гляде́лась есте́ственная многоцве́тность ряби́ны. Всё, что ря́дом с ней,— заслонено́ е́ю, а всё, что вы́ше и да́льше,— то́лько фон, на кото́ром горя́т и разгора́ются но́вые тона́ и полутона́.

— Хороша́ краса́?..

Это мне, загляде́вшемуся [11] на де́ревце, кри́кнула от коло́дца же́нщина.

Я не успе́л отве́тить (слов не находи́лось), и же́нщина продолжа́ла.

— Никто́ не сажа́л, сама́ вы́росла. И зна́ете, в кой * пе́рвый год [12] зацвела́?

— В како́й же?

1. (*fig*) embracing
2. indescribable
3. purple
4. attracted all eyes
5. impressive
6. paled in comparison
7. bunch
8. emphasized
9. quivering
10. haze
11. admiring
12. which year

— В со́рок пя́тый! От земли́ вро́де б ещё не отли́пла *, а гляди́м — в бе́лых пя́тнышках... Через неде́лю и челове́к мой [1] пришёл. С войны́ поворо-ти́лся [2], зна́чит...

Же́нщина набрала́ воды́ и, подойдя́ ко мне́, поста́вила ведро́, сложи́ла на груди́ ру́ки, мо́лча загляде́лась на ряби́ну.

Лицо́ же́нщины, с лёгкими ску́лами [3] и таки́м же лёгким удлине́нием, бы́ло всё ещё моложа́во...

«А когда́-то,— вдруг поду́малось мне,— не́ было, пожа́луй, в э́той окру́ге бо́лее зави́дной красоты́ *. Вон како́й упря́мый жар * в глаза́х, и рисо́ванная ла́дность губ да щёк... И го́лос же́нщины, наконе́ц, пе́сенно си́льный, лишь чуть-чуть где́-то тро́нутый вре́менем, как э́та ряби́на — осе́нним огнём...»

— Никто́ не сажа́л,— повтори́ла, помолча́в, же́нщина.

Слова́ уве́ренные, но не нажи́мистые *, фра́зы скла́дные, свои́ как прораста́ющие [4] наневи́димой гря́дке [5] цветы́.

Же́нщина, чу́дилось мне, рвёт э́ти цветы́, завёртывает как в дико́винную прозра́чность, в го́лос [6] свой и подаёт мне.

И так похо́жи э́ти буке́ты на ряби́ну...

И получа́ется две красоты́ ря́дом: одна́ увяда́ющая, друга́я — во всёй свое́й си́ле... Неразры́вная цепо́чка жи́зни, где и лю́ди, и дере́вья, и ни́вы, и тра́вы, и зо́ри — звéнья...

Же́нщина подняла́ ведро́ — вода́ колыхну́лась [7].

А ряби́на стоя́ла недви́жимо [8], ни оди́н ли́стик не шелохну́лся на не́й. То́лько пёстрое разноцве́тье де́ревца, каза́лось, колеба́ло [9] вокру́г себя́ во́здух.

1. my husband
2. (*coll*) came back
3. cheekbones
4. sprouting
5. flowerbed
6. (*fig*) wondrous transparency of her voice
7. swayed
8. immobile
9. oscillated

КОММЕНТАРИЙ

перекли́к, *м. р.* — от *переклика́ться*; расстоя́ние, на кото́рое слы́шен го́лос, призы́в

частоко́льчик, *м. р.* — *уменьш. ф.* от *частоко́л* ʼзабо́р из ча́сто поста́вленных ко́льев (па́лок)ʼ

вро́де — сло́вно

прико́вывать взгляд — притя́гивать взгляд

окра́ска ли́стьев — цвет ли́стьев (окра́шены о́сенью)

нали́висто — от налито́й (цве́том, со́ком)

яри́ться — горячи́ться, разгорячи́ться (от *Яри́ло* — дре́вний славя́нский бог плодоро́дия: Яри́ло — *яра́* ʼвесна́ʼ)

в кой (год) — в како́й год

не отли́пла (от земли́) — не отошла́ (от земли́), не подняла́сь (над землёй)

зави́дная красота́ — возбужда́ющая за́висть, *зд.*: привлека́ющая внима́ние

жар, *м. р.* (в глаза́х) — я́ркий свет, блеск (в глаза́х)

ла́дность, *ж. р.* (губ) — от *ла́дно* «хорошо́», *зд.*: гармони́чность

нажи́мистые — давя́щие, от *нажа́ть* (дави́ть)

ЗАДАНИЯ

1. Соста́вьте речево́й портре́т хозя́йки уса́дьбы и а́втора. Вы́делите характе́рные для их ре́чи слова́ и оборо́ты.
2. Опиши́те ряби́нку-красу́.
3. Как вы понима́ете сло́во *перекли́к* в прямо́м и перено́сном значе́ниях?

Песни и стихи о рябине

Вы, наве́рное, слы́шали пе́сню «Ряби́на»? Ещё нет? Это о́чень популя́рная в на́шей стране́ пе́сня. Да́же бу́рные во́лны ра́зных совреме́нных музыка́льных тече́ний не унесли́ её из па́мяти наро́дной, потесни́ли[1], но не вы́теснили[2]. Изве́стна пе́сня «Ряби́на» и за рубежо́м. Но при э́том, как ни стра́нно[3], ма́ло кто зна́ет, что у э́той ны́не наро́дной пе́сни есть а́втор — поэ́т И. Су́риков (1841—1880). И. Су́риков писа́л о жи́зни крестья́н, о городско́й бедноте́[4], труде́, же́нской до́ле[5]: «До́ля бедняка́», «Умира́ющая шве́йка *», «В степи́», «На реке́». И. Су́рикова привлека́ли[6] реа́льные геро́и ру́сской исто́рии и геро́и ру́сского фолькло́ра: поэ́мы «Казнь[7] Сте́ньки Ра́зина», «Садко́» (по моти́вам после́дней ру́сский компози́тор Н. Ри́мский-Ко́рсаков написа́л одноимённую о́перу). Поэ́т И. Су́риков основа́л объедине́ние писа́телей из наро́да («Су́риковский литерату́рно-музыка́льный кружо́к», су́риковцы). Мно́гие стихи́ поэ́та ста́ли наро́дными пе́снями, в их числе́ «Ряби́на». Впервы́е её записа́ла, как наро́дную пе́сню[8], от ткачи́х го́рода Ива́нова в 1938 году́ изве́стная ру́сская певи́ца О. Ковалёва.По́зже пе́сню обрабо́тал для хо́ра изве́стный хорме́йстер А. Све́шников (ны́не существу́ет хор и́мени А. Све́шникова).Прочтём текст су́риковской пе́сни в наро́дной обрабо́тке.

Что стои́шь, кача́ясь,
То́нкая ряби́на,
Голово́й склоня́ясь
До само́го ты́на *.

1. pushed it to the side
2. pushed it out of the way
3. strange as it might seem
4. the poor
5. women's lot
6. was attracted by
7. execution
8. first recorded this song

А через доро́гу,
За реко́й широ́кой,
Та́к же одино́ко
Дуб стои́т высо́кий.
Ка́к бы мне, ряби́не,
К ду́бу перебра́ться[1],
Я б тогда́ не ста́ла
Гну́ться[2] и кача́ться.
То́нкими ветвя́ми
Я б к нему́ прижа́лась[3]
И с его́ листа́ми
День и ночь шепта́лась[4].
Но нельзя́ ряби́не
К ду́бу перебра́ться.
Знать судьба́ така́я*—
Век* одно́й кача́ться.

Су́риковское противопоставле́ние[5] *ряби́на—дуб* оказа́лось в привы́чном фолькло́рном ру́сле[6]. В стихотворе́нии была́ и река́-разлу́чница, и привы́чные постоя́нные эпи́теты[7], и о́бразные олицетворе́ния: *то́нкая ряби́на, то́нкие ве́тки, река́ широ́кая, дуб высо́кий; ряби́на голово́й склоня́ется, ве́тками прижима́ется, ли́стьями ше́пчется.*

Легко́ заме́тить[8], что же́нский род и́мени *ряби́на* и мужско́й и́мени *дуб* создаю́т противопоставле́ние: *ряби́на*—же́нщина, тоску́ющая по[9] ду́бу, и *дуб*, лю́бящий ряби́ну. Эти поэти́ческие о́бразы иду́т из фолькло́ра (*берёза—дуб*) и в свою́ о́чередь вы́шли за преде́лы[10] пе́сни, они́ повтори́мы. Их мо́жно встре́тить и в совреме́нной поэ́зии. Так, у А. Деме́нтьева «Любо́вь-ряби́на»:

По́мнишь, ты была́ тогда́ со мно́ю?
Посади́л я са́женцы[11] весно́ю,
Не́сколько ряби́нок-малоле́ток[12],
А тепе́рь не дотяну́сь до[13] ве́ток.
К ним дубки́ сажа́ли мы попа́рно[14],
Вон каки́е вы́махали[15] па́рни.
И ряби́ны—как проси́ла пе́сня—
Навсегда́ тепе́рь с дубка́ми вме́сте.

Этот же моти́в, в пе́сне «Не грусти́, ряби́на» (му́зыка М. Смирно́ва, слова́ М. Бели́нской):

Не горю́й[16], ряби́на,
Не грусти́, ряби́на—
Ле́то вновь вернётся...
Ду́бу молодо́му
Сно́ва улыбнёшься...

1. to get to
2. to bend
3. to press to
4. to whisper
5. juxtaposition
6. traditional folklore motif
7. set epithets
8. it is obvious
9. pining for
10. exceeded the bounds of
11. seedlings
12. infant
13. to reach
14. in pairs
15. grow up tall
16. don't despair

КОММЕНТАРИЙ

шве́йка, *ж. р.* — швея́
тын, *м. р.* — ни́зкая и́згородь (в дере́вне, селе́)
знать судьба́ така́я, *разг.* — ви́димо, вероя́тно, така́я судьба́
век, *м. р.* (одно́й кача́ться) — всю жизнь быть одно́й

Рябина в стихах современных поэтов

Пре́жде чем проче́сть стихотворе́ния о ряби́не, ещё раз вспо́мним: цвету́щая кудря́вая и пёстрая — ряба́я от прозра́чных соцве́тий весе́нняя ряби́на (первое цвете́ние); пото́м в конце́ ле́та рде́ющая ряби́на в краси́вых, но го́рьких кистя́х я́год (второ́е цвете́ние) и, наконе́ц, в зи́мние моро́зные дни костёр я́рких ряби́н со сла́дкой проморо́женной[1] я́годой и пиру́ющими[2] на я́годах снегиря́ми[3] (тре́тье цвете́ние ряби́ны). Так о́браз-и́мя *ряби́на* идёт от весны́, от весе́нних соцве́тий к осе́нним и зи́мним я́годам. А у други́х наро́дов? У англича́н *ряби́на* — mountain — го́рное де́рево, расту́щее на возвы́шенности, а у не́мцев *ряби́на* — Vogelbeerbaum — де́рево пти́чьих я́год. Ка́ждый наро́д выделя́л свои́ приме́ты. Где растёт де́рево? Как пиру́ют пти́цы на его́ я́годных ветвя́х в зи́мнюю по́ру? Так о́бщее де́рево для мно́гих земе́ль обнару́живает[4] своеобра́зное[5], осо́бенное[6] для ка́ждого языка́, для ка́ждого наро́да. Образное и́мя, да́нное э́тому де́реву на́шими пре́дками, тепе́рь уже́ потеря́ло[7] свою́ вырази́тельность. Сни́зилось значе́ние определе́ния *ряб, ря́ба — рябо́й, ряба́я.* Внима́ние привлекли́ я́ркие, светя́щиеся все́ми перели́вами[8] о́гненных[9] кра́сок я́годы, их меня́ющийся[10] вкус: то го́рький, то сла́дкий.

Мы уже́ зна́ем, как скла́дывалась своя́ о́бразность в фолькло́ре — пе́сне, а как в совреме́нной поэ́зии отража́ется[11] о́браз ряби́ны?

1. touched by frost
2. feasting
3. bullfinches
4. reveals
5. distinctive feature
6. specific
7. lost
8. glowing with all shades of colour
9. fiery
10. changing
11. is reflected
12. quivering
13. to flow
14. to glimmer

Ряби́новая ветвь

Поста́вь ряби́новую ветвь
на сто́л в стака́не.
И в темноте́ дрожа́щий[12] свет
не переста́нет
струи́ться[13] от её плодо́в,
мерца́ть[14] трево́жно...
О, как хоте́лось и для сло́в
того́ же!
Чтоб мысль, роди́вшая строку́,

храни́ла чу́вство
и повторя́лась на веку́
тысячеу́стно [1]...
Пусть сло́во излуча́ет [2] свет,
во тьму́ не ка́нет [3].
Поста́вь ряби́новую ветвь
на сто́л в стака́не.

В. Широ́ков

Рябины

Хо́дят во́лны по реке́,
Тёмные, свинцо́вые [4]
А ряби́ны вдалеке́
Бу́дто нарисо́ваны [5].
Бу́дто пла́менный плака́т [6]
Над землёй раски́нулся [7],
Бу́дто сел на ни́х зака́т [8]
И не мо́жет сдви́нуться [9].

А. Проко́фьев

Рябина

Мне да́же стра́шно —
Так она́ тонка́.
Так высока́!
При ка́ждом ре́зком звуќе
Дрожи́т [10]
И от любо́го ветерка́
Всё гнётся [11]
И зала́мывает ру́ки [12].
Придёт гроза́ [13],
И бу́ря [14] налети́т,
Всю до земли́ согнёт [15]
И распласта́ет [16]...
Гром [17] отгреми́т [18],
Грома́да туч иста́ет [19].
Взгляну́ в окно́:
А то́нкая стои́т!

В. Фёдоров

Молода́я берёза совсе́м не бе́лая,
Бе́лой берёза быва́ет зре́лая,
Та не ряби́на, что дня́ми по́здними
Птиц не пома́нит кра́сными гро́здьями.
Та не де́вушка, та не краса́вица,
Если никто́ на неё не за́рится.

В. Фёдоров

1. to thousands of mouths
2. to radiate
3. does not disappear in the dark
4. leaden
5. painted
6. fiery poster
7. spread over the earth
8. the sunset sat on them
9. unable to move
10. trembles
11. bends
12. waves her hands
13. thunderstorm
14. storm
15. will bend
16. will spread
17. thunder
18. will stop thundering
19. will melt

1. *here*: (*fig*) long
2. to wring
3. falling leaves
4. dim
5. drizzles
6. frosts struck
7. firewood
8. light frost
9. two seasons of life
10. discord
11. harmony
12. disagreements
13. quarrels
14. to string as beads

Рябина

Та́к бы дли́нно[1] ду́мать,
Как гу́си летя́т.
Та́к бы дли́нно ве́рить,
Как ли́стья шелестя́т.
Та́к бы дли́нно люби́ть,
Как ре́ки теку́т...
Ру́ки так заломи́ть[2],
Как ряби́новый куст.

Д. Само́йлов

Рябинка

Две неде́ли подря́д
Ли́стья с клёнов летя́т.
Мы поссо́рились с ми́лой.
Листопа́д[3]... листопа́д...

За окно́м ту́склый[4] вид,
Дождь с утра́ мороси́т[5],
Да ряби́нка-кисли́нка
В палиса́де * грусти́т...

Но́чью гря́нул моро́з[6]
Си́ний как купоро́с *...
Я для ми́лой дрови́шек[7]
Да ряби́нки принёс.

Льдом покры́лась река́,
Сне́гом се́ет слегка́ *.
...Как ряби́нка сладка́
По́сле за́морозка[8]!

Н. Грачёв

Совреме́нные поэ́ты ка́ждый по-сво́ему пи́шет о ряби́не, но ряби́на традицио́нно — си́мвол све́та, ве́рности, любви́ и сам о́браз *ряби́ны*, меня́ясь, в чём-то остаётся неизме́нным: *ряби́на то́нкая, ве́тви ги́бкие* и *то́нкие зала́мываются* (как *ру́ки*), а *я́годы ки́слые* (*ряби́нка-кисли́нка*) и *сла́дкие* по́сле *за́морозка* как две поры́ жи́зни[9] — разла́да[10] и ла́да[11], размо́лвки[12], ссо́ры[13] и любви́, согла́сия.

Вы уже́ зна́ете, что я́годы ряби́ны мо́жно нани-за́ть в ни́тку бус[14], как украше́ние на па́мять о ле́те, о ми́лом дру́ге? И вот како́й о́браз выраста́ет из ряби́новых бус у А. Вознесе́нского в стихотворе́нии «Ряби́на в Пари́же»:

Приморо́женную [1] ряби́ну
Я по я́годке ка́ждому вёз.
И когда́ по свои́м лабири́нтам
разбредёмся [2] в разро́зненный [3] быт,
переде́лкинская ряби́на
Нас, как бу́сы, соедини́т.

1. frost-bitten
2. scatter
3. disjointed
4. plant the berry in his native soil
5. connecting tread
6. mutual understanding
7. good-will
8. friendliness

А. Вознесе́нский привёз ве́тку ряби́ны из Переде́лкина (да́чный посёлок писа́телей под Москво́й). На встре́че с поэ́тами в Пари́же он ка́ждому дава́л не́сколько я́год ряби́ны — угоща́л ряби́ной и наде́ялся, что, мо́жет быть, кто́-нибудь у себя́ до́ма, в свою́ зе́млю бро́сит я́годку [4] ру́сской ряби́ны. И вы́растет ру́сская ряби́нка. Я́годы ряби́ны в э́том слу́чае ста́ли бы связу́ющей ни́тью [5] ряби́новых бус — си́мволом взаимопонима́ния [6], дру́жеского прия́тия [7], расположе́ния [8] друг к дру́гу. Именно потому́, что ряби́на, как говоря́т (по́мните?), живёт с на́ми от рожде́ния до ста́рости, тоску́ет, ра́дуется, поёт...

КОММЕНТАРИЙ

палиса́д — и́згородь у до́ма, *зд.*: палиса́дник — небольшо́й огоро́женный са́дик перед до́мом
купоро́с — сернокислая соль не́которых тяжёлых мета́ллов, ядови́т, я́рко-си́него и́ли сине-зелёного цве́та, *зд.*: обозначе́ние цве́та
сне́гом се́ет слегка́ — безли́чный оборо́т (*снег се́ет слегка́*), обы́чен в описа́нии приро́ды (*ср.*: *света́ет, вечере́ет, моро́зит, мороси́т*)

9. brightens the scenery
10. joy for the eyes
11. sweet variety
12. grown
13. canning
14. foodstuffs

Рябина: ягода горькая — ягода сладкая. Кра́сные я́годы — осе́нний и зи́мний цвет ряби́ны. Ра́дует глаз [9], но ряби́на не то́лько усла́да для гла́з [10] — на́до знать и вкус ряби́ны.

Из сладкопло́дных [11] ряби́н — са́мая замеча́тельная неве́жинская. Полага́ют, что пе́рвые дере́вья э́той осо́бо сла́дкой ряби́ны бы́ли вы́ращены [12] во влади́мирской дере́вне Неве́жино (э́то сравни́тельно недалеко́ от стари́нного ру́сского го́рода Влади́мира). Небольшо́е де́рево, а плодо́в даёт до 80—100 килогра́ммов. Из я́год ряби́ны гото́вят сорби́товую кислоту́ для консерви́рования [13] пищевы́х проду́ктов [14], сорби́т — замени́тель са́хара (от лат. Sorbus 'ряби́на'). А мы с ва́ми мо́жем из я́год ряби́ны сде́лать к ча́ю о́чень вку́сные варе́нье и я́годы в са́харе.

ИЗ РЕЦЕПТОВ МОЕЙ БАБУШКИ

Ста́рые реце́пты при́нято называ́ть реце́птами ба́бушек, да они́ и действи́тельно испы́таны вре́менем, их зна́ют наизу́сть и они́ перехо́дят от одного́ поколе́ния хозя́ек к друго́му. В э́той ру́брике мы бу́дем предлага́ть вам и́здавна изве́стные популя́рные кулина́рные реце́пты.

Варенье из рябины *. 1 кг ряби́ны, сня́той по́сле пе́рвых моро́зов, очи́стить от стебелько́в[1], промы́ть, зали́ть холо́дной водо́й и дать постоя́ть су́тки. А е́сли моро́зы заде́рживаются, то мо́жно сде́лать «свой моро́з»: помести́ть я́году в морози́льник[2] в обы́чном дома́шнем холоди́льнике[3] на су́тки. И я́годы сло́вно настоя́щий «моро́з уда́рит»[4]. Зате́м я́годы промы́ть, отки́нуть на решето́[5], дать воде́ стечь[6], опя́ть зали́ть водо́й и поста́вить на су́тки, повтори́ть э́то 2—3 ра́за.

Ва́рка[7] варе́нья начина́ется с приготовле́ния сиро́па[8]. В неглубо́кий ме́дный таз[9] и́ли алюми́ниевую кастрю́лю[10] на́до положи́ть са́хар и нали́ть во́ду. В са́хар (1,5 кг) влить 1,5—2 стака́на воды́ и свари́ть сиро́п. Кипяти́ть до по́лного растворе́ния[11] са́хара. Зали́ть ряби́ну горя́чим сиро́пом, вы́нести в прохла́дное ме́сто на 1 су́тки. Че́рез су́тки вы́нуть ряби́ну шумо́вкой[12] и вари́ть сиро́п 20 мину́т, зате́м ряби́ну опусти́ть в сиро́п и вари́ть на уме́ренном огне́[13] 20—25 мину́т пока́ сиро́п не ста́нет густы́м[14], а я́года блестя́щей. Перевора́чивать ряби́ну не сле́дует, так как я́года теря́ет со́чность, де́лается сухо́й и невку́сной.

1. stalks
2. freeze
3. refrigerator
4. frost will set in
5. sieve
6. let the water flow down
7. cooking
8. syrop
9. brass pan
10. aluminium pan
11. until it dissolves
12. straining spoon
13. at low heat
14. to thicken

А ТЕПЕРЬ НЕСКОЛЬКО СОВЕТОВ ХОРОШЕЙ ХОЗЯЙКИ[15]:

Когда́ ва́рите варе́нье, снима́йте пе́нку[16] и слегка́[17] встря́хивайте[18] посу́ду.

Гото́вность варе́нья определя́ют так: е́сли ка́пля[19] сиро́па, на́литая на блю́дце[20] и осты́вшая[21], не расплыва́ется[22], а сохраня́ет фо́рму, варе́нье гото́во. С гото́вого варе́нья сними́те пе́нку[23], да́йте осты́ть[24], а зате́м уже́ переложи́те в стекля́нную ба́нку.

Храни́ть варе́нье на́до в сухо́м прохла́дном ме́сте.

Ва́рка ряби́нового варе́нья — э́то це́лое де́йство[25] на не́сколько дней. Предста́вьте, каки́е прия́тные и вся́кий раз недо́лгие хло́поты[26] бу́дут у ва́с в свобо́дные часы́ в одну́ из неде́ль по́здней о́сени и́ли в нача́ле зимы́.

15. good housewife
16. remove skin
17. lightly
18. shake
19. drop
20. saucer
21. cooled
22. does not run
23. remove skin
24. to cool
25. a veritable ritual
26. efforts

1. serve
2. for evening tea
3. dark pink

А пото́м, когда́ вы подади́те на сто́л [1] к вече́рнему ча́ю [2] гу́сто-ро́зовое [3] души́стое варе́нье — како́е э́то бу́дет удово́льствие! Прия́тного аппети́та!

КОММЕНТАРИЙ

Варе́нье из ряби́ны — определе́ние *из ряби́ны* привлека́ет внима́ние к конкре́тной я́годе, в то вре́мя как определе́ние-прилага́тельное име́ет значе́ние бо́лее обобщённое: *ряби́новое* варе́нье (*ср.*: *ряби́новый* сок, *ряби́новый* цвет)

Рябина в сахаре — для лакомок. Сними́те ки́сти ряби́ны с де́рева, когда́ их уже́ чуть-чуть уда́рил моро́з и они́ ста́ли уже́ сла́ще, но ещё слегка́ горькова́ты и те́рпки. Промо́йте, да́йте воде́ стечь, раздели́те ки́сти ряби́ны на бо́лее ме́лкие ве́точки. Свари́те жи́дкий сиро́п [4] (на стака́н воды́ — стака́н са́хара). Ка́ждую ве́точку ряби́ны обмакни́те в кипя́щий сиро́п, обваля́йте в ме́лком са́харном песке́, сложи́те на блю́до и поста́вьте в негоря́чую духо́вку [5], что́бы ряби́на подсо́хла. Пото́м переложи́те в коро́бку на перга́ментную бума́гу, накро́йте и храни́те в сухо́м ме́сте. Подава́йте к ча́ю и́ли про́сто тогда́, когда́ захоти́те поба́ловать [6], пора́довать ла́комок [7] сла́дкой я́годой — ряби́ной.

4. light syrop
5. oven
6. to give a treat
7. persons with sweet tooth
8. sweetened by frost
9. healing
10. contribute to health
11. relieve pain
12. gets sick
13. will help
14. will refresh
15. will give energy
16. followed our noses
17. were on our last legs
18. felled
19. healing berries
20. of no use
21. let's use
22. remaining
23. to plant
24. mellow
25. at the very edge of the forest

Ягоды рябины. Ягоды ряби́ны, подслащённые моро́зом [8], не то́лько хороши́ на вку́с, но ещё и целе́бны [9]: улучша́ют самочу́вствие [10], снима́ют недомога́ние [11]...

Вот почему́ не́сколько кисте́й ряби́новых я́год оказа́лось одна́жды в су́мочке мое́й колле́ги и спу́тницы в полёте Москва́ — Пари́ж: е́сли ста́нет в полёте ху́до [12], вы́ручат [13] я́годы ряби́ны — освежа́т [14], придаду́т бо́дрости [15].

Лете́ли на колло́квиум. Пе́рвый ве́чер в Пари́же оказа́лся свобо́дным. Коне́чно, прогу́лка по го́роду. Ри́воли. Елисе́йские поля́. Пошли́ науга́д [16]... и оказа́лись у Було́нского ле́са. Уста́ли, но́ги бо́льше не несли́ [17]. И вдруг ви́дим: лежи́т ствол спи́ленного [18], уже́ сухо́го де́рева. Се́ли. И вспо́мнили о цели́тельных я́годах [19] ряби́ны. В самолёте не пригоди́лись [20] — испо́льзуем [21] здесь. Еди́м — не́сколько я́год упа́ло в траву́, и тогда́ реши́ли оста́вшиеся [22] я́годы то́же бро́сить в зе́млю [23], ры́хлую [24] под стволо́м. Мо́жет быть, вы́росли в Було́нском лесу у са́мой, са́мой его́ опу́шки [25] — ряби́нки? Если вы́росли, то э́то моско́вские...

1. the refreshing effect of
2. take them with you when you travel

Не забыва́йте об освежа́ющем де́йствии [1] я́год ряби́ны и бери́те их с собо́й в доро́гу [2]: и прия́тно, и поле́зно.

Ряби́новый дождь

Ах, как гро́зди туги́е
полыха́ют огнём.
На варе́нье ряби́ны
дава́й наберём.

По плеча́м, по рука́м
дождь ряби́новый бьёт.
Я ему́ подставля́ю
смею́щийся рот.

Та́ет те́рпкая све́жесть
на раскры́тых губа́х.
Что же ты, мой хоро́ший,
за́мер с ве́ткой в рука́х?

Ну и что ж, что с горчи́нкой,
ничего́, подсласти́м:
всё хоро́шее вспо́мним,
всё дурно́е прости́м.

И варе́нье нава́рим,
и друзе́й соберём...
Сты́нут а́лые ка́пли
под осе́нним дождём.

В. Никола́ева

Красота́ ряби́ны, так же как и берёзы, выделя́ет и подде́рживает поэти́чность, символи́чность восприя́тия самого́ де́рева, создаёт осо́бый орео́л о́бразных осмысле́ний вокру́г и́мени *ряби́на*. Ряби́на сопровожда́ет нас и весно́й, и ле́том, и о́сенью, и зимо́й. Она́ и ра́зная, и в чём-то неизме́нная — си́мвол же́нского сча́стья — то в гру́сти, то в ра́дости, как быва́ет в жи́зни:

всё хоро́шее вспо́мним,
всё дурно́е прости́м.

Жи́зненное переплете́ние са́мых ра́зных челове́ческих чувств раскрыва́ется в слове́сных сопоставле́ниях: *те́рпкая, горчи́нка — подсласти́м, хоро́шее — дурно́е, вспо́мним — прости́м*... Бытова́я, каза́лось бы, забо́та—наберём я́год, нава́рим варе́нье, а ря́дом (в э́том-то и гла́вное!) идёт напомина́ние о непога́сшей, проща́ющей любви́ (что же ты, мой хоро́ший...), и успоко́енность дома́шнего ую́та:

И варе́нье нава́рим,
и друзе́й соберём...

И закра́дывается в ва́ше се́рдце ти́хая элеги́чность поэти́ческих строк.

Перечита́йте их.

ЗАДАНИЯ

1. Непреме́нно свари́те варе́нье из ряби́ны — ряби́новое варе́нье.

2. Когда́ бу́дете вари́ть ряби́новое варе́нье, обрати́те внима́ние на сле́дующие глаго́лы и ва́ши со́бственные де́йствия и тем са́мым уясни́те значе́ние ка́ждого приста́вочного глаго́ла: снять (с де́рева), очи́стить (от стебелько́в), промы́ть (прото́чной водо́й под кра́ном, ср.: вы́мыть), зали́ть (водо́й), нали́ть (во́ду, ср.: вы́лить, проли́ть), отки́нуть (на решето́, си́то, ср.: вы́кинуть), вы́нуть, перевора́чивать, снима́ть, встря́хивать (слегка́), раскрыва́ться, сохраня́ть (фо́рму), снять (пе́нку), переложи́ть (ср. положи́ть, вы́ложить, вложи́ть), накры́ть (ср.: закры́ть, укры́ть), обмакну́ть, обваля́ть, сложи́ть, поста́вить, подсуши́ть (я́году), подсо́хнуть (я́года должна́ подсо́хнуть, дать я́годе подсо́хнуть).

КЛЮЧ

«Рябинка»

2. Де́вочка в кра́сном сарафа́нчике и кра́сных сапо́жках
де́вочка, студе́нтка в кра́сном сарафа́не, в кра́сных наря́дных сапо́жках
(*Ср.*: купи́ла, наде́ла сапоги́);
купи́ла, ем, ест пря́ники, оре́хи;
скажи́-ка — скажи́;
Тут бе́лки прибежа́ли...— В э́то вре́мя бе́лки прибе́жали;
в лес уволо́к — в лес унёс, увёл.

«Угощаю рябиной»

2. а) (я) смогу́ поба́ловать *свои́х* дете́й — обы́чное для ру́сского языка́ употребле́ние притяжа́тельного местоиме́ния *свой — свой* без согласова́ния с ли́чной фо́рмой глаго́ла (от 1-го до 3-го лица́ ед. и мн. числа́).
б) Ряби́на моя́ взволнова́ла *мои́х* знако́мых — здесь та́кже нормати́вное употребле́ние притяжа-

5—1413

тельного местоиме́ния (чьи знако́мые), но в пе́рвом слу́чае (рябúна *моя́*) местоиме́ние передаёт не конкре́тную принадле́жность говоря́щему, а его́ осо́бую любо́вь к рябúне (ср.: *страна́ моя́, земля́ моя́*). Это значе́ние подчёркнуто поря́дком сле́дования определе́ния *моя́* за определя́емым *рябúна*. Для ру́сского языка́ обы́чен прямо́й поря́док: определе́ние, а за ни́м сле́дует определя́емое (*моя́* рябúна).

в) ...*твоя́* ро́дина, ...(рябúны) той, *ва́шей* — притяжа́тельные местоиме́ния *твоя́*, *ва́шей* нево́льно отделя́ют городско́е де́тство детéй от дереве́нского де́тства отца́, осо́бенно второ́е местоиме́ние *ва́шей* (уси́ленное указа́ние *той*) объединя́ет отца́ с дереве́нскими жи́телями, дереве́нским бы́том, кото́рых де́ти уже́ не зна́ют.

3. поба́ловать детéй — пора́довать (пода́рком)

в кругу́ това́рищей по рабо́те — в кругу́ колле́г, среди́ колле́г (бо́лее официа́льно)

по-ра́зному относи́ться — име́ть ра́зные то́чки зре́ния, ра́зные пози́ции, выража́ть ра́зное отноше́ние

смотре́ть ра́зными глаза́ми на ве́щи, (*разг.*) — выраже́ние взгля́да оце́нки в си́лу объекти́вных причи́н.

Примеча́ние: выраже́ния *по-ра́зному относи́ться, смотре́ть ра́зными глаза́ми* синоними́чны, отлича́ются ука́занными отте́нками значе́ния и сте́пенью о́бразности. Бо́лее разгово́рное *смотре́ть ра́зными глаза́ми* — о́бразное выраже́ние и о́бразность его́ не стёрта, доста́точно ощути́ма (ра́зные глаза́ — ра́зный взгляд).

Де́ти *взяли́сь* за рябúну, *набро́сились* на рябúну (увели́чивается сте́пень интенси́вности де́йствия — с удово́льствием, аза́ртно) — *на́чали есть* (нейтра́льный сино́ним к разгово́рным экспресси́вным выраже́ниям).

Яблоко

Яблоко

Яблоко — краси́вый, со́чный, вку́сный плод — изве́стно лю́дям с глубо́кой дре́вности.

Яблоко вошло́ в леге́нды, ска́зки, пе́сни, и само́ сло́во я́блоко лёгкой, но про́чной ни́тью[1] свя́зывает свои́м и́менем мно́гие наро́ды. Го́род Абе́лла (возмо́жно, от albha — ‘бе́лый’) в Кампа́нии был сла́вен[2] прекра́сными плода́ми, кото́рые ста́ли носи́ть назва́ние го́рода. Сравни́м: неме́цкое Apfel, англи́йское apple, ру́сское *я́блоко*...

У други́х наро́дов я́блоко получи́ло ины́е имена́. Но каки́м бы ни́ было и́мя плода́, я́блоко широко́ изве́стно и популя́рно повсю́ду. Своеобра́зным доказа́тельством э́того явля́ется его́ и́мя в италья́нском, францу́зском, испа́нском языка́х. Общее наименова́ние поня́тия «плод» pomm ста́ло и́менем я́блока: pomo — pomme — poma... Интере́сно и ещё одно́ явле́ние. Но́вые, ра́нее неизве́стные плоды́ у мно́гих наро́дов ка́к бы сра́вниваются с изве́стными плода́ми — я́блоками: италья́нское *помидо́р* — «золото́е я́блоко» — pomi d'oro; неме́цкое *апельси́н* — «кита́йское я́блоко» — Apfelsine; францу́зское «карто́фель» — «земляны́е я́блоки» — pommes de terre.

1. strong thread
2. was famous for
3. accompany
4. chronicles
5. prince
6. planted a garden
7. called Household Law

Общеславя́нское сло́во *я́блоко* широко́ разошло́сь по славя́нским и неславя́нским зе́млям, са́мое да́льнее путеше́ствие оно́ соверши́ло вме́сте с ру́сскими морехо́дами в язы́к калифорни́йских инде́йцев По́мо: ja. palka — *я́блоко.* Интере́сно и то, что карто́фель первонача́льно называ́ли я́блоком, и не́которые се́верные наро́ды, заи́мствовавшие карто́фель от ру́сских переселе́нцев, усво́или его́ диале́ктное и́мя: *я́блоко — я́влико.* В ю́жных диале́ктах, в тех райо́нах, где распространи́лись помидо́ры, э́тому расте́нию сопу́тствует[3] ещё и сейча́с и́мя *я́блочки.*

Ита́к, сло́во *я́блоко* мо́жет рассказа́ть о бытовы́х конта́ктах, хозя́йственных свя́зях ме́жду наро́дами, об о́бщем восприя́тии но́вых плодо́в у ра́зных наро́дов.

На Руси́ я́блоки упомина́ются уже́ в XI ве́ке. Ле́тописи[4] храня́т примеча́тельные све́дения о я́блоках и я́блонях: Яросла́в Му́дрый, ки́евский князь[5], в 1051 году́ заложи́л я́блоневый сад[6], и сла́вился э́тот сад на всю́ Ки́евскую Русь. Знамени́тый па́мятник древнеру́сской литерату́ры XVI ве́ка «Кни́га, глаго́лемая Домостро́й[7]...» включа́ет указа́ния о то́м, как на́до уха́живать за са́дом. В ста́рой Москве́ дома́ окружа́ли я́блоневые сады́. Они́ были своеобра́зной защи́той от пожа́ров деревя́нной в ту по́ру Москвы́. В на́ше вре́мя сады́ Подмоско́вья составля́ют 32 ты́сячи гекта́ров, и из них 83% — я́блоневые.

В наро́дном созна́нии я́блоко служи́ло и осо́бой оце́нкой впечатле́ний, воззре́ний[1]. Скла́дывались[2] и усва́ивались[3] о́бщие для мно́гих языко́в о́бразные выраже́ния: *я́блоко раздо́ра*[4], *я́блоку не́где упа́сть* (о́браз тесноты́), *я́блоко от я́блони недалеко́ па́дает* (си́мвол семе́йного схо́дства). Одна́ко ча́ще *я́блоко, я́блочко* и́ли де́рево *я́блоня* — си́мвол осо́бой красоты́.

С румя́ным я́блоком во мно́гих языка́х сра́внивается краси́вая здоро́вая де́вочка, де́вушка, молода́я же́нщина — как *румя́ное я́блочко*. Вот как опи́сывает изве́стный сове́тский писа́тель А. Толсто́й крестья́нскую де́вушку Са́ньку в рома́не «Пётр Пе́рвый»: Са́нька «закрыва́лась рукаво́м[5], Пётр, вскочи́в, отвёл ей ру́ки. И смех зати́х, — до того́ Са́нька показа́лась краси́вой: бро́ви стре́лами[6], глаза́ тёмные, ресни́цы мохна́тые[7], но́сик приподня́тый[8], ребя́чьи гу́бы... ро́вные зу́бы... румя́нец — как на я́блоке...»

В ру́сском языке́ красота́ я́блока выделя́ется и осо́бенно це́нится[9]. Это легко́ заме́тить по постоя́нным «я́блочным» эпи́тетам: *румя́ное, наливно́е*[10], *восково́е*[11], *золото́е*, беру́щим своё нача́ло[12] в наро́дном тво́рчестве. Этот фолькло́рный о́браз * запечатлён А. Пушкиным в «Ска́зке о мёртвой царе́вне и о семи́ богатыря́х»:

И к царе́вне наливно́е,
Молодо́е, золотое,
Пря́мо я́блочко лети́т...
...я́блоко. Оно́
со́ку спе́лого полно́.
Так свежо́ и так души́сто,
Так румя́но-золоти́сто,
Бу́дто мёдом налило́сь!
Ви́дно се́мечки насквозь...

В ру́сских ска́зках я́блоку припи́сана чуде́сная, волше́бная си́ла, необыкнове́нная красота́.

1. world views
2. formed
3. assimilated
4. apple of discord
5. covered her face with her sleeve
6. arrow-shaped brows
7. shaggy eyelashes
8. slightly upturned nose
9. appreciated
10. juicy
11. wax-like
12. rooted in

---

* Коне́чно, в ка́ждом языке́ скла́дывается свой «вариа́нт» о́браза как результа́т свое́й осо́бой исто́рии, социа́льных усло́вий, наро́дного бы́та. См. об э́том подро́бнее: Бра́гина А. А. Ле́ксика языка́ и культу́ра страны́. Изд. 2-е, М., 1986, с. 101—127.

1. fire-bird
2. plot
3. got into the habit of
4. saucer
5. healing power
6. heals
7. making one young
8. *here*: making one young
9. will get back his youth
10. water of life
11. punish
12. deceitful
13. repenting
14. liar
15. liar
16. who redeemed their guilt
17. responsiveness
18. dewy
19. knocks down
20. natural environment

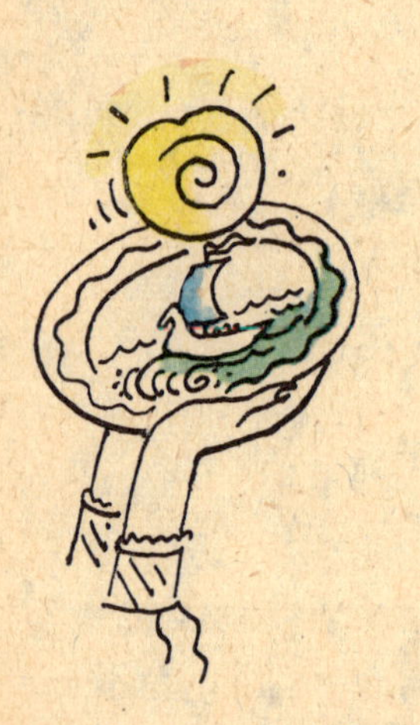

В одно́й из са́мых люби́мых ру́сским наро́дом сказок — «Ска́зке об Ива́не-царе́виче, жар-пти́це [1], и се́ром во́лке» — я́блоко стано́вится осно́вой, завя́зкой [2] ска́зочных собы́тий: «Сад тако́й бога́тый, что ни в како́м госуда́рстве лу́чше того́ не́ было; в том саду́ росли́ ра́зные дороги́е дере́вья с плода́ми и без плодо́в, и... одна́ я́блоня люби́мая, и на то́й я́блоне росли́ я́блочки, все золоты́е. Повади́лась [3]... в сад лета́ть жар-пти́ца...» В ска́зках расту́т я́блони с золоты́ми и серебряными я́блоками, подаю́т золоты́е я́блочки на серебряном блю́дечке [4]...

Яблоки, одна́ко, не то́лько си́мвол чуде́сной красоты́. Есть ска́зки о я́блоках, име́ющих волше́бную, цели́тельную си́лу [5]. Яблоко исцеля́ет [6], ле́чит от боле́зней — цели́тельное я́блоко. Есть я́блоки молоди́льные [7] (иногда́ — моложа́вые [8]): пое́ст сла́бый ста́рый челове́к таки́х я́блок и ста́нет вновь си́льным, здоро́вым, обретёт мо́лодость [9]. Одна́ из ру́сских наро́дных ска́зок так и называ́ется: «Ска́зка о молоди́льных я́блоках и живо́й воде́ [10]».

Чуде́сные я́блоки награжда́ют красото́й, здоро́вьем, мо́лодостью, но и нака́зывают [11] злых, недо́брых, лжи́вых [12] люде́й. Съест я́блоко с тако́й я́блони плохо́й челове́к — и вы́растут у него́ рога́, и спасти́ его́ мо́жет то́лько я́блоко с друго́й чуде́сной я́блони, когда́ раска́явшиеся [13] обма́нщик [14] и́ли обма́нщица [15], искупи́вшие свою́ вину́ [16], найду́т э́то я́блоко и съедя́т его́.

Примеча́телен о́браз наливно́го и́ли золото́го я́блочка на серебряном блю́дечке из одноимённой ска́зки. Не красоту́, не бога́тство да́рит я́блочко, а са́мое дорого́е для челове́ка — зна́ния, ве́сти о други́х зе́млях и наро́дах, награжда́ет за доброту́, отзы́вчивость [17], трудолю́бие.

Яблоко и я́блоня опоэтизи́рованы в ру́сских наро́дных пе́снях, в стиха́х ру́сских и сове́тских поэ́тов. *Бе́лых я́блонь дым, я́блонь весе́нняя вью́га* — поэти́чные о́бразы весны́ у С. Есе́нина. Да и са́ми румя́ные я́блоки рожда́ют у поэ́та неожи́данную поэти́ческую мета́фору:

> Рассве́т руко́й прохла́ды ро́сной [18]
> Сшиба́ет [19] я́блоки зари́...

Еди́нство челове́ка и окружа́ющей его́ приро́ды [20] возника́ет в ска́зочных персонифика́циях С. Есе́нина — просты́х и нагля́дных.

«Бе́лых я́блонь дым...»

Хорошо́ под осе́ннюю све́жесть
ду́шу-я́блоню ве́тром стряха́ть.
И смотре́ть, как над ре́чкою ре́жет
во́ду си́нюю со́лнца соха́[1].

Или:

Все мы я́блоко ра́дости но́сим...

Яблоко — своеобра́зное отраже́ние духо́вной жи́зни наро́да. Яблоко вхо́дит в на́шу жизнь с са́мого ра́ннего де́тства и как ла́комство[2], и как чуде́сный о́браз красоты́, доброты́, мо́лодости.

1. wooden plough
2. treat

1. creator
2. place name
3. not uncommon
4. used to say
5. to assert
6. wild apple-trees
7. straw
8. reddened from the sunny side
9. spread
10. early childhood
11. the world of fantasy
12. real world
13. teaches wisdom

Яблоки не одина́ковы, в ка́ждой земле́, у ка́ждого наро́да есть свои́ я́блоки. Таки́ми свои́ми, люби́мыми, на ру́сской земле́ ста́ли *анто́новские я́блоки — анто́новка.*

Анто́новские я́блоки — стари́нный ру́сский сорт наро́дной селе́кции. Как и́стинно наро́дное явле́ние, анто́новка не име́ет одного́ определённого творца́ [1], неизве́стно, где то́чно родила́сь анто́новка. По фо́рме прилага́тельного мо́жно предположи́ть, что и́мя её произошло́ от топоними́ческого назва́ния [2] — *Анто́новка, Анто́ново*. Подо́бные назва́ния не ре́дкость [3] на ру́сской земле́, происходи́ли они́ от со́бственных имён владе́льца земли́, садово́да, хлебопа́шца. «У крестья́нина Анто́на вы́росло на огоро́де от се́мечка», — гова́ривал [4] изве́стный ру́сский селекционе́р И. Мичу́рин.

Мо́жно с уве́ренностью сказа́ть [5] то́лько, что появи́лось э́то я́блоко не поздне́е нача́ла XVIII ве́ка в центра́льной ча́сти Росси́и, в зе́млях, располо́женных вокру́г го́рода Ку́рска. Де́рево анто́новки по се́й день сохраня́ет схо́дство с лесны́ми я́блонями [6], кото́рых так мно́го на ку́рских зе́млях.

Анто́новку отлича́ет си́льный, прису́щий то́лько э́тому со́рту арома́т. Са́ми я́блоки зеленова́то-жёлтые, а зре́лые — све́тло-жёлтые, как соло́ма [7], с зарумя́ненным со́лнечным бо́ком [8]. В 1843 году́ э́то поня́тие вошло́ в «Толко́вый слова́рь живо́го великору́сского языка́» В. Да́ля: *анто́новские я́блоки, анто́новка.*

Из ру́сского языка́ и́мя *анто́новка* вме́сте с распростране́нием [9] э́того со́рта ру́сских я́блок бы́ло заимствовано украи́нским (*анто́нівка*), белору́сским (*анто́наўка*), по́льским (*antonówka*), слова́цким (*antonovka*) языка́ми.

Так в языке́ отража́ется хара́ктер отноше́ний ме́жду наро́дами; в до́бром «я́блочном сло́ве» — до́брые свя́зи, до́брые де́ла садово́дов, до́брая наро́дная поэ́зия.

Слово о сказке

14. confidence in one's strength
15. in fighting evil
16. triumphs
17. punished
18. dishonesty

В са́мом ра́ннем де́тстве [10] ска́зка вво́дит нас в мир фантасти́ческий [11], но одновре́менно и в мир реа́льный [12]. Ска́зка у́чит уму́-ра́зуму [13], у́чит сме́лости и добросерде́чию, трудолю́бию и любозна́тельности, любви́ к лю́дям, наде́жде на всё до́брое и ве́ре в свои́ си́лы [14] в борьбе́ со зло́м [15]. В ска́зках всегда́ торжеству́ет [16] добро́, справедли́вость, всегда́ нака́заны [17] зло, непра́вда, нече́стность [18].

1. distinctive
2. derives from
3. clear relation to
4. lose none of their expressiveness
5. young man
6. beautiful girl
7. fast legs
8. sugary lips
9. damp soil
10. witch in Russian folktales
11. beyond the thrice-nine lands
12. in the thrice-ten kingdom
13. unhurried
14. reflective
15. tuneful
16. daring young man
17. worse
18. tiny little girl
19. get into
20. get out of
21. and everything will have been done
22. lovely
23. have a look
24. orphan
25. weaves
26. spins
27. cleans
28. keeps saying

Своеобра́зен[1] язы́к ска́зок: он о́чень прост, но и о́чень поэти́чен, его́ о́бразность всегда́ опира́ется[2] на реа́льные впечатле́ния. Широко́ изве́стно, что для ска́зок типи́чны постоя́нные эпи́теты, постоя́нные сравне́ния, но благодаря́ свое́й нагля́дной соотнесённости[3] с жи́знью и бы́том, э́ти повторя́ющиеся эпи́теты и сравне́ния никогда́ не теря́ют свое́й живо́й вырази́тельности[4]. Сравни́те: *мо́лодец[5] си́льный, до́брый, кудря́вый, конь до́брый, де́вица кра́сная[6], ру́ки бе́лые, но́жки ре́звые[7], уста́ са́харные[8], луга́ зелёные, моря́ си́ние, не́бо высо́кое, земля́ сыра́я[9], я́блоки золоты́е, наливны́е, румя́ные.* Повторя́емы нача́ла ска́зок: *жи́ли-бы́ли, жил да был...* и их оконча́ния: *тут и ска́зке коне́ц, тут и де́лу вене́ц, и я там был...*

Ска́зкам прису́ща симво́лика числа́, постоя́нный повто́р де́йствий: *три сы́на, три молоди́льных я́блока, три Ба́бы-Яги́[10], за три́девять земе́ль[11] в тридеся́том ца́рстве[12], три до́чки, три́жды* мать прика́зывает по о́череди до́чкам следи́ть за сестро́й Кро́шечкой-Хавро́шечкой («Хавро́шечка»). Слог ска́зок неспе́шный[13], разду́мчивый[14], напе́вный[15]. Э́тому спосо́бствует осо́бый синоними́ческий повто́р: *путь-доро́га* и *пути́-доро́ги*, в *ца́рстве-госуда́рстве, моло́де́ц-удале́ц*[16]. Постоя́нное повторе́ние слов и предложе́ний постепе́нно уси́ливает остроту́ собы́тий. Слова́-повто́ры сло́вно веду́т чита́теля, позволя́ют опере́ться на уже́ знако́мое, запо́мнить но́вое.

Хаврошечка (русская народная сказка в пересказе А. Толстого). Есть на све́те лю́ди хоро́шие, есть и поху́же[17]. К таки́м-то и попа́ла Кро́шечка[18]-Хавро́шечка.

А бы́ли у её хозя́йки три до́чери. Ста́ршая звала́сь Одногла́зкой, сре́дняя — Двугла́зкой, а ме́ньшая — Тригла́зкой.

Вы́йдет, быва́ло, Кро́шечка-Хавро́шечка в по́ле, обни́мет свою́ рябу́ю коро́вку и расска́зывает, как ей тяжело́ жить-пожива́ть. А коро́вушка ей в отве́т:

— Кра́сная де́вица*, влезь[19] ко мне́ в одно́ у́шко, а в друго́е вы́лезь[20] — всё бу́дет сде́лано[21].

Вот хозя́йка позвала́ свою́ дочь Одногла́зку:

— Дочь моя́ хоро́шая, дочь моя́ приго́жая[22], поди́ догляди́[23], кто сироте́[24] помога́ет: и ткёт[25], и прядёт[26], и прибира́ет[27].

Пришла́ Одногла́зка... А Хавро́шечка пригова́ривает[28]:

— Спи, глазóк, спи глазóк!

Глазóк у Одноглáзки и заснýл.

Так ничегó хозя́йка не дознáлась [1] и послáла вторýю дочь — Двуглáзку. А Хаврóшечка баю́кает *:

— Спи, глазóк, спи, другóй!

Опя́ть хозя́йка ничегó не дознáлась, рассерди́лась и на трéтий день послáла трéтью дочь — Триглáзку.

Хаврóшечка поёт:

— Спи, глазóк, спи другóй!

А о трéтьем глазкé и забы́ла. Два глазкá у Триглáзки и заснýли, а трéтий глазóк всё ви́дит. Триглáзка вернýлась домóй и всё рассказáла. Старýха обрáдовалась, на другóй же день пришлá к мýжу:

— Режь [2] рябýю корóвку.

Хаврóшечка в пóле побежáла, обнялá рябýю корóвушку и говори́т:

— Корóвушка-мáтушка, тебя́ рéзать хотя́т.

А корóвушка ей в отвéт:

— А ты, крáсная дéвица, моегó мя́са не éшь, а кóсточки мои́ собери́, в платóчек завяжи́ [3], в садý их схорони́ * и никогдá меня́ не забывáй: кáждое ýтро кóсточки водóю поливáй [4].

И вы́росла из них я́блонька, да какáя! На ту пóру [5] éхал ми́мо си́льный человéк — молодóй.

— Дéвицы-красáвицы, котóрая из вас мне я́блочко поднесёт [6], та за меня́ зáмуж пойдёт [7].

Три сестры́ и брóсились [8] однá перед другóй [9] к я́блоне.

А я́блоки-то подняли́сь высокó, далекó над головáми. Сёстры хотéли их сбить [10] — ли́стья глазá засыпáют, хотéли сорвáть [11] — сучки́ [12] кóсы расплетáют [13].

Подошлá Хаврóшечка — вéточки к ней приклони́лись [14], и я́блочки к ней опусти́лись. Угости́ла онá тогó си́льного человéка, и он на нéй жени́лся.

И был пир на вéсь мир [15], я там был, мёд [16] -пи́во пил, по усáм теклó, а в рот не попáло [17], а уж какáя у ни́х капýста [18] — и тепéрь ещё во ртý пýсто. Да на окóшке забы́л лóжку, кто лёгок на нóжку [19], тот сбéгай по лóжку.

1. never found out
2. slaughter
3. wrap
4. water
5. at that time
6. gives
7. will marry me
8. rushed
9. overtaking each other
10. to knock down
11. to pick
12. sharp twigs
13. undo (their) plaits
14. lowered their branches
15. sumptuous feast
16. mead
17. flowed down my whiskers and never got into my mouth
18. cabbage
19. quick on the uptake

КОММЕНТАРИЙ

Крáсная дéвица — дéвица-красáвица, краси́вая (прекрáсная) дéвушка

баю́кать — усыпля́ть, напевáя колыбéльную (от *колыбéль*) пéсню с припéвом: бáю-бай, бáю-бáю

схорони́ (*наро́дно-поэти́ческое*) — похорони́
ве́точки приклони́лись — ве́точки наклони́лись

ЗАДАНИЯ

1. Найди́те в те́ксте ска́зки слова́ с уменьши́тельно-ласка́тельными су́ффиксами. Какова́ их роль в те́ксте?

2. Постара́йтесь объясни́ть, почему́ в ска́зках ча́сты ряды́ одноро́дных чле́нов предложе́ния.

3. Каки́е из э́тих при́сказок вы уже́ встреча́ли в други́х ска́зках?

   жи́ли-бы́ли; жить-пожива́ть; в добре́ пожива́ть; ли́ха не зна́ть; пир на ве́сь мир; и я там был, мёд-пи́во пил, по уса́м текло́, а в рот не попа́ло; на око́шке забы́л ло́жку, кто лёгок на но́жку, тот сбе́гай по ло́жку

4. Опира́ясь на те́кст «Сло́во о ска́зке» вы́делите в ска́зке постоя́нные эпи́теты и синоними́ческие повто́ры. Определи́те их роль в те́ксте.

5. Перескажи́те ска́зку, стара́ясь употребля́ть языковы́е сре́дства, характе́рные для ска́зочного повествова́ния.

6. Есть ли в у́стном наро́дном тво́рчестве ва́шей страны́ ска́зка схо́дного содержа́ния? Сде́лайте перево́д э́той ска́зки на ру́сский язы́к и расскажи́те её ва́шим колле́гам в аудито́рии.

1. the aim of his life
2. declared
3. his cause
4. useful message
5. attractive
6. wild apple-tree
7. pecked
8. pecked up
9. seeds
10. to give a shoot
11. pushed up

История одной яблоньки. Константи́н Дми́триевич Уши́нский (1824—1870) — замеча́тельный ру́сский педаго́г, де́тский писа́тель. Свое́й единственной жи́зненной це́лью[1] он провозгласи́л[2]: сде́лать как мо́жно бо́льше по́льзы оте́честву. Де́лом же свое́й жи́зни[3] счита́ть просвеще́ние наро́да. Са́мые изве́стные кни́ги К. Уши́нского — «Де́тский мир» и «Родно́е сло́во». «Исто́рия одно́й я́блоньки» — расска́з-ска́зка. Простота́ языка́ и поучи́тельность[4] де́лают э́ту ска́зку осо́бо привлека́тельной[5].

I

Росла́ в лесу́ ди́кая я́блоня[6], о́сенью упа́ло с неё ки́слое я́блоко. Пти́цы склева́ли[7] я́блоко, поклева́ли[8] и зёрнышки[9].

Одно́ то́лько зёрнышко спря́талось в зе́млю и оста́лось.

Зи́му пролежа́ло зёрнышко под сне́гом, а весно́й, когда́ со́лнышко пригре́ло мо́крую зе́млю, зерно́ ста́ло прораста́ть[10]: пусти́ло вниз корешо́к, а кве́рху вы́гнало[11] два пе́рвых ли́стика. Из проме́ж * листо́чков вы́бежал стебелёк с по́чкой, а из по́чки, наверху́, вы́шли зелёные листо́чки.

1. gardener
2. will come in useful
3. to dig out
4. this is the end of me
5. dug out
6. roots
7. planted
8. felt proud
9. rare
10. moved
11. looks down on
12. stumps
13. to cut
14. cut off
15. splitted
16. split
17. stuck
18. a young shoot
19. covered the wound with paste
20. wrapped with a piece of cloth
21. supported with pegs
22. fell ill
23. got well
24. knitted with
25. strikes up
26. one bud after another
27. one leaf after another
28. strikes up a shoot
29. fell off
30. petals
31. ovary
32. sour wild apples

По́чка за по́чкой, ли́стик за ли́стиком, ве́точка за ве́точкой — и лет через пя́ть хоро́шенькая я́блонька стоя́ла на то́м ме́сте, где упа́ло зёрнышко.

Пришёл в лес садо́вник[1] с за́ступом *, уви́дел я́блоньку и говори́т: «Вот хоро́шее де́ревце, оно́ мне пригоди́тся[2]».

Задрожа́ла я́блонька, когда́ садо́вник стал её выка́пывать[3], и ду́мает: «Пропа́ла я совсе́м!»[4]

Но садо́вник вы́копал[5] я́блоньку осторо́жно, корешко́в[6] не повреди́л, перенёс её в сад и посади́л[7] в хоро́шую зе́млю.

II

Загорди́лась[8] я́блонька в саду́: «Должно́ быть, я ре́дкое[9] де́рево,— ду́мает она́,— когда́ меня́ и́з лесу в сад перенесли́[10]»,— и свысока́ посма́тривает[11] вокру́г на некраси́вые пеньки́[12], завя́занные тря́почками: не зна́ла она́, что попа́ла в шко́лу *.

На друго́й год пришёл садо́вник с кривы́м ножо́м и стал я́блоньку ре́зать[13].

Задрожа́ла я́блонька и ду́мает: «Ну, тепе́рь-то я совсе́м пропа́ла».

Сре́зал[14] садо́вник всю зелёную верху́шку де́ревца, оста́вил оди́н пенёк, да и тот ещё расщепи́л[15] све́рху; в тре́щину[16] воткну́л[17] садо́вник молодо́й побе́г[18] от хоро́шей я́блони; закры́л ра́ну зама́зкой[19], обвяза́л тря́почкой[20], обста́вил но́вую прище́пу * ко́лышками[21] и ушёл.

III

Прихворну́ла[22] я́блонька, но была́ она́ молода́ и сильна́, ско́ро попра́вилась[23] и сросла́сь[24] с чужо́й ве́точкой.

Пьёт ве́точка со́ки си́льной я́блоньки и растёт бы́стро: выки́дывает[25] по́чку за по́чкой[26], листо́к за листко́м[27], выгоня́ет побе́г[28] за побе́гом, ве́точку за ве́точкой; и го́да через три́ зацвело́ де́ревце бе́ло-ро́зовыми души́стыми цвета́ми.

Опа́ли[29] бе́ло-ро́зовые лепестки́[30], и на их ме́сте появи́лась зелёная за́вязь[31], а к о́сени из за́вязи сде́лались я́блоки; да уж не ди́кие кисли́цы[32], а больши́е, румя́ные, сла́дкие, рассы́пчатые.

И така́я-то хоро́шенькая удала́сь я́блонька, что из други́х садо́в приходи́ли брать от неё побе́ги для прище́п.

Яблоневый сад.

КОММЕНТАРИЙ

из проме́ж, *устар.*— ме́жду

за́ступ, *м. р.*— желе́зная лопа́та для земляны́х рабо́т

шко́ла, *ж. р., зд.*: пито́мник, где выра́щиваются расте́ния до поса́дки на постоя́нное ме́сто (са́женцы, приви́тые и́ли подгота́вливаемые к приви́вке)

прище́па — расщеплённое ме́сто в расте́нии, куда́ вста́влен побе́г для приви́вки

ЗАДАНИЯ

1. Расскажи́те, как ди́кая я́блонька-кисли́ца ста́ла плодо́вой я́блонькой?

2. Объясни́те, кака́я поучи́тельная исто́рия заключена́ в ска́зке о ди́кой я́блоньке — «некраси́вом пеньке́» — краси́вой я́блоне?

Запах яблока

Одна́ из повесте́й ру́сского писа́теля Ива́на Алексе́евича Бу́нина (1870—1953) посвящена́ ру́сскому бы́ту, ру́сской приро́де и называ́ется она́ «Анто́новские я́блоки». Почему́? Люби́л писа́тель я́блоки? Да, коне́чно: «Ящики моего́ пи́сьменного стола́ полны́ анто́новскими я́блоками»,— писа́л И. Бу́нин в одно́й из реда́кций по́вести. Че́м же объясни́ть осо́бую любо́вь И. Бу́нина к анто́новским я́блокам? Роди́лся И. Бу́нин на орло́вской земле́, сосе́дней с ку́рской. Орло́вщина та́кже сла́вилась[1] свои́м садово́дством[2]. «В саду́ па́хнет анто́новскими я́блоками... Про́сто не нады́шишься[3]!» — восклица́ет в одно́м из свои́х пи́сем И. Бу́нин (1891 г.).

Своеобра́зен язы́к бу́нинской про́зы: неповтори́мые эпи́теты, неожи́данные мета́форы, одна́ко, опра́вданные ситуа́цией, неразры́вно[4] свя́занные с конте́кстом и языково́й общепри́нятой но́рмой[5]. Не́бо у И. Бу́нина — *жи́дкое*[6] *голубо́е*. Постоя́нный эпи́тет *голубо́е* (не́бо) в соедине́нии с определе́нием *жи́дкое* звучи́т по-но́вому. В конце́ сентября́ осе́ннее не́бо сло́вно *вы́горело*[7] за ле́то, сло́вно *едва́ подкра́шено жи́дкой* акваре́льной кра́ской: *жи́дкое голубо́е не́бо*. Предста́вив тако́е не́бо, нельзя́ не обра́доваться то́чно на́йденному[8] сло́ву.

Живопи́сную зри́тельность[9] те́кста создаёт га́мма цветовы́х прилага́тельных и глаго́лов: сад весь *золото́й*, пла́мя *багро́вое*, не́бо *бирюзо́вое*, *черне́ют* поля́ па́шнями, *зелене́ют* ози́мыми... Подви́жность, изме́нчивость осе́нней приро́ды в изме́нчивости кра́сок: сад весь *золото́й* и сад *чёрный*, не́бо *бирюзо́вое* и не́бо *жи́дкое голубо́е*.

Как бегу́щие кинока́дры развёртывается живо́е движе́ние о́сени в са́мом незако́нченном[10], дя́щемся[11] значе́нии глаго́лов (несоверше́нный вид то в настоя́щем, то в проше́дшем вре́мени), сменя́емых соверши́вшимся де́йствием (соверше́нный вид): *стано́вится* хо́лодно, *раздаю́тся* голоса́, *пыла́ет* пла́мя и *пога́снут* огни́.

Повествова́ние в «Анто́новских я́блоках» ведётся от пе́рвого лица́: *вспомина́ется мне, по́мню...*

1. was famous for
2. gardening
3. you can't have enough of its aroma
4. closely linked
5. accepted norm
6. *here*: pale blue
7. faded
8. accurate
9. vivid expressiveness
10. imperfect
11. continuous

Одна́ко расска́зчик ка́к бы отступа́ет[1] на второ́й план[2], приглаша́я чита́теля предста́вить опи́сываемое, раздели́ть чу́вства[3], впечатле́ния самого́ а́втора. Этому спосо́бствуют обобщённо-ли́чные фо́рмы глаго́лов-предикати́вов: *пробежи́шь* в сад; *распахнёшь* окно́; с наслажде́нием *чу́вствуешь*...

В одно́м из свои́х пи́сем М. Го́рький заме́тил о И. Бу́нине: «Он так стал писа́ть про́зу, что е́сли ска́жут о нём: э́то лу́чший стили́ст совреме́нности — здесь не бу́дет преувеличе́ния».

Антоновские яблоки. I Вспомина́ется мне ра́нняя пого́жая * о́сень. Август был с тёплыми до́ждиками в са́мую по́ру[4], в середи́не ме́сяца. По́мню ра́ннее, све́жее[5], ти́хое у́тро... По́мню большо́й, весь золото́й, подсо́хший[6] и поре́девший[7] сад, по́мню клено́вые алле́и, то́нкий арома́т опа́вшей листвы́ и — за́пах анто́новских я́блок, за́пах мёда[8] и осе́нней све́жести. Во́здух так чист, то́чно его́ совсе́м нет. Всю́ду си́льно па́хнет[9] я́блоками.

К но́чи стано́вится о́чень хо́лодно и роси́сто[10]. Надыша́вшись на гумне́ * ржаны́м * арома́том но́вой соло́мы[11] и мяки́ны * , бо́дро идёшь домо́й к у́жину ми́мо садо́вого ва́ла. Голоса́ на дере́вне и́ли скрип воро́т[12] раздаю́тся по студёной * заре́[13] необыкнове́нно я́сно. Темне́ет. И вот ещё за́пах: в саду́ — костёр, и кре́пко тя́нет[14] души́стым ды́мом вишнёвых су́чьев[15]. В темноте́, в глубине́ са́да — ска́зочная карти́на: то́чно в уголке́ а́да, пыла́ет о́коло шалаша́[16] багро́вое пла́мя, окружённое мра́ком, и чьи-то чёрные, то́чно вы́резанные из чёрного де́рева силуэ́ты дви́гаются вокру́г костра́, меж * тем как[17] гига́нтские те́ни от них хо́дят по я́блоням. То по всему́ де́реву ля́жет чёрная рука́ в не́сколько арши́н *, то чётко нарису́ются две ноги́ — два чёрных столба́. И вдруг всё э́то скользнёт с я́блони — и тень упадёт по всей алле́е, от шалаша́ до са́мой кали́тки *...

По́здней но́чью, когда́ в дере́вне пога́снут огни́, когда́ в не́бе уже́ высоко́ бле́щет брилья́нтовое семизве́здие * Стожа́р[18], ещё раз пробежи́шь в сад. Шурша́[19] по сухо́й листве́, как слепо́й, доберёшься до шалаша́. Там на поля́нке немно́го светле́е, а над голово́й беле́ет Мле́чный Путь.

II

«Ядрёная * анто́новка — к весёлому го́ду». Дереве́нские дела́ хороши́, е́сли анто́новка уроди-

1. steps back
2. to the background
3. to share the feelings
4. at the right time
5. fresh
6. dried up a little
7. thinning
8. fragrance of honey
9. there is a strong smell of
10. heavy dew
11. straw
12. creaking gates
13. in the coolness of early morning
14. there is a strong smell
15. cherry-tree branches
16. cabin made of branches
17. while
18. seven-star constellation of Pleiades
19. rustling

лась: зна́чит, и хлеб уроди́лся[1]... Вспомина́ется мне урожа́йный год[2].

На ра́нней заре́, когда́ ещё крича́т петухи́, распахнёшь, быва́ло[3], окно́ в прохла́дный сад, напо́лненный лилова́тым тума́ном, сквозь кото́рый я́рко блести́т ко́е-где́ у́треннее со́лнце, и не утерпишь — вели́шь поскоре́е засёдлывать ло́шадь[4], а сам побежи́шь умыва́ться на пру́д. Ме́лкая листва́ почти́ вся облете́ла с прибре́жных лози́н[5], а су́чья сквозя́т[6] на бирюзо́вом не́бе. Вода́ под лози́нами ста́ла прозра́чная, ледяна́я и как бу́дто тяжёлая. Она́ мгнове́нно[7] прогоня́ет ночну́ю лень.

Войдёшь в дом и пре́жде всего́ услы́шишь за́пах я́блок, а пото́м уже́ други́е: ста́рой ме́бели кра́сного де́рева[8], сушёного[9] ли́пового цвета[10], кото́рый с ию́ня лежи́т на о́кнах. И вот уже́ слы́шится пока́шливанье: выхо́дит тётка. Она́ небольша́я, но то́же, как и всё круго́м, про́чная[11]. На плеча́х у неё наки́нута больша́я перси́дская шаль[12]. Вы́йдет она́ ва́жно, но приве́тливо, и сейча́с же под бесконе́чные разгово́ры[13] про старину́[14], про насле́дства[15], начина́ют появля́ться угоще́ния[16]: сперва́ «ду́ли» *, я́блоки — анто́новские, «бель-ба́рыня», борови́нка, «плодови́тка» *,— а пото́м удиви́тельный обе́д: вся наскво́зь[17] ро́зовая варёная ветчина́[18] с горо́шком, фарширо́ванная ку́рица[19], индю́шка[20], марина́ды[21] и кра́сный квас[22] — кре́пкий и сла́дкий-пресла́дкий. Окна в сад по́дняты, и отту́да ве́ет[23] бо́дрой осе́нней прохла́дой[24]...

III

С конца́ сентября́ на́ши сады́ и гу́мна пусте́ли, пого́да, по обыкнове́нию, кру́то[25] меня́лась. Ве́тер по це́лым дням[26] рвал и трепа́л[27] дере́вья, дожди́ полива́ли их с утра́ до́ ночи.

Хо́лодно и я́рко сия́ло на се́вере над тяжёлыми свинцо́выми ту́чами жи́дкое голубо́е не́бо, а из-за э́тих туч ме́дленно выплыва́ли хребты́[28] снеговы́х гор-облако́в, закрыва́лось око́шечко в голубо́е не́бо, а в саду́ станови́лось пусты́нно и ску́чно, и сно́ва начина́л се́ять дождь[29]... сперва́ ти́хо, осторо́жно, пото́м всё гу́ще и наконе́ц превраща́лся в ли́вень[30] с бу́рей и темното́й. Наступа́ла до́лгая, трево́жная ночь...

Из тако́й трёпки[31] сад выходи́л совсе́м обнажённым[32], засы́панным[33] мо́крыми ли́стьями и каки́м-то прити́хшим, смири́вшимся[34]. Но зато́ как

1. if there is a good crop
2. good year for crops
3. used to
4. to harness a horse
5. willows
6. are seen through
7. instantly
8. mahogany
9. dried
10. lime-tree blossom
11. sturdy
12. Persian shawl
13. endless conversations
14. about old times
15. heirlooms
16. treats
17. through
18. boiled ham
19. stuffed chicken
20. turkey
21. pickles
22. red kvass
23. blows
24. refreshing coolness
25. sharply
26. all day long
27. tousled
28. (*fig*) flowed out the ridges
29. to drizzle
30. shower
31. after this scutching
32. bare
33. covered
34. reconciled

краси́в он был, когда́ сно́ва наступа́ла я́сная пого́да[1], прозра́чные и холо́дные дни нача́ла октября́, проща́льный пра́здник о́сени! Сохрани́вшаяся листва́[2] тепе́рь бу́дет висе́ть на дере́вьях уже́ до пе́рвых за́морозков[3]. Чёрный сад бу́дет сквози́ть на холо́дном бирюзо́вом не́бе и поко́рно[4] ждать зимы́, пригрева́ясь в со́лнечном бле́ске. А поля́ уже́ ре́зко черне́ют па́шнями[5] и я́рко зелене́ют закусти́вшимися ози́мами... Пора́ на охо́ту!

Когда́ случа́лось[6] проспа́ть охо́ту, о́тдых был осо́бенно прия́тен. Проснёшься и до́лго лежи́шь в посте́ли. Во всём до́ме — тишина́. Впереди́ — це́лый день поко́я в безмо́лвной[7] уже́ по-зи́мнему уса́дьбе. Не спеша́ оде́нешься, побро́дишь по са́ду, найдёшь в мо́крой листве́ случа́йно забы́тое холо́дное и мо́крое я́блоко, и почему́-то оно́ пока́жется необыкнове́нно вку́сным, совсе́м не таки́м, как други́е[8].

1. clear weather
2. remaining foliage
3. until the first frosts
4. humbly
5. ploughed fields
6. when I happened to
7. silent
8. quite different from others

КОММЕНТАРИЙ

пого́жий — хоро́ший, благоприя́тный, в отноше́нии пого́ды (день)

гумно́, *с. р.* (*мн. ч.* — гу́мна, гу́мен и гумён) — отгоро́женное ме́сто, где скла́дывается сжа́тый хлеб, где моло́тят хлеб

ржано́й, от *рожь* — относя́щийся к ржи: сде́ланный из ржи, за́пах ржи, цве́та ржи

мяки́на, *ж. р.* — отхо́ды, получа́емые при обмоло́те и очи́стке зерна́ хле́бных зла́ков и не́которых други́х культу́р, состоя́щие из семенны́х плёнок, семя́н со́рных трав и т. п.

студёный, от *сту́жа* — холо́дный

меж — ме́жду

арши́н, *м. р.* — ру́сская ме́ра длины́, применя́вшаяся до введе́ния метри́ческой систе́мы (соотве́тствует 0,711 ме́тра)

кали́тка, *ж. р.* — небольша́я дверь в забо́ре, в воро́тах, в стене́ огра́ды

семизве́здие, *с. р., зд.*: созве́здие Плея́ды, семизве́здие Стожа́р — наро́дное назва́ние Плея́д

ядрёный, *зд.*: созре́вший, кру́пный, хоро́шего ка́чества (о плоде́, я́блоке); све́жий, бодря́щий (о во́здухе)

«ду́ли», *мн. ч.*, (областно́е) — род груш

«бель-ба́рыня», борови́нка, «плодови́тка», *ж. р.* — сорта́ я́блок

ЗАДАНИЯ

1. Вы́делите о́бщий ко́рень, отме́тив словообразова́тельную связь, в да́нных ряда́х слов:

6—1413

а) род, родни́к, наро́д, ро́дина, роди́ться, уроди́ться, урожа́й; б) я́блоко, я́блоня, я́блоневый, я́блочный

2. Обрати́те внима́ние на разли́чие сино́нимов (наряду́ с их схо́дством):

за́пах — арома́т; (за́пах анто́новских я́блок, за́пах мёда и осе́нней све́жести; то́нкий арома́т опа́вшей листвы́; надыша́вшись на гумне́ ржаны́м арома́том но́вой соло́мы и мяки́ны)

3. Сравни́те синоними́ческие ряды́ глаго́лов, обрати́те внима́ние на и́х смысловы́е разли́чия в да́нных конте́кстах, на ра́зные возмо́жности выраже́ния отте́нков значе́ния. Возмо́жна ли взаимозаме́на?

а) дви́гаются (силуэ́ты) — хо́дят (те́ни); б) бле́щет семизве́здие — блести́т со́лнце; в) сия́ло не́бо — сверка́л свет; г) рвал (ве́тер дере́вья) — трепа́л; д) пусте́ли (сады́, гу́мна) — станови́лось пусты́нно и ску́чно

4. Сопоста́вьте эпи́теты И. Бу́нина (вы́делены курси́вом) в ряду́ други́х определе́ний. Да́йте по возмо́жности стилевы́е поме́ты и проведи́те группиро́вку определе́ний по обобщённому смы́слу-иде́е (выделя́я сино́нимы и анто́нимы).

о́сень: *пого́жая, ядрёная*, хоро́шая, прекра́сная, чуде́сная, плоха́я, по́здняя, ра́нняя, холо́дная, тёплая, со́лнечная, суха́я, сыра́я, дождли́вая, хму́рая, ску́чная, глубо́кая, тру́дная, трудова́я, безли́ственная, ве́треная, золота́я, багря́ная, золоти́стая, злата́я, жёлтая, мо́края, нена́стная, о́блачная, моро́зная, наря́дная, до́лгая, запозда́лая, первонача́льная

сад: *большо́й, весь золото́й, подсо́хший, поре́девший, прохла́дный, обнажённый, засы́панный мо́крыми ли́стьями, прити́хший, смири́вшийся, чёрный, напо́лненный лилова́тым тума́ном*, безмо́лвный, благоуха́ющий, бу́йный, глухо́й, го́лый, жа́лкий, жи́дкий, заду́мчивый, мра́чный, опусте́лый, разде́тый, сквозно́й, увя́дший, угрю́мый, хоро́ший, прекра́сный, плохо́й, большо́й, огро́мный, молодо́й, ста́рый, я́блоневый

листва́: *опа́вшая, сохрани́вшаяся, суха́я, ме́лкая*, жёлтая, кра́сная, багря́ная, пре́лая, осе́нняя

у́тро: *све́жее, ти́хое*, хоро́шее, прекра́сное, чуде́сное, ра́ннее, я́сное, безо́блачное, тёплое, прохла́дное, дождли́вое, со́лнечное, осе́ннее, а́лое, безве́тренное, бле́дное, умы́тое, чи́стое

день (дни): *со́лнечный, прохла́дный, прозра́чный, холо́дный,* безве́тренный, безрассве́тный, бесцве́тный, гнило́й, голубо́й, дождли́вый, золоти́стый, хму́рый, со́лнечный, осе́нний
год: *урожа́йный, весёлый,* хоро́ший, плохо́й, счастли́вый, уда́чный, тяжёлый, тру́дный, роково́й, ра́достный, гро́зный, све́тлый
не́бо: *бирюзо́вое, лёгкое, просто́рное, глубо́кое, я́сное, жи́дкое голубо́е, бирюзо́вое холо́дное,* хму́рое, се́рое, тёмное, мра́чное, высо́кое, ни́зкое, си́нее, голубо́е, осе́ннее, безбре́жное, бездо́нное, не́жно-голубо́е, бле́дное
во́здух: *прозра́чный, чист и я́сен; так чист, сло́вно его́ нет;* хоро́ший, плохо́й, све́жий, чи́стый, тяжёлый, тёплый, холо́дный, осе́нний, вла́жный, сухо́й, арома́тный, хруста́льный, цели́тельный, ядрёный

5. Оцени́те ассоциати́вную обосно́ванность перено́сных, метафори́ческих сочета́ний у Бу́нина. Объясни́те построе́ние мета́фор:
прощальный пра́здник о́сени, услы́шишь за́пах я́блок, выплыва́ют хребты́ снеговы́х гор-облако́в, закрыва́лось око́шечко в голубо́е не́бо.

6. Найди́те в те́ксте слова́ и словосочета́ния, создаю́щие цветову́ю га́мму в описа́нии ру́сской о́сени.
7. Опиши́те карти́ну осе́ннего са́да, карти́ну ру́сской о́сени.

Яблоко и яблоня в стихах

Поэти́ческий о́браз я́блони встреча́ется у мно́гих ру́сских поэ́тов. В стихотворе́нии И. Сельви́нского цветово́й о́браз я́блони (цветы́ я́блони — снежо́к) соединя́ется с ощуще́ниями за́паха и зву́ка: на за́пах я́блони летя́т пчёлы[1], а их жужжа́ние[2] — как звуча́ние мандоли́ны. Этот звуково́й о́браз отража́ется в само́м стихе́:

И па́хнет вся доли́на,
Пчела́ как мандоли́на...

Лепестки́ я́блони шурша́т, облета́я. И опя́ть возника́ет звуково́й о́браз в само́м звуча́нии стиха́:

...шурша́[3],
Ты хороша́, как ю́ность,
Как ю́ность, хороша́.

Прост и реа́лен язы́к В. Солоу́хина: Яблоня росла́ (где?) в саду́. Она́ была́ (како́й?) кре́пкой[4].

1. bees
2. buzzing
3. rustling
4. strong

Борисов-Мусáтов В. Э.
Веснá.

1. mischievous look from under the scarf
2. curly
3. little boy
4. side by side
5. years
6. secret word
7. unexpectedly
8. not more

Цвелá (какúм?) бéлым цвéтом... Вкус я́блок, как мёд, тёплый сок. А всё вмéсте создаёт поэтúческий óбраз я́блони и я́блок — сúмвола простóго велúчия жúзни.

Стихотворéние А. Прокóфьева напоминáет нарóдную пéсню: нарóден сам óбраз я́блони (*лукáвый взгляд из-под платкá*) [1], фольклóрны крáткие фóрмы определéний (*раскудря́ва*[2] *я́блоня кудря́ва*), ласкáтельная уменьшúтельность (*мальчúшка*[3], *ря́дышком*[4], *годкóв* [5]), нарóдны и поэтúческие и разговóрные сочетáния (*тáйное словéчко*[6], *невзначáй*[7] дарúт, *не бóле*[8], успéл *пере-*

мо́лвиться[1], ла́сковая *поро́ша*[2], *кому́ како́е де́ло*[3]).

В стихотворе́нии Е. Поля́нского я́блоня — друг челове́ка, жи́зненная си́ла[4]. Здесь разгово́рная стихи́я я́рмарки[5], пра́здничных мину́т: я́блоки — *нарасхва́т*[6], *дух* анто́новки ощути́м *за версту́*[7], роса́ *зорева́я*[8].

1. exchange a word
2. newly-fallen snow
3. it's none of anyone's business
4. living force
5. the language of the folk of the fair
6. sells like hot cakes
7. from afar
8. early morning dew
9. burden
10. thicket
11. wait a bit
12. grieving
13. will fill

Песня

Вот я́блоня в цвету́ —
И па́хнет вся доли́на.
Пчела́ как мандоли́на...
А мне невмоготу́ *...

Ты как снежко́м объя́та *,
Хоть ли́вень льёт ливмя́ *.
Ты серебро́м бога́та *,
Краса́вица моя́.

Но зна́ю: бу́дет вре́мя —
И ты опу́стишь бре́мя[9]
Рачи́тельных плодо́в *.
Я к э́тому гото́в.

Но жа́лко в де́брях[10] са́да
Вот э́того снежка́...
Повремени́[11]! Не на́до!
Не торопи́сь пока́!

Не сто́ит, пригорю́нясь[12],
Облётывать *, шурша́:
Ты хороша́, как ю́ность,
Как ю́ность, хороша́!

И. Сельви́нский

Яблоки

Яблоня в на́шем саду́ росла́,
Очень кре́пкой она́ была́.
Са́мой сла́дкой она́ слыла́,
Са́мым бе́лым цве́том цвела́.
Су́чья тя́жко к земле́ склони́в,
Зре́ли я́блоки бе́лый нали́в *.
Зу́бы вре́жешь * — в гортани мёд.
Тёплым со́ком горта́нь зальёт[13].

В. Солоу́хин

Раскудря́ва я́блоня кудря́ва
На рассве́те с ве́тром говори́ла,
Взгляд из-под платка́, тако́й лука́вый,
Ка́к бы невзнача́й она́ дари́ла.

Ве́тер присмире́л[1]. Он да́же сли́шком
Ти́хим стал, не то́ что в по́ле[2].
Он стоя́л с ней ря́дышком[3], мальчи́шка,
Так годко́в семна́дцати, не бо́ле!

Всё же он успе́л слове́чком та́йным
Перемо́лвиться, успе́л с хоро́шей.
Бе́лые цветы́ необыча́йно
Осыпа́лись ла́сковой поро́шей.

Яблоня им до́лго любова́лась.
Ми́лая, кому́ како́е де́ло?
Ты ведь от зари́ порозове́ла[4],
А не оттого́, что целова́лась!

А. Проко́фьев

1. calmed down
2. quite unlike that in the fields
3. side by side
4. blushed by sunrise
5. freshly mowed hay
6. rye straw
7. sugary where you break it open
8. melts in your mouth
9. make-up
10. admixtures
11. early morning dew
12. juicy
13. absorbed
14. ripe seeds

Антоновка

Хоть для я́рмарок цвет не я́рок,
всё ж на я́рмарках — нарасхва́т*:
в ца́рстве са́мых души́стых я́блок
выдаёт её арома́т.

В све́жем се́не[5], ржано́й соло́ме[6]
дух анто́новки за версту́*,
сахари́стая на изло́ме[7]
так и та́ет она́ во рту́[8].

Без подкра́ски[9] и без подме́са[10],
от росы́ зорево́й[11] сочна́[12],
не́жность не́ба и вес желе́за —
всё впита́ла в себя́[13] она́.

До́брой го́стье
в промёрзлой стру́жке*
кто из нас, горожа́н, не ра́д?
Не горо́шины в погрему́шке* —
зёрна зре́лости[14] в ней шурша́т.

Эх, анто́новка!..
и мочёной*,
и с моро́зца* из шалаша́,
ты и с ча́рочкой* золочёной
и без ча́рочки — хороша́!

Е. Поля́нский

КОММЕНТАРИЙ

невмоготу́, *разг.* — совсе́м не по си́лам, нестерпи́мо

снежко́м объя́та, *зд.*: покры́та цвета́ми, как лёгким сне́гом

ли́вень льёт ливмя́ — идёт о́чень си́льный дождь

серебро́м бога́та — покры́та светя́щимися ка́плями дождя́, как серебро́м

рачи́тельные плоды́ — забо́тливо вы́ращенные плоды́

облётывать — разгово́рная фо́рма глаго́ла несоверше́нного ви́да *облета́ть* — мно́го раз облета́ть

бе́лый нали́в — сорт я́блок, о́чень краси́вый на ви́д, бе́лого цве́та (*ср.*: я́блочко *наливно́е*, со́ком *налило́сь*)

зу́бы вре́жешь, *зд.*: впи́ться зуба́ми, отку́сывать я́блоко с аппети́том, с удово́льствием (индивидуа́льное, а́вторское сочета́ние, грубова́то-разгово́рное)

нарасхва́т — (я́блоки) по́льзуются больши́м спро́сом

верста́, *ж. р.* — ста́рая ру́сская ме́ра длины́, немно́го бо́лее 1 км

в промёрзлой стру́жке — я́блоки зимо́й храня́т в я́щиках, напо́лненных древе́сной стру́жкой, кото́рая защища́ет плоды́ от хо́лода

погрему́шка, *ж. р.* — де́тская игру́шка, издаю́щая шум при встря́хивании

мочёная (анто́новка) — я́блоки, загото́вленные на́ зиму в сла́дкой воде́ (см. реце́пт «Мочёные я́блоки»)

с моро́зца из шалаша́ — я́блоки, внесённые в дом из холо́дного помеще́ния

ча́рочка, *ж. р.* — *уменьш. ф.* от *ча́ра* — стари́нный сосу́д для вина́

ЗАДАНИЯ

1. Прочита́в все стихотворе́ния, вы́берите одно́, наибо́лее понра́вившееся, и вы́учите его́ наизу́сть.

2. Испо́льзуя слова́ и выраже́ния из стихотворе́ний, опиши́те я́блоневый сад.

Яблоко наливное, румяное и очень вкусное. Мы мно́го узна́ли о я́блоке, нам остаётся то́лько[1] его́ отве́дать[2]. Из я́блок де́лают о́чень мно́го са́мых разнообра́зных ку́шаний[3] и напи́тков.

1. the only thing left for us is
2. to taste
3. dishes

Оне́гин шка́фы отвори́л:
В одно́м нашёл тетра́дь расхо́да [1],
В друго́м нали́вок це́лый строй [2],
Кувши́ны [3] с я́блочной водо́й [4]...

А. Пу́шкин

ИЗ РЕЦЕПТОВ МОЕЙ БАБУШКИ

А как пригото́вить я́блочную во́ду — напи́ток [5], популя́рный, как ви́дим, ещё в пу́шкинские времена́?

500 г я́блок натри́те [6] и вы́жмите [7] сок, смеша́йте с са́харом (200 г), прокипяти́те [8], процеди́те [9], остуди́те, да́йте отстоя́ться [10] и сле́йте в другу́ю посу́ду. То́чно та́к же сле́дует сде́лать сок из клю́квы [11] (200 г клю́квы и 100 г са́хара). Соедини́те о́ба со́ка, доба́вьте 200 г холо́дной кипячёной воды́ и рю́мку [12] вина́. Поста́вьте на хо́лод и подава́йте в кувши́не с кусо́чком льда. Это и бу́дет я́блочная вода́ «Павли́нка».

Яблочный пудинг С. Толстой. В архи́вах музе́я Л. Толсто́го храни́тся пова́ренная кни́га [13] его́ жены́, Со́фьи Андре́евны Толсто́й, в ней со́брано само́й Со́фьей Андре́евной и её бра́том Степа́ном Андре́евичем Бе́рсом 162 реце́пта. Это ку́шанья, кото́рые гото́вили в Ясной Поля́не [14]. Вот одно́ из них — я́блочный холо́дный пу́динг. Не удивля́йтесь больши́м дозиро́вкам: семья́ Толсты́х была́ многочи́сленной [15], а яснополя́нский дом гостеприи́мным. За сто́л сади́лось всегда́ мно́го люде́й.

Итак,— записа́ла Со́фья Андре́евна,— возьми́ 1,5 фу́нта (600 г) сушёных [16] я́блок, свари́, слей во́ду, протри́ я́блоки, положи́ в я́блочную ма́ссу 3 яи́чных белка́ [17] и 1/2 фу́нта (200 г) са́хару и взбей [18]; поста́вь посу́дину [19] в лёд [20]: пото́м вы́ложи [21] на блю́до и укра́сь [22] варе́ньями.

Оладьи [23] с яблоками. В тёплом молоке́ (2 стака́на) развести́ дро́жжи [24] (25 г), доба́вить ма́сло (2 столо́вые ло́жки, два яйца́, са́хар (1 столо́вую ло́жку), соль (1/2 ча́йной ло́жки) и, тща́тельно переме́шивая, постепе́нно всы́пать муку́ [25] (500 г), по́сле чего́ поста́вить те́сто [26] в тёплое ме́сто.

Три-четы́ре я́блока очи́стить от ко́жицы [27] и сердцеви́ны [28], наре́зать то́нкими ло́мтиками [29], положи́ть в гото́вое подня́вшееся те́сто [30] и перемеша́ть. Жа́рить ола́дьи на сковороде́ с разогре́тым ма́слом, причём те́сто класть ло́жкой, смо́ченной в воде́ [31].

1. accounting book
2. a row of fruit liqueurs
3. jugs
4. apple juice
5. drink
6. grate
7. squeeze out
8. bring to boil
9. strain
10. to settle
11. cranberry
12. glass wine
13. cook book
14. Tolstoy's estate
15. large
16. dried
17. egg whites
18. whip
19. pan
20. on the ice
21. turn into
22. decorate
23. pancakes
24. yeast
25. pour flour
26. let the dough rise
27. peel
28. core
29. slices
30. the ready dough
31. with a wet spoon

Яблочный кисель[1]. Яблоки (500 г) нарéзать тóнкими лóмтиками, положи́ть в кастрю́лю, зали́ть 2 стакáнами воды́ и постáвить вари́ть. Когдá я́блоки развáрятся, протерéть их чéрез си́то[2] и смешáть с отвáром[3]. Пóсле э́того положи́ть сáхар (¾ стакáна), вскипяти́ть и завари́ть разведённой крахмáльной мукóй[4] (1,5 столóвых лóжки на 0,5 стакáна воды́).

Воздушный пирог[5] *из яблок.* Яблоки (лу́чше всегó антóновские, 300 г) вы́мыть в холóдной водé, разрéзать, удали́ть сéмечки и испéчь в духовóм шкафу́ (духóвке)[6]. Затéм протерéть[7]. В полу́ченное пюрé вcы́пать сáхар (1 стакáн) и вари́ть, помéшивая, покá не загустéет[8].

Взбить до густóй пéны[9] 6 яи́чных белкóв. Положи́ть горя́чее пюрé во взби́тые белки́, хорошó вы́мешать[10] и вы́ложить[11] на смáзанную мáслом[12] скоровду́[13], постáвить на 10—15 мину́т в духовóй шкаф, чтóбы пирóг подрумя́нился и подня́лся.

Как тóлько пирóг бу́дет готóв, егó нáдо подавáть, инáче он осéдет[14]. Подаю́т пирóг на стóл в тóй же посу́де, в котóрой он выпекáлся. Свéрху посы́пьте пирóг сáхарной пу́дрой (2 столóвые лóжки).

Хорóш пирóг с холóдным молокóм и́ли со сли́вками.

Яблоки *мочёные*[15]. Яблоки, лу́чше всегó антóновские, вы́мыть и сложи́ть в плóскую кастрю́лю[16], переклáдывая ли́стьями чёрной сморóдины и ви́шни[17]. Затéм я́блоки заливáют су́слом и́ли слáдкой водóй.

Су́сло — э́то разведённая кипяткóм[18] ржанáя мукá[19], размéшанная[20] и осту́женная[21] (на 10 л воды́ — 200 г муки́, 2 столóвые лóжки сóли). Для приготовлéния слáдкой воды́ нáдо взять 10 л воды́, 400 г сáхара и́ли 600 г мёда, 3 столóвые лóжки сóли, полу́ченный раствóр кипятя́т и охлаждáют.

Через 30—40 дней я́блоки бу́дут готóвы.

Яблоки кладу́т в капу́сту, когдá её квáсят[22] (квáшеную капу́сту)[23], для вку́са и аромáта.

Варенье из яблок. Любóго сóрта[24] я́блоки, лу́чше всегó ки́слые, очи́стить от кóжицы, мéлко нарéзать, взвéсить. Три фу́нта я́блок (1200 г) сначáла пересы́пать 1,5 фу́нтами (600 г) сáхара и остáвить на блю́де на 5—6 часóв, чтóбы я́блоки пропитá-

1. jelly-like fruit desert
2. pass through a sieve
3. *here*: juice
4. potato flour
5. souffle
6. oven
7. press through a sieve
8. thickens
9. whip until stiff
10. mix
11. drop into
12. brushed with butter or oil
13. frying pan
14. sets
15. pickled apples
16. flat pan
17. black-currant and cherry leaves
18. mixed with boiling water
19. rye flour
20. well stirred
21. cooled
22. pickle
23. sauerkraut
24. any kind

1. become saturated with
2. remains whole

лись[1] сáхаром. Из 3 фýнтов сáхара (1200 г) сварúть сирóп (добáвить в сáхар $^3/_4$ стакáна воды́), довóльно густóй. В кипя́щий сирóп опустúть я́блоки. Варéнье кипятя́т на мéдленном огнé, причём ни одúн лóмтик не развáривается[2]. Не забýдьте снять пéнку, когдá варéнье кипúт.

Варéнье бывáет óчень красúво, золотúсто-прозрáчного цвéта и óчень вкýсно.

ЗАДАНИЕ

Вы́берите кýшанье по вкýсу и приготóвьте. Уверя́ем, бýдет вкýсно так, что пáльчики облúжешь (óчень вкýсно).

КЛЮЧ

«Хаврошечка»

1. Крóшечка-Хаврóшечка, корóвка, ýшко, трáвушка, глазóк, кóсточки, я́блонька, вéточка.

Налúчие в скáзках большóго колúчества уменьшúтельно-ласкáтельных форм подчёркивает дóброе, лáсковое отношéние к положúтельным герóям — носúтелям глáвной мы́сли скáзки.

2. Ряды́ однорóдных члéнов — подлежáщих, сказýемых, определéний слýжат в скáзке для осóбого скáзочного повествовáния: параллелúзм собы́тий (ткёт, прядёт, прибирáет), послéдовательность и усилéние дéйствий (не éшь, соберú, схоронú, поливáй), нарацéние прúзнаков (далекó, высокó, сúльный, молодóй).

«Антоновские яблоки»

1. Кóрни *род- / рож-* и *ябл-* свя́зывают однокоренны́е словá, сохраня́ют связь значéний однокоренны́х слов.

2. *Зáпах* — свóйство вещéств, воспринимáемое обоня́нием; *аромáт* — прия́тный зáпах, благоухáние.

3. а) взаимозамéна невозмóжна; б) взаимозамéна возмóжна, но утрáчивается оттéнок поэтúческой торжéственности при замéне *блéщет* на *блестúт*; в) возмóжна взаимозамéна, но в дáнном контéксте измéнится оттéнок значéния (*сия́ние* — рóвный, обы́чно я́ркий свет, излучáемый чéм-либо, *сверкáние* — я́ркий, перелúвчатый свет, испускáемый чéм-либо); г) возмóжна взаимозамéна, но в дáнном контéксте меня́ется оттéнок значéния (*рвать* — налетáть поры́вами, рéзко дуть (о вéтре); *трепáть* — раскáчивать из стороны́

в сто́рону, сотряса́ть); д) взаимозаме́на возмо́жна: меня́ется синтакси́ческое построе́ние из акти́вного — *сады́ пусте́ли* в безли́чный оборо́т, обы́чный в описа́нии приро́ды (не де́йствие, а состоя́ние).

4. Отсу́тствие стилевы́х поме́т свиде́тельствует о нейтра́льности определе́ния:

о́сень: пого́жая (наро́д.), ядрёная (наро́д.), хоро́шая — плоха́я, прекра́сная, чуде́сная, запозда́лая, по́здняя — ра́нняя, глубо́кая, холо́дная — тёплая, моро́зная, суха́я — сыра́я, мо́края, дождли́вая, о́блачная, со́лнечная — хму́рая, нена́стная, ску́чная, тру́дная, трудова́я, безли́ственная — золота́я (пост. эпи́тет), золоти́стая (устар. поэт.), багря́ная (пост. поэт. эпи́тет), злата́я, жёлтая (поэт.)

сад: большо́й, огро́мный, подсо́хший, весь золото́й — поре́девший, обнажённый, засы́панный мо́крыми ли́стьями, чёрный, го́лый, жа́лкий, жи́дкий, опусте́лый, разде́тый, сквозно́й, увя́дший, прохла́дный, прити́хший, смири́вшийся, безмо́лвный, заду́мчивый, мра́чный, угрю́мый, напо́лненный лилова́тым тума́ном, благоуха́ющий (поэт.), бу́йный — глухо́й, хоро́ший — плохо́й, прекра́сный, молодо́й — ста́рый, я́блоневый

листва́: опа́вшая — сохрани́вшаяся, суха́я — мо́края, ме́лкая — кру́пная, жёлтая, кра́сная, багря́ная, пре́лая, гнила́я — све́жая, зелёная, молода́я

у́тро: све́жее, прохла́дное — тёплое, ти́хое, хоро́шее, прекра́сное, чуде́сное, ра́ннее, я́сное — дождли́вое, чи́стое, умы́тое, безо́блачное, со́лнечное, а́лое — бле́дное, осе́ннее — весе́ннее, безве́тренное — ве́треное

день (дни): со́лнечный, прозра́чный — безрассве́тный, голубо́й, золоти́стый — бесцве́тный, прохла́дный, холо́дный, гнило́й, дождли́вый, хму́рый, осе́нний

год: хоро́ший — плохо́й, урожа́йный, весёлый, счастли́вый, ра́достный, уда́чный — тяжёлый, тру́дный, рокову́й, гро́зный, све́тлый

не́бо: бирюзо́вое — се́рое, голубо́е — бле́дное, си́нее — тёмное, не́жно-голубо́е — мра́чное, жи́дкое голубо́е, я́сное — хму́рое, лёгкое — осе́ннее, просто́рное, безбре́жное, чи́стое, высо́кое — ни́зкое, бездо́нное

во́здух: прозра́чный, чист и я́сен; так чист, сло́вно его́ нет; чи́стый хруста́льный, хоро́ший —

плохо́й, све́жий — тяжёлый, тёплый — холо́дный, осе́нний, вла́жный — сухо́й, арома́тный, цели́тельный, ядрёный

6. Сад весь золоти́стый — сад чёрный; пла́мя багро́вое, окружённое мра́ком, чёрные силуэ́ты... вокру́г костра́; брилья́нтовое семизве́здие; лилова́тый тума́н; бирюзо́вое не́бо, жи́дкое голубо́е не́бо, холо́дное бирюзо́вое не́бо; пы́шно-зелёные о́зими; золоти́стый свет ни́зкого со́лнца; свинцо́вые ту́чи; черне́ют па́шнями (поля́); зелене́ют ози́мами (поля́).

Вишня черешня

Вишня — черешня

1. sweet cherry trees in blossom
2. showers
3. petals
4. involuntary exclamation
5. from our school days
6. dictations
7. spelling

«...Расцвета́ют чере́шни и ви́шни...»

«Ве́тки цвету́щих чере́шен [1] смо́трят мне в окно́, и ве́тер иногда́ усыпа́ет [2] мой пи́сьменный стол их бе́лыми лепестка́ми [3]» Это М. Ле́рмонтов. Так зака́нчивается описа́ние све́жего весе́ннего у́тра на Кавка́зе, в Пятиго́рске: го́ры и ве́тер го́рный, цвету́щие чере́шни и нево́льное восклица́ние [4] — «Ве́село жить в тако́й земле́!» Стро́ки э́ти мы все зна́ем со шко́льной скамьи́ [5]. Не то́лько потому́, что чита́ем рома́н М. Ле́рмонтова «Ге́рой на́шего вре́мени», но ещё и потому́, что в пра́вилах по орфогра́фии, в дикта́нтах [6] на правописа́ние [7] слов *ви́шен — чере́шен*... встреча́ем э́ти стро́ки и зна́ем

их, пожа́луй, наизу́сть [1]. Но мы зна́ем не то́лько литерату́рные стро́ки о цвету́щей чере́шне, но де́рево чере́шню, а гла́вное — я́годы.

Цвету́щим чере́шням и ви́шням — сопе́рница [2] я́блоня, де́рево родно́е и повсеме́стно распространённое. А ви́шни и чере́шни — южа́нки [3].

В Крыму́ расцвета́ют чере́шни и ви́шни,
Там ти́хое мо́ре и тёплый прибо́й [4].

Это уже́ поэ́т на́шего ве́ка — Н. Асе́ев. Действи́тельно, «ви́шня растёт у на́с на ю́ге и на ю́го-восто́ке, в степя́х ку́стиком, садо́вая [5] де́ревом» — привя́занность [6] де́рева к ю́гу, заме́тил в своём «Толко́вом словаре́» В. Даль. А. Пу́шкин не ра́з упомина́л [7] в знамени́той поэ́ме «Полта́ва» «тень украи́нских чере́шен [8]».

И хотя́ наш взгляд не прохо́дит ми́мо [9] «моло́чного цвете́ния» [10] (как сказа́л писа́тель С. Акса́ков (1791—1859) ви́шен и чере́шен, но бо́льше привлека́ют [11] са́ми я́годы. Ию́ль ме́сяц — маку́шка ле́та [12] (середи́на ле́та) — вре́мя созрева́ния [13] ви́шни. Краси́вые кра́сные я́годы ма́нят к себе́ [14] среди́ я́ркой зе́лени ли́стьев. А чере́шня зре́ет ра́ньше — коне́ц ма́я, ию́нь, но, коне́чно, в на́ших ю́жных райо́нах.

Ита́к, о я́годах ви́шни. Сохрани́лось стихотворе́ние, оно́ так и называ́ется «Ви́шня», кото́рое припи́сывают ю́ному А. Пу́шкину. Весёлое лёгкое озорно́е [15] о ла́комых [16] и зама́нчивых [17], и́менно зама́нчивых, ви́шнях. Послу́шаем его́:

Румя́ной зарёю [18]
Покры́лся восто́к,
В селе́ за реко́ю
Поту́х [19] огонёк.

Росо́й окропи́лись [20]
Цветы́ на поля́х,
Стада́ пробуди́лись
На мя́гких луга́х...

Пасту́шка [21] прихо́дит
В више́нник [22] густо́й,
И мно́го нахо́дит
Плодо́в пред [23] собо́й...

Поду́мав, реши́лась
Сих [24] ви́шен пое́сть,

1. by heart
2. rival
3. southerner
4. warm surf
5. cultivated
6. attachment
7. mentioned
8. the shade of sweet cherry trees
9. do not miss
10. milky blossoming
11. are attracted
12. the crest of summer
13. cherry season
14. lure
15. mischievous
16. delicious
17. tempting
18. rosy sunrise
19. went out
20. have been sprinkled with dew
21. shepherdess
22. cherry-orchard
23. before
24. these

За ве́твь ухвати́лась[1]
На де́рево взлезть[2]...

Бери́ плод руко́ю —
И ви́шня твоя́...

Но ве́твь обломи́лась[3], пасту́шка упа́ла, а ла́комые я́годы оста́лись на де́реве.

Са́ми имена́ *ви́шня — чере́шня* храня́т своё ю́жное происхожде́ние. *Ви́шня* ведёт нача́ло[4] от гре́ческого сло́ва ixos 'де́рево с кле́йким со́ком'. Пра́вда, существу́ет и чи́сто ру́сское толкова́ние и́мени: *ви́шня* от глаго́ла *вис́еть* — под влия́нием диале́ктного *ви́сьна.*Так говоря́т о ве́тке, свиса́ющей[5] под тя́жестью[6] плодо́в. Каки́м бы ни́ было происхожде́ние и́мени, но оно́ закрепи́лось[7] и ста́ло родовы́м[8] для всéх многочи́сленных вишнёвых дере́вьев[9]. Из 150 ви́дов ви́шен у на́с в стране́ предста́влен 21 вид. Есть ви́шни шпа́нские — испа́нские (вку́сные, тёмно-кра́сные, кру́пные), францу́зские, обыкнове́нные, песча́ные... Но са́мые популя́рные у на́с те, что вы́ведены во Влади́мирской о́бласти. Их называ́ют *влади́мирскими-влади́мирками* и ещё *роди́тельскими* — сло́вом дороги́м и бли́зким. А вот и́мя *чере́шня* в ру́сском языке́ означа́ет то́лько осо́бый вид ви́шни — ра́но созрева́ющий, скоропе́лый[10]. Ягоды чере́шни о́чень со́чные, све́тлые — жёлтые, светло-кра́сные и то́лько не́которые сорта́ чере́шни, созрева́я, стано́вятся тёмно-кра́сными.

Ви́шню определя́ют как де́рево с со́чными ко́сточковыми[11] плода́ми, тёмно-а́лыми и́ли светло-кра́сными. Зна́ют ви́шню мно́гие наро́ды, и называ́ют её схо́дными имена́ми. То́лько вы́брали италья́нцы, испа́нцы, францу́зы, не́мцы и англича́не для родово́го наименова́ния как раз то и́мя, кото́рое в ру́сском языке́ — видово́е[12]: *чере́сия* от лати́нского ceresia — cerasus из гре́ческого kerasos. Так дре́вние гре́ки называ́ли вишнёвое де́рево, ви́шню. Впервы́е э́то сло́во отме́чено как назва́ние вишнёвых лесо́в вокру́г гре́ческого го́рода Kerasus и́ли Cerasos на ю́жном побере́жье Чёрного мо́ря — Понти́йского, т. е. свя́зывается оно́ с далёкой анти́чной эпо́хой. А тепе́рь нам остаётся сравни́ть ру́сское сло́во *чере́шня*, лати́нское cerasus — cerasia, гре́ческое kerasus, италья́нское ciligio — ciliegia, испа́нское cerezo — cerasia, фран-

1. got hold of
2. to climb
3. broke
4. derives
5. bending
6. under the burden
7. registered
8. became generic
9. cherry trees
10. fast-ripening
11. stone fruit
12. specific

цу́зское cerise, неме́цкое Kirschen и англи́йское cherry. Пра́вда, как интере́сно, и́мя вку́сных ла́комых плодо́в объединя́ет са́мые ра́зные языки́ и наро́ды. Сто́ит загляну́ть[1] в исто́рию языка́, что́бы вы́яснить на́ши да́вние[2] до́брые свя́зи.

В ру́сском языке́ и́мя *ви́шня* изве́стно давно́, ещё в древнеру́сском языке́. Заме́тим, что наибо́лее ча́сто цветово́е восприя́тие плодо́в ви́шни. В дре́вних ру́кописях упомина́ется вишнёвый цвет: *вишнёвы* ба́рхаты (1392-й год) и бараха́т *вишнёв* (1589-й год, времена́ Бори́са Годуно́ва). Внима́ние к цве́ту ви́шен отрази́лось и в общеязыковы́х фолькло́рных постоя́нных эпи́тетах и сравне́ниях, отме́ченных и в худо́жественной литерату́ре: гу́бы *как ви́шни* (я́рко-кра́сные), *вишнёвый* румя́нец (гу́сто-кра́сный, я́ркий — э́то у М. Шо́лохова), о чёрных глаза́х — краси́вых, я́рких — говоря́т *как ви́шни*, как *две спе́лые ви́шни*.

Значе́ние цве́та распространи́лось и закрепи́лось за относи́тельным прилага́тельным *вишнёвый* — э́то, коне́чно, ʹотнося́щийся к ви́шне вообще́ʹ — *вишнёвый* сад, *вишнёвая* ве́тка, *вишнёвый* цвет, *вишнёвый* сок, *вишнёвая* па́лка и́ли кака́я-либо друга́я поде́лка[3] из о́чень краси́вой вишнёвой древеси́ны, но на пе́рвом ме́сте в живо́м речево́м обраще́нии *вишнёвый* — э́то «цве́та ви́шни, краси́вый тёмно-кра́сный цвет». Сто́ит то́лько вспо́мнить[4] знамени́тый рома́нс о тёмно-вишнёвой ша́ли[5]:

> Как к лицу́ тебе́[6], слы́шишь, родна́я,
> Эта тёмно-вишнёвая шаль!

Пе́ли э́тот рома́нс са́мые изве́стные певи́цы и пе́ли в наро́де[7]. Его́ мо́жно уже́ назва́ть наро́дной пе́сней и тем са́мым оцени́ть популя́рность[8] вишнёвого цве́та.

Как осо́бая ла́сковая похвала́[9] звучи́т и уменьши́тельная фо́рма от *ви́шня* — *ви́шенка* ʹде́рево и я́годаʹ. С ви́шенкой сра́внивают де́вочку, де́вушку. Вот как испо́льзовал э́тот о́браз Л. Лео́нов в своём рома́не «Барсуки́»[10]: «росла́ де́вочка кре́пенькой[11], сму́глой[12], как ви́шенка, в постоя́нном сме́хе[13], как в цвету́[14]».

Сложи́лись в наро́де не то́лько сравне́ния с ви́шней, но и зага́дки. А в зага́дках путь к отга́дке идёт от одно́й приме́ты к друго́й: где растёт ви́шня? како́й она́ величины́? како́в её цвет? како́в вкус? Отга́дывайте[15]:

1. suffice it to turn to
2. old
3. artifact
4. suffice it to recall
5. cherry-coloured shawl
6. becoming you
7. among people
8. to appreciate the popularity
9. praise
10. badgers
11. healthy
12. dark-skinned
13. risible
14. (*fig*) in blossom
15. solve the riddle

7—1413

Сижу́ на те́реме[1]	(на высо́ком де́реве)
мала́, как мышь[2],	(всё ма́ленькое сра́внивают с мышо́нком, мы́шью)
красна́, как кровь,	(я́рче кро́ви что мо́жет быть?)
вкусна́, как мёд[3]	(сла́ще мёда и нет ничего́)

Как не угада́ть? *Ви́шня.*

Но и цвету́щие дере́вья ви́шен привлека́ют внима́ние. На фрукто́вых дере́вьях ещё то́лько ло́паются по́чки[4], а ви́шня уже́ гото́ва расцвести́[5]. Цвет ви́шен подо́бен о́блаку[6], лебя́жьему пу́ху[7], лёгкому сне́гу.

Всё круго́м белы́м-бело́[8],—
То́ ли сне́гом замело́[9],
То́ ли о́блако упа́ло,
То́ ли ле́бедь растеря́ла
Бе́лый пух из-под крыла́?
Это ны́нче на рассве́те[10]
На́ша ви́шня зацвела́.

В. Полтора́цкий

1. sitting on a tower
2. mouse
3. honey
4. buds open
5. to blossom
6. like a cloud
7. swan's fluff
8. very white
9. covered with snow
10. at sunrise
11. fading
12. poeticised
13. cherry
14. snow flakes
15. fall
16. snow storm
17. doesn't thaw
18. palm
19. the time of hopes
20. moving to the north
21. demanded more care
22. planted
23. grew
24. estates
25. manor orchard
26. sang in chorus
27. order
28. secretely
29. cunning lips

Да́же отцвета́ющие[11] ви́шни поэтизи́руются[12]. Лепестки́ ви́шенных[13] цвето́в — цвето́в ви́шни — представля́ются снежи́нками[14]:

Бе́лый ви́шенный цвет, бе́лый цвет облета́ет[15]
И, как снег, как мете́ль[16], на поля́ны лети́т.
Он лети́т, сло́вно снег, то́лько до́лго не та́ет[17],
И весе́ннею пе́сней, как бу́дто звени́т...

Бе́лый ви́шенный цвет всё лети́т, облета́ет,
Как снежи́нка, лети́т на ладо́ни[18] твои́...
И, наве́рно, тогда́, в э́тот час наступа́ет
Вре́мя на́ших наде́жд[19], вре́мя на́шей любви́.

А. Сафро́нов

Ви́шня, продвига́ясь[20] к се́веру, тре́бовала забо́т[21]. Её разводи́ли[22] в Ку́рской, Ту́льской, Влади́мирской областя́х. (По́мните ви́шню влади́мирскую, роди́тельскую?). Выра́щивали[23] ви́шню в сада́х. Это бы́ли ча́ще всего́ сады́ больши́х бога́тых уса́деб[24]. У А. Пу́шкина в «Евге́нии Оне́гине» есть описа́ние сбо́ра я́год в ба́рском саду́[25]. Де́вушки собира́ли я́годы и «хо́ром по нака́зу пе́ли[26]».

Нака́з[27], осно́ванный на то́м,
Чтоб ба́рской я́годы тайко́м[28],
Уста́ лука́вые[29] не е́ли,
И пе́ньем бы́ли заня́ты:
Зате́я се́льской остроты́!

Песня девушек

Де́вицы, краса́вицы,
Ду́шеньки, подру́женьки,
Разыгра́йтесь, де́вицы,
Разгуля́йтесь, ми́лые!
Затяни́те пе́сенку[1],
Пе́сенку заве́тную[2],
Замани́те мо́лодца[3]
К хорово́ду[4] на́шему.

Как зама́ним мо́лодца,
Как зави́дим и́здали,
Разбежи́мтесь[5], ми́лые,
Закида́ем[6] ви́шеньем[7],

Ви́шеньем, мали́ною[8],
Кра́сною сморо́диной[9].

Не ходи́ подслу́шивать[10]
Пе́сенки заве́тные,
Не ходи́ подсма́тривать
Игры на́ши де́вичьи.

1. strike up a song
2. cherished
3. lure a young man
4. ring dance
5. scatter
6. throw
7. cherries
8. raspberries
9. currants
10. don't eavesdrop
11. is of great significance
12. dying
13. symbolises
14. collapse
15. idle
16. extravagant
17. owners
18. cuts down
19. planted
20. takes care

Ви́шенье — собира́тельно о ви́шнях — вхо́дит в пе́сню де́вушек как и я́годы мали́ны, сморо́дины.

Вишнёвый сад — при́знак ба́рских уса́деб. Неслуча́йно ви́шни и вишнёвый сад вхо́дят в по́весть Л. Толсто́го «Семе́йное сча́стье». Са́мые счастли́вые мину́ты геро́и прово́дят в вишнёвом саду́.

Вишнёвый сад зна́чит мно́гое[11] и в тво́рчестве А. Че́хова. Погиба́ющий[12] вишнёвый сад в пье́се А. Че́хова, так и на́званной — «Вишнёвый сад», символизи́рует[13] ги́бель[14] сами́х бога́тых ба́рских уса́деб, ухо́д безде́ятельных[15], расточи́тельных[16] владе́льцев[17] вишнёвых садо́в. Вишнёвые — чуде́сные — дере́вья ста́рого са́да выруба́ет[18] но́вый владе́лец. Но ви́шни украша́ли и дереве́нские сады́, их сажа́ли[19] у крестья́нских домо́в вме́сте с ряби́нами. Сто́ит то́лько вспо́мнить хотя́ бы э́ти стро́ки С. Есе́нина в «Письме́ к сестре́»:

Приве́т сестра́!
Приве́т, приве́т!
Крестья́нин я иль не крестья́нин?
Ну как тепе́рь уха́живает[20] дед
За ви́шнями у на́с в Ряза́ни?
Ах, э́ти ви́шни!
Ты их не забы́ла?..

1. old tunes
2. performed on
3. horn
4. rattle
5. reed pipe
6. gift
7. symbol
8. selflessness
9. is protected
10. take care
11. plant new tree

Но осо́бенно люби́ли ви́шню влади́мирцы. И как знак да́вней наро́дной любви́ возни́к в на́ше вре́мя в го́роде Влади́мире анса́мбль наро́дных инструме́нтов «Ви́шенка». Имя э́то уже́ свя́зывается со стари́нными напе́вами[1], исполня́емыми на[2] стари́нных же влади́мирских рожка́х[3], трещо́тках[4], свире́лях[5].

Тепе́рь вы зна́ете исто́рию ви́шен — чере́шен и их совреме́нную жизнь: реа́льную-бытову́ю и поэти́ческую.

Дава́йте тепе́рь войдём в э́ту «вишнёвую жизнь» — в сло́ве и не то́лько в сло́ве!

Живая история одного вишнёвого сада

12. settlement
13. fused with
14. adjacent
15. were famous for
16. does not accept
17. bring gifts
18. not that kind of person
19. rejected
20. textile factory
21. forgot
22. in keeping with the custom
23. loves nature
24. let
25. seedlings
26. pleasing for the eye
27. joy

Вишнёвый сад в Го́рках — э́то чуде́сный пода́рок[6] рабо́чих В. И. Ле́нину — си́мвол[7] челове́ческого бескоры́стия[8] и челове́ческого внима́ния. Вот почему́ э́тот вишнёвый сад так оберега́ется[9], за ни́м уха́живают[10], подса́живают[11] дере́вья. Это сад-си́мвол, тради́ция.

Подари́ли пе́рвые са́женцы вишнёвых дере́вьев глу́ховцы — рабо́чие тка́цкой фа́брики в посёлке Глу́ховке на Кля́зьме, где находи́лась бы́вшая Богоро́дско-Глу́ховская мануфакту́ра Моро́зовых (осно́вана в 1847 г.), а ны́не Глу́ховский хлопчатобума́жный комбина́т им. В. И. Ле́нина. Посёлок[12] вли́лся[13] в го́род Ноги́нск Моско́вской о́бласти.

Заме́тим, что э́ти зе́мли, примыка́ющие[14] к влади́мирским, всегда́ сла́вились вишнёвыми сада́ми[15].

Вишнёвый сад (*С. Гарбузов*). Зна́ли глу́ховцы — не принима́ет[16] Ильи́ч пода́рков, се́рдится, когда́ его́ ода́ривают[17], не тако́го скла́да * челове́к[18]. Ка́к же и чем его́ обра́довать? Что приду́мать?

До́лго суди́ли-ряди́ли*, отверга́ли[19] одно́ предложе́ние за други́м, совсе́м в тупи́к зашли́*. Тут поднима́ет ру́ку* рабо́тница с тка́цкой фа́брики[20]. Фами́лию её на комбина́те не запо́мнили[21], расска́зывают то́лько, что была́ она́ по обы́чаю[22] тех лет в кра́сном плато́чке*...

— Ильи́ч приро́ду лю́бит[23], дере́вья, зе́лень,— сказа́ла рабо́тница,— а ходи́ть ему́ тепе́рь тру́дно*. Пусть[24] на́ши делега́ты отвезу́т ему́ са́женцы[25] и поса́дят под о́кнами до́ма вишнёвый сад. Подрасту́т, зазелене́ют дере́вья — гла́зу прия́тно[26]. А созре́ют ви́шни — Влади́миру Ильичу́ то́же отра́да[27]...

1. stopped arguing
2. went
3. arboretum
4. carefully
5. at their feet
6. wrapped
7. as if on wings
8. of powerful build
9. strong man
10. blacksmith's striker
11. factory affairs
12. frowned
13. you shouldn't have
14. is not confused
15. his frown disappeared
16. smiled
17. went to plant the trees
18. struck root
19. working hands
20. meeting

Так понра́вилось всем э́то предложе́ние, что спо́рить сра́зу переста́ли[1]. Чуть ли не ве́сь заводско́й комите́т в по́лном соста́ве отпра́вился[2] в пито́мник[3]. Приди́рчиво[4] отбира́ли лу́чшие дере́вья... А на сле́дующее у́тро делега́ты тро́нулись в путь *. В ногах у них[5]— забо́тливо уку́танные[6] са́женцы...

В Го́рках делега́тов встре́тила Мари́я Ильи́нична *... На второ́й эта́ж подняли́сь сло́вно на кры́льях[7], не почу́вствовали ле́стницы. Вы́шел к делега́там Ильи́ч, ка́ждому ру́ку протя́гивает *, уса́живает поудо́бней, а сам всё на Дми́трия Кузнецо́ва погля́дывает. Был он, Кузнецо́в, телосложе́ния могу́чего[8], ро́ста саже́нного *, борода́ больша́я, окла́дистая *, всю грудь закрыва́ет. Настоя́щий ру́сский богаты́рь[9].

— Молотобо́ец[10] я, това́рищ Ле́нин,— греми́т Кузнецо́в, отвеча́я на немо́й вопро́с * Влади́мира Ильича́. Ле́нин смеётся, головой кача́ет, мол, так я и ду́мал.

Когда́ усе́лись, переда́ли Ильичу́ адреса́ * и приве́тствия от всех рабо́чих, заводоуправле́ния и ме́стных организа́ций. Пото́м ста́ли делега́ты про фабри́чные дела́[11] расска́зывать...

— А мы к вам, Влади́мир Ильи́ч, не с пусты́ми рука́ми *, с гости́нцем *.

Нахму́рился[12] Ле́нин, покача́л голово́й, всем ви́дом пока́зывает,— ни к чему́ э́то[13]...

Кузнецо́в не смуща́ется[14], продолжа́ет:

— Привезли́ мы вам, Влади́мир Ильи́ч, вишнёвый сад. Скажи́те, где его́ посади́ть.

Сра́зу посветле́ло[15] лицо́ Ильича́, заигра́ло улы́бкой[16].

Мужчи́ны пошли́ сажа́ть[17] дере́вья *, а же́нщин Мари́я Ильи́нична провела́ вниз, в столо́вую, Налила́ ча́ю, пододви́нула хлеб, блю́до с гриба́ми.

— Пробу́йте,— говори́т,— Влади́мир Ильи́ч сам собира́л.

...Приня́лся[18], зацвёл поса́женный рабо́чими рука́ми[19] вишнёвый сад. То́лько Ле́нин не уви́дел его́ цвете́ния. Через три́ ме́сяца по́сле свида́ния[20] с глу́ховцами Ильича́ не ста́ло *...

КОММЕНТАРИЙ

не тако́го скла́да челове́к — не тако́го хара́ктера, не таки́х убежде́ний

суди́ть-ряди́ть, *разг.*— рассужда́ть, толкова́ть, ду́мать, составля́ть мне́ние

зайти́ в тупи́к — попа́сть в безвы́ходное положе́ние

подня́ть-поднима́ть ру́ку, *зд.*: знак жела́ния вы́сказать своё мне́ние, т. е. «проси́ть сло́ва» на собра́нии, заседа́нии и т. п.

быть в кра́сном платке́ (плато́чке) и́ли в кра́сной косы́нке — в революцио́нные и послереволюцио́нные го́ды кра́сная косы́нка, кра́сный плато́к бы́ли зна́ком прича́стности к революцио́нной де́ятельности, свя́зи с но́вым социалисти́ческим стро́ем

ходи́ть ему́ тепе́рь тру́дно — тепе́рь, когда́ он заболе́л, ему́ тру́дно ста́ло ходи́ть

тро́нуться в путь — отпра́виться в путь, пойти́, пое́хать

Мари́я Ильи́нична — М. И. Улья́нова, сестра́ В. И. Ле́нина

протя́гивать ру́ку, *зд.*: пода́ть ру́ку, приве́тствовать, поздоро́ваться

ро́ста саже́нного — о́чень большо́го ро́ста (*саже́нный* от *саже́нь* — ру́сская лине́йная ме́ра, ра́вна 2,134 м)

борода́ окла́дистая — борода́ широ́кая и густа́я (окла́дистая — о бороде́ — от *окла́д* 'очерта́ние, ова́л лица́')

немо́й вопро́с — вопро́с без слов, вы́раженный взгля́дом, ми́микой, же́стом

переда́ть а́дрес — переда́ть пи́сьменное приве́тствие, юбиле́йное обраще́ние от организа́ции и́ли гру́ппы лиц, выраже́ние благода́рности

не с пусты́ми рука́ми — с пода́рком; *ср.*: с пусты́ми рука́ми — без пода́рка, ничего́ не принести́ в пода́рок

с гости́нцем — с пода́рком, *ср.*: *гость* — *угости́ть* — *угоща́ть*

сажа́ть дере́вья — производи́ть поса́дку дере́вьев

не ста́ло — у́мер

ЗАДАНИЯ

1. Како́й пода́рок обра́довал В. И. Ле́нина?
2. Перескажи́те текст, обрати́в внима́ние на прокомменти́рованные слова́ и выраже́ния.

Три вишенки

1. the story is very short
2. preserves
3. the essential

В стиха́х для дете́й расска́з о ви́шне кра́ток[1], но сохраня́ет[2] всё са́мое существе́нное[3]: ви́шня-южа́нка, ви́шня о́чень краси́ва и ви́шня так вкусна́. В стиха́х для дете́й пе́реданы осо́бенности де́тской

ре́чи — разгово́рность (*спозара́нку, це́лый час подря́д за́нят рот, гляжу́ — нагляде́ться не могу́*), ла́сковое внима́ние к окружа́ющему ми́ру. Эта де́тская ла́сковость отража́ется в суффикса́льных уменьши́тельных фо́рмах имён (*ви́шенка, со́лнышко, я́годки, пла́тьице*). Наи́вный[1] ю́мор (*спе́ла бы — да ро́т за́нят*) и зри́мая о́бразность[2] (ви́шня в *пла́тьице вишнёвом*) отлича́ет стихи́ для дете́й.

Вишенка

Со́лнышко весе́ннее
Све́тит спозара́нку[3].
Посади́л я ви́шенку
Ви́шенку-южа́нку.

П. Машка́нцев

Вишенка

Кра́сные,
прекра́сные
Ягодки горя́т,
Я хожу́ и про́бую[4]
Це́лый час подря́д[5].
Пе́сенку бы спе́ла я,
То́лько за́нят рот —
Это ви́шня спе́лая
Петь мне
не даёт.

В. Тата́рников

Вишенка

В луко́шке[6] плетёном[7]
Под зо́нтиком[8] зелёным
Ви́шенка в но́вом
Пла́тьице вишнёвом.

Гляжу́ я на неё — нагляде́ться не могу́[9].

О. Дриз — Г. Сапги́ра

1. naive
2. vivid expressiveness
3. from early morning
4. taste
5. for a whole hour on end
6. in the basket
7. wicker
8. under an umbrella
9. can't see enough

ЗАДАНИЯ

1. Предложи́те вы́учить стихотворе́ния де́тям. Обрати́те внима́ние на произноше́ние, интона́цию, ритм.

2. Сравни́те три «ви́шенки»: как зри́тельно представля́ется ка́ждая из них?

3. Каки́м представля́ется расска́зчик — ма́льчик и́ли де́вочка — ка́ждого из стихотворе́ний?

1. antiquity
2. silence
3. gave rise
4. *here:* to spoil
5. opened
6. their shape was reminiscent tongue
7. after
8. to re-phrase
9. when I eat I'm deaf and dumb
10. dried
11. pickled
12. pickled
13. made jam
14. the old times are gone
15. new times have come
16. kissel
17. pies
18. filling
19. dumplings
20. whip
21. raw egg

Вишня лакомая. В далёкие анти́чные времена́[1] ви́шню посвяща́ли молча́нию[2]. Вероя́тно ра́ннее цвете́ние ви́шен буди́ло[3] све́тлые мы́сли, до́брые чу́вства, гро́мкое сло́во могло́ спугну́ть[4] поэти́ческую тишину́. Пото́м на дере́вьях развора́чивались[5] ли́стья, свое́й фо́рмой они́ напомина́ли язы́к[6], а созрева́вшие плоды — се́рдце. И вот тепе́рь, сле́дуя[7] де́тскому стихотворе́нию — спе́ла бы, да ро́т по́лон ви́шен — мо́жно перефрази́ровать[8] изве́стную при́сказку: когда́ я ем ви́шни, я глух и нем[9].

Ягоды ви́шни вку́сны — сла́дки и со́чны. Из них гото́вят о́чень мно́го разнообра́зных ку́шаний.

В че́ховском «Вишнёвом саду́» вспомина́ют: «В пре́жние времена́, лет 40—50 наза́д, ви́шню суши́ли[10], мочи́ли[11], маринова́ли[12], варе́нье вари́ли[13]...»

Ушли́ пре́жние времена́[14], давно́ наступи́ли но́вые[15], но ви́шню мы и су́шим, и марину́ем, и ва́рим. Каки́е кисели́[16] из ви́шни мо́жно пригото́вить, а каки́е компо́ты из ви́шни и чере́шни! А пироги́[17] с вишнёвой начи́нкой[18], а варе́ники[19]... Зна́ете вы, что тако́е варе́ники с ви́шнями?

ИЗ РЕЦЕПТОВ МОЕЙ БАБУШКИ

Вареники с вишнями. В холо́дной воде́ и́ли в моло́ке ($^1/_2$ стака́на) взбить[20] сыро́е яйцо́[21], доба́вив немно́го со́ли. Всы́пать два стака́на муки́ и замеси́ть те́сто[22]. Те́сто раската́ть[23] о́чень то́нко. Вы́резать кружки́, и, положи́в начи́нку[24] из ви́шен, хороше́нько[25] защепи́ть[26], соедини́в края́ кружка́.

Вишнёвую начи́нку гото́вят так — ви́шни очи́стить от ко́сточек, пересы́пать са́харом и ча́йной ло́жкой разложи́ть на кружки́ из те́ста. Да сохрани́те сок, кото́рый вы́течет[27] из ви́шен.

Зате́м вскипяти́те во́ду, чуть подсоли́те и опусти́те в кипято́к[28] пригото́вленные варе́ники. Вари́ть, пока́ всплыву́т[29]. Зате́м вы́ньте[30] их, сложи́те на блю́до и пода́йте, обли́в вишнёвым со́ком и мёдом. Вот и всё. Остаётся то́лько пригото́вить и съесть.

22. make dough
23. roll the dough
24. put the filling
25. firmly
26. press together
27. had run out of
28. boiling water
29. rise to the surface
30. take out
31. jam for tea
32. to sort out
33. to bring to boil

Вишнёвое варенье. Но са́мое вку́сное ку́шанье из ви́шни — э́то вишнёвое варе́нье к ча́ю[31]. Лу́чшее варе́нье тру́дно предста́вить! Если есть ви́шни — свари́те, не пожале́ете.

Ягоды ну́жно перебра́ть[32], промы́ть в холо́дной воде́, вы́нуть ко́сточки (лени́вые хозя́йки э́того не де́лают). В таз для варе́нья (и́ли в широ́кую кастрю́лю) всы́пать са́хар, размеша́ть с водо́й и дать вскипе́ть[33]. (На 1 кг ви́шни — $1^1/_2$ кг са́хара и $^3/_4$ стака́на воды́). В горя́чий сиро́п положи́ть я́годы и вари́ть до гото́вности[1]. Не забу́дьте снима́ть пе́нку, когда́ варе́нье ва́рится. Пе́нка возду́шная, не́жно-ро́зовая о́чень вку́сная и души́стая.

Осты́вшее[2] варе́нье сложи́ть в ба́нки и поста́вить в прохла́дное ме́сто. Вишнёвое варе́нье — чи́сто ру́сское угоще́ние к ча́ю.

А называ́ются *варе́ники, варе́нье* по хара́ктеру их приготовле́ния[3]: от глаго́ла *вари́ть* — *вар*-е́ники, *вар*-е́ние — *варе́нье.*

Есть ещё оди́н стари́нный реце́пт[4]. Хоти́те пригото́вить ви́шни на́ зиму, чтобы и вкус, и со́чность, и за́пах, и цвет и да́же фо́рму сохрани́ли? Тогда́ принима́йтесь за де́ло[5].

Вишни в сиропе. Кру́пные[6] вишни очища́ют от ко́сточек. Вытека́ющий[7] при э́том сок сме́шивают с ме́лким са́харом — на 1 фунт ви́шен (400 г), ⅛ фу́нта са́хару (150 г). Сок с са́харом нагрева́ют до кипе́ния[8] и погружа́ют[9] в него́ ви́шни. Ви́шням даю́т прокипе́ть и вылива́ют вме́сте с сиро́пом в ми́ску[10].

На друго́й день сок осторо́жно слива́ют, ва́рят до густоты́, снима́я всё вре́мя пе́ну. Погружа́ют в него́ ещё раз ви́шни на коро́ткое вре́мя[11]. По́сле э́того вынима́ют их ло́жкой, даю́т стечь[12] жидкости. Сиро́п продолжа́ют вари́ть. Густы́м сиро́пом полива́ют ви́шни, и тогда́ они́ при́мут свою́ пре́жнюю кру́глую фо́рму. Храни́ть в ба́нках, накры́в бума́гой.

Тепе́рь вы зна́ете ру́сские имена́-назва́ния: *ви́шни, чере́шни, вишнёвый, варе́ники с ви́шнями, вишнёвое варе́нье...*

Прия́тного аппети́та в вишнёвый сезо́н[13]! И бу́дьте здоро́вы — вишнёвого румянца[14]!

1. until tender
2. cooled
3. according to the type of cooking
4. old recipe
5. get down to work
6. large-size
7. that runs out
8. bring to boil
9. immerse
10. pan
11. for a short while
12. flow off
13. cherry season
14. cherry-coloured complexion

ЗАДАНИЯ

1. Вы́берите «вишнёвое ку́шанье» и пригото́вьте его́. Мо́жно да́же в воображе́нии, но обяза́тельно проследи́те значе́ния вы́деленных глаго́лов и ва́ши де́йствия, сопровожда́ющие их:

варе́ники — взбить, доба́вить, всы́пать, замеси́ть, раската́ть, вы́резать, положи́ть, защепи́ть, соедини́ть, пересы́пать, разложи́ть, сохрани́ть, вы́течь, вскипяти́ть, подсоли́ть, опусти́ть, пригото́вить, вари́ть, всплыть, вы́нуть, сложи́ть, подать, обли́ть, съесть;

вишнёвое варе́нье — перебра́ть, промы́ть, вы́нуть, всы́пать, размеша́ть (что с чем, где), вскипе́ть, положи́ть, вари́ть, ка́пнуть, растека́ться, сохрани́ть, снима́ть, вари́ться, сложи́ть, поста́вить;
ви́шни в сиро́пе — очи́стить, вытека́ть, смеша́ть, нагрева́ть, погружа́ть, прокипе́ть, вылива́ть, слива́ть, свари́ть, погружа́ть, вынима́ть, стечь, полива́ть, приня́ть, храни́ть, накры́ть.

2. Образу́йте от приведённых в пе́рвом зада́нии глаго́лов видовы́е па́ры.

3. В каки́х слу́чаях, в како́м значе́нии употребля́ем предложе́ния, так называ́емые односоставны́е с гла́вным чле́ном в фо́рме глаго́ла мно́жественного числа́ 3-го лица́: *очища́ют, сме́шивают, нагрева́ют, опуска́ют, вылива́ют*...
Каки́м отте́нком значе́ния отлича́ются подо́бные предложе́ния, но с гла́вным чле́ном в фо́рме инфинити́ва: *положи́ть* я́годы в сиро́п, *вари́ть* до гото́вности? Сравни́те та́кже с предложе́ниями ти́па: *ну́жно перебра́ть, промы́ть, вы́нуть ко́сточки*...

КЛЮЧ

«Вишня лакомая»

2. Взбива́ть, добавля́ть, всы́пать, заме́шивать, раска́тывать, выре́зывать, класть, защи́пывать, соединя́ть, пересыпа́ть, раскла́дывать, сохраня́ть, вытека́ть, кипятить, подса́ливать, опуска́ть, пригота́вливать, свари́ть, всплыва́ть, вынима́ть, скла́дывать, подава́ть, облива́ть, съеда́ть, перебира́ть, промыва́ть, вынима́ть, всы́пать, разме́шивать, вскипяти́ть, класть, свари́ть, ка́пать, расте́чься, сохраня́ть, снять, свари́ться, класть, ста́вить;

Очища́ть, вы́течь, сме́шивать, нагре́ть, погрузи́ть, прокипяти́ть, вы́лить, слить, вари́ть, погрузи́ть, вы́нуть, стека́ть, поли́ть, принима́ть, сохрани́ть, накры́ть.

3. В слу́чае обобще́ния де́йствия неопределённых лиц (ва́жно вы́делить само́ де́йствие), предика́тив в фо́рме инфинити́ва име́ет значе́ние прика́за, распоряже́ния, а безли́чные предложе́ния подо́бный прика́з позволя́ют скрыть в безли́чности: нет прямо́го отраже́ния, есть пожела́ние, вы́сказана необходи́мость: *ну́жно* перебра́ть...

Василёк
ромашка

Василёк — полевой цветок

1. corn flower
2. field flower
3. contraversial attitude
4. opposing surroundings
5. epithets
6. pejorative definitions
7. state
8. Compositae
9. weed
10. burdock
11. thistle
12. corresponds

«Си́ние
родны́е васильки́...»

Василёк[1] — и́мя полево́го цветка́[2]. Интере́сно на́ше дво́йственное отноше́ние[3] к э́тому цветку́, поэ́тому у него́ и тако́е пря́мо противополо́жное окруже́ние[4]: то эпи́теты[5], то отрица́тельные определе́ния[6]. Поэ́тому так не легко́ определи́ть и значе́ние самого́ сло́ва *василёк*.

Раскро́ем словари́ — В. Да́ля, С. Ожегова, Большо́й академи́ческий, Ма́лый академи́ческий, Энциклопеди́ческий... *Василёк*, — глася́т[7] словари́, — расте́ние семе́йства сложноцве́тных[8], сорня́к[9], бли́зко репе́йнику[10] и чертополо́ху[11]. Ру́сскому и́мени *василёк* соотве́тствует[12] гре́ческое

basilikon, украи́нское *василько́к*, есть и в други́х языка́х соотве́тствия. Но ско́лько имён получи́л василёк на ру́сской земле́? Ру́сских ме́стных назва́ний [1] — «до деся́тка» [2], — так записа́л В. Даль. Да каки́х назва́ний — *лоску́тница* [3], *секи́рки* [4], *комаро́вы но́сики* [5], *синецве́тка, синю́ха*... Как ви́дим, часть назва́ний отража́ет фо́рму лепестко́в в соцве́тии — вы́тянутые тру́бочки [6] с зу́бчатыми края́ми [7], а часть — их цвет. Цвет василька́ словари́ определя́ют по-ра́зному: све́тло-си́ний, тёмно-голубо́й и́ли све́тло-си́ний, гу́сто-голубо́й, я́рко-голубо́й, са́мый чи́стый голубо́й... А всё потому́, что цвет василько́в меня́ется [8] в ра́зную по́ру [9] цвете́ния: «васильки́ — я́рко-си́ние на со́лнце [10] и в мо́лодости [11] и голубы́е и красне́ющие ве́чером и под ста́рость [12]». Это василёк глаза́ми Л. Толсто́го («Хаджи́-Мура́т»).

Словари́ ещё отмеча́ют, что васильки́ расту́т преиму́щественно [13] во ржи [14], что глуша́т [15] ржаны́е поля́ [16], что э́то сорня́к, но и сообща́ют [17], что василёк — расте́ние медоно́сное [18], лече́бное [19]. Что́ же э́то за расте́ние — вре́дное, со́рное [20] и́ли поле́зное, люби́мое? Глуши́т оно́ поля́ и́ли не без по́льзы [21] растёт во ржи́?

Что́бы отве́тить на э́ти вопро́сы, обрати́мся к не́когда существова́вшим [22] в крестья́нском быту́ обря́дам [23] и к нове́йшим да́нным нау́ки [24].

В тради́ции нет не́нависти [25] к васильку́ как сорняку́, кото́рый глуши́т поля́ ржи. Василёк люби́ли и лю́бят , любу́ются его́ красото́й. Он сло́вно си́мвол хлеборо́бной земли́ [26], её украше́ние. На жёлтой, золоти́стой ни́ве [27] василёк необыкнове́нно краси́в, городско́й парк, сквер, клу́мба [28] — для него́ чужа́я среда́ [29]. И и́менно с ни́вой и василько́м свя́зан обря́д «води́ть ко́лос [30]». Обря́д э́тот скоре́е — игра́ молодёжи, осо́бенно распространённая во влади́мирских зе́млях. В оди́н из дней, когда́ начина́ла колоси́ться [31] рожь, собира́лась молодёжь — па́рни и де́вушки — за дере́вней вблизи́ [32] ржано́го по́ля. Став друг перед дру́гом, они́ брали́сь за́ руки [33] и пуска́ли по э́тому мосту́ из рук ма́ленькую де́вочку непреме́нно в венке́ из василько́в [34]. Де́вочка бежа́ла по рука́м и спры́гивала [35] у по́ля, срыва́ла [36] не́сколько коло́сьев [37] и несла́ их в дере́вню — пе́рвые коло́сья.

Пошёл ко́лос на ни́ву,
На бе́лую пшени́цу,

1. local names
2. about a dozen
3. patchy
4. hatchets
5. moscito noses
6. long tubes
7. jagged edges
8. changes
9. in different periods
10. in the sun
11. in youth
12. in old age
13. predominantly
14. in the rye fields
15. choke
16. rye fields
17. inform
18. melliferous
19. medicinal
20. weed
21. not without benefit
22. one-time
23. rituals
24. latest scientific data
25. hatred
26. fertile land
27. field
28. flower-bed
29. alien environment
30. ear
31. to form ears
32. near
33. held hands
34. corn flowers garland
35. jumped down
36. picked
37. several ears

Уроди́сь на ле́то
Рожь с овсо́м,
со пшени́цей.

Жа́тва[1] уже́ созре́вших коло́сьев — созре́вшей[2] ржи — то́же не обходи́лась[3] без василько́в. Пе́рвый — зажи́ночный[4] — сноп[5] украша́ли василька́ми, обвива́ли[6] венко́м из василько́в. Тако́й сноп называ́ли *имени́нным*[7]. Сноп-имени́нник сохраня́ли до сле́дующей весны́, что́бы посе́ять зёрна[8] из его́ коло́сьев.

Коне́ц жа́твы украша́л вено́к из после́дних коло́сьев и василько́в. Тако́й вено́к надева́ли на го́лову[9] са́мой краси́вой де́вушке.

Коне́чно, мо́жно и ну́жно спроси́ть, был ли и́збран василёк за[10] красоту́, создава́л ли он то́лько поэти́чность[11] обря́ду и́ли хлеборо́бы[12] тех далёких времён ви́дели в василька́х каку́ю-то по́льзу[13]? Действи́тельно, есть расте́ния, ко́рни[14] кото́рых даю́т осо́бые выделе́ния[15] в по́чву[16] и спосо́бствуют ро́сту[17] друго́го расте́ния: васильки́ — ржи, рома́шки[18] — пшени́цы[19]. То́лько всему́ должна́ быть ме́ра[20]. Пока́ васильки́ на ни́ве ра́дуют глаз[21], сине́я то ту́т, то та́м[22] среди́ ржи, они́ прино́сят по́льзу[23] ржано́му по́лю. А когда́ неухо́женное по́ле[24] зараста́ет[25] ди́кими василька́ми, забива́я[26] рожь, васильки́ попада́ют во вре́дные сорняки́. Так челове́к свою́ неради́вость[27] сва́ливал на[28] полевы́е цветы́, называ́я их сорняка́ми. Одна́ко васильки́ не потеря́ли челове́ческую любо́вь. Сто́ит то́лько посмотре́ть, каки́е определе́ния сопровожда́ют сло́во *василёк* в на́шей поэ́зии, что́бы убеди́ться в любви́[29] к василька́м. Василёк — *стро́йный*[30], *голубо́й, си́ний, тёмно-си́ний, синезо́ркий*[31], *неви́нный*[32]...

Заме́тим, есть тако́й любопы́тный факт отноше́ния к василька́м как к си́мволу родно́й земли́. В 1937 году́ В. Чка́лов, отправля́ясь в полёт че́рез Се́верный по́люс в Аме́рику, взял в каби́ну самолёта васильки́ и в знак до́брого расположе́ния преподнёс их америка́нцам, кото́рые встреча́ли его́.

Мо́жет быть, са́мую серде́чную любо́вь[33] к васильку́ мы найдём у С. Есе́нина. Есть у поэ́та тако́е обраще́ние к сестре́ Шу́ре:

Ты моё васильковое слово...

Что означа́ет здесь *василько́вое*? Это, коне́чно, не зна́чит 'сде́лан из василько́в' как *василько́вый ве-*

1. harvest
2. ripe
3. never did without
4. opening the harvest
5. sheaf
6. entwined
7. name-day
8. grains
9. put on the head
10. chosen
11. poetic nature
12. grain-growers
13. saw as useful
14. roots
15. substances
16. soil
17. contribute to growth
18. camomile
19. wheat
20. everything has a limit
21. is joy for the eye
22. here and there
23. are useful
24. unweeded field
25. is overgrown
26. choking
27. negligence
28. blamed on
29. to become convinced of the love
30. slender
31. blue-eyed
32. innocent
33. heartfelt love

но́к, э́то и не 'цве́та васильќов' как *василько́вые глаза́*. Здесь *василько́вое* — родно́е, как родно́й цвето́к родны́х поле́й, по кото́рым тоску́ет [1] поэ́т. Есе́нинское сочета́ние *василько́вое сло́во* в свое́й новизне́ [2] опира́ется [3] на традицио́нное понима́ние полевы́х цвето́в как си́мвола э́тих поле́й.

Значи́телен о́браз *василька́*, со́зданный на́шим совреме́нником — поэ́том А. Вознесе́нским:

> Си́рый [4] цвето́к из поро́ды [5] репе́йников,
> но его́ си́ний не зна́ет сопе́рников [6]...
> Во́ поле [7] хле́ба — чу́точку [8] не́ба,
> Не́бом еди́ным жив [9] челове́к...
> Ро́дины ра́зны —
> не́бо еди́но.
> Не́бом еди́ным жив челове́к.

Васил́ёк для А. Вознесе́нского «непобеди́мо [10] си́ний заве́т [11]». Василёк в хле́бном по́ле напомина́ет свои́м си́ним цве́том, что есть ещё не́бо и что не хле́бом еди́ным жив челове́к [12], а не́бом еди́ным. Василёк — *си́рый*, *сиротли́вый* [13], *оби́женный* [14] — свое́й непобеди́мой синево́й зовёт к [15] о́бщей челове́ческой духо́вности [16], объедине́нию [17], ми́ру — еди́ному не́бу. Так просто́й полево́й цвето́к — ве́чный [18] спу́тник на́шего хле́ба насу́щного [19] — напомина́ет о ми́ре духо́вном [20], о высо́кой челове́ческой су́щности [21]. В совреме́нной поэ́зии сло́вно ожива́ют ста́рые одухотворя́вшие [22] быт тради́ции.

Есть ещё оди́н цвето́к — спу́тник хле́бных зла́ков [23], но уже́ не ржи́, а пшени́цы. Это рома́шка.

Ромашка — цветок фестиваля

Почему́ э́тот скро́мный [24] цвето́к так популя́рен? Рома́шка — цвето́к неприхотли́вый [25]. Это не ро́за, не гвозди́ка [26]. Но у него́ своя́ красота́ — со́лнечная, све́тлая, до́брая. Сама́ рома́шка — как со́лнце: я́рко-жёлтый круг соцве́тий [27] и луча́ми [28] от него́ — бе́лые лепестки́.

Бе́лый и жёлтый — э́ти цвета́ отме́чены в наро́дных назва́ниях рома́шки: *бе́лица, белоголо́вник, желту́шка*. У рома́шки мно́го имён: *тысячели́стник* [29], *воло́вьи о́чи* [30] — о кру́пных рома́шках с большо́й и я́ркой сердцеви́ной [31], *ива́н-трава́, ива́нов-цвет*. Эти назва́ния свя́заны с жи́знью ру́сского села́. *Воло́вьи о́чи* — как больши́е глаза́ вола́. Сравни́те эпи́тет *волоо́кий* [32], *волоо́кая*. А назва́ния *ива́н-трава́, ива́нов-цвет*, свя́зываются с распространённым [33] и люби́мым и́менем *Ива́н-*

1. pines for
2. in its novelty
3. is based on
4. lonely
5. a kind of
6. rivals
7. in the field
8. a little
9. man shall live by the sky alone
10. unvanquished
11. behest
12. man shall not live by bread alone
13. lonely
14. hurt
15. calls for
16. spiritual values
17. unity
18. eternal
19. daily bread
20. inner world
21. essence
22. bringing inspiration
23. cereals
24. modest
25. undemanding
26. carnation
27. inflorescences
28. rays
29. milfoil
30. ox's eyes
31. middle
32. ox-eyed
33. popular

«Рома́шка желторо́тая...»

Ива́нушка: светлоголо́вый [1], румя́ный, ясногла́зый [2].

Нельзя́ не заме́тить цвето́к рома́шки. Без него́ в ле́тнюю по́ру нет ни венка́, ни буке́та [3]. Л. Толсто́й, составля́я буке́т [4] из полевы́х столь люби́мых им цвето́в (по́весть «Хаджи́-Мура́т»), не обошёлся без рома́шки: «Есть преле́стный подбо́р [5] цвето́в э́того вре́мени го́да: кра́сные, бе́лые, ро́зовые, души́стые, пуши́стые [6] ка́шки [7], моло́чно-бе́лые [8], с я́ркой жёлтой середи́ной „лю́бишь не лю́бишь", с свое́й прия́тной пря́ной во́нью [9]; жёлтая суре́пка [10], с свои́м медо́вым [11] за́пахом; высоко́ стоя́щие

1. blond
2. clear-eyed
3. bunch of flowers
4. putting together
5. happy selection
6. fluffy
7. clover
8. milky white
9. *here:* heady odour
10. winter-cress
11. honey

1. tulip-like
2. blue-bells
3. creeping
4. vetch
5. dawn
6. plantain
7. girls'
8. the hand reached
9. to tell fortune
10. tearing off
11. adage

12. spit
13. caress
14. will tell me to go to hell
15. meadow
16. *here:* are scattered
17. run out
18. planed
19. repaired
20. boats
21. dropped
22. sweetheart
23. foamy
24. cruel
25. parting
26. crafty mother-in-law
27. pike
28. entwined
29. faded
30. buttercups
31. yearning
32. fair-haired
33. warmth of heart
34. hard-working flower
35. from times immemorial
36. medicinal

лило́вые и бе́лые тюльпанови́дные[1] колоко́льчики[2]; ползу́чие[3] горо́шки[4]; жёлтые, кра́сные, ро́зовые скобио́зы; лило́вый, аккура́тный, с чуть ро́зовым пу́хом[5] и чуть слы́шным прия́тным за́пахом подоро́жник[6]. Я набра́л большо́й буке́т ра́зных цвето́в...» И в э́том большо́м буке́те Л. Толсто́го одно́ из пе́рвых мест за́няли рома́шки — «моло́чно-бе́лые, с я́ркой жёлтой середи́ной „лю́бишь не лю́бишь"». Вот и ещё одно́ назва́ние рома́шки. Ви́дно родило́сь оно́ потому́, что не́ было деви́чьего[7] венка́ и́ли буке́та без рома́шки. Ру́ки тяну́лись[8] погада́ть[9], обрыва́я[10] бе́лые лепестки́ рома́шек в весёлом присло́вье[11]:

Лю́бишь — не лю́бишь,
плю́нешь[12] — приголу́бишь[13] (поцелу́ешь),
к се́рдцу прижмёшь — к чёрту пошлёшь[14]...

Рома́шки *полевы́е*, *лугов́ые*[15], *лесны́е* разлива́ются[16] по поля́м и луга́м, выбега́ют[17] на опу́шку ле́са, к лесны́м берега́м.

Под венко́м лесно́й рома́шки
Я строга́л[18], чини́л[19] челны́[20],
Урони́л[21] кольцо́ мила́шки[22]
В стру́и пе́нистой[23] волны́.
Лиходе́йная[24] разлу́ка[25],
Как кова́рная свекро́вь[26],
Унесла́ коле́чко щу́ка[27],
С ним мила́шкину любо́вь.

Лесна́я рома́шка, коле́чко ми́лой-мила́шки и любо́вь сплели́сь[28] в поэти́ческих строка́х С. Есе́нина. Рома́шка, ю́ность, любо́вь иду́т ря́дом и в стиха́х, и в пе́снях. Вот грусть по уше́дшей любви́:

Рома́шки спря́тались, завя́ли[29] лю́тики[30]...

А вот и любо́вь, и тоска́, и зов[31], и о́браз де́вушки-рома́шки:

Ру́сая[32] де́вушка в ко́фточке бе́лой,
Где ты, рома́шка моя́...

Рома́шка не то́лько хороша́, не то́лько си́мвол чистоты́, ю́ности, серде́чности[33]. Рома́шка ещё и больша́я тру́женица[34] — ле́чит челове́ка. Её лече́бные сво́йства изве́стны с незапа́мятных времён[35]. Отсю́да назва́ния — рома́шка *лека́рственная*, рома́шка *апте́чная*[36].

Растёт рома́шка почти́ повсю́ду: в Евро́пе, Азии, Африке, Аме́рике. Существу́ет бо́лее 50 ви-

8—1413

дов рома́шки, да ещё называ́ют рома́шками цветы́, похо́жие на рома́шку. Имя *рома́шка* сросло́сь[1] со всеми цвета́ми с жёлтой сердцеви́ной и бе́лыми лепестка́ми.

Рома́шки краси́вы — ласка́ют глаз[2], рома́шки добры́ — ле́чат, украша́ют. И иду́т рома́шки за челове́ком — куда́ бы он ни пошёл[3]. В само́м и́мени *рома́шка* уже́ отме́чен её путь: рома́шка, а в ру́сских диале́ктах, украи́нском, белору́сском, по́льском, че́шском и други́х языка́х быту́ют[4] фо́рмы *роме́н, раме́н, рома́н, рамо́н...* от лати́нского romana — romanum «рома́нская — ри́мская». Здесь нача́ло пути́. А вот и́мя *рома́шка* со́бственно ру́сское словообразова́ние. Сравни́м: рома́н — рома́*шк*а, бара́н[5] — бара́*шек*[6], реме́нь[7] — реме*шо́к*, Ива́н — Ива́*шк*а. Происхо́дит типи́чная для ру́сского языка́ заме́на *Н* на *Ш* перед су́ффиксом *-КА*. Так возни́кло ру́сское наименова́ние РОМАШКА.

На ру́сской земле́ рома́шка дошла́ до Заполя́рья. И у се́верных наро́дов возни́кли таки́е крыла́тые слова́[8]: «за хоро́шими людьми́ рома́шки иду́т». А шли они́ за людьми́, кото́рые несли́ на далёкий Се́вер свет зна́ний[9], здоро́вье — за учителя́ми, врача́ми, строи́телями...

И рома́шки приспосо́бились[10] к жи́зни на Се́вере, к коро́ткому поля́рному ле́ту[11]: всхо́дят[12], зелене́ют, цвету́т, семеня́тся[13], что́бы на бу́дущее ле́то взойти́[14] и ра́довать люде́й.

Вот како́й цвето́к рома́шка — лугова́я, полева́я. И ещё рома́шка — э́то цвето́к фестива́ля, эмбле́ма Моско́вского фестива́ля демократи́ческой молодёжи и студе́нтов. В се́рдце рома́шки распахну́л[15] кры́лья го́лубь[16] ми́ра, а её пять лепестко́в — э́то пять контине́нтов на́шей еди́ной плане́ты ЗЕМЛЯ. В рома́шковом коко́шнике[17] Катю́ша — си́мвол XII фестива́ля в Москве́ (1985) — русоволо́сая[18] де́вочка с го́лубем в рука́х. Возни́кло выраже́ние: расцвела́ фестива́льная рома́шка. Впервы́е фестива́льная рома́шка расцвела́ в Москве́ в 1957 году́. И с тех по́р, чуть меня́я свой наря́д, она́ расцвета́ла на фестива́лях молодёжи. И всегда́ была́ си́мволом едине́ния[19], дру́жбы и ми́ра.

О рома́шке сложи́ли мно́го пе́сен[20]. Одна́ из них называ́ется «Рома́шка — цвето́к фестива́ля» (слова́ В. Бижа́ева, му́зыка Л. Пе́чникова). Эту пе́сню мы услы́шали впервы́е во вре́мя XII фестива́ля (1985). Пе́ли и пою́т ста́рые пе́сни.

1. became associated with
2. gladen the eye
3. wherever he moves
4. exist
5. ram
6. little ram
7. belt
8. sayings
9. the light of knowledge
10. adapted
11. the short arctic summer
12. grow
13. seed
14. sprout
15. opened
16. dove
17. camomile-shaped head-dress
18. fair-haired
19. unity
20. composed many songs

Коро́вин К. А.
Се́верная иди́ллия.

Василькú, рома́шки... Мо́жет быть, расска́з о цвета́х далёк от совреме́нности? Не торопи́тесь с отве́том. А поду́майте, как мо́жно

> В одно́м мгнове́нье ви́деть ве́чность,
> Огро́мный мир — в зерне́ песка́!
> В еди́ной го́рсти — бесконе́чность
> И не́бо — в ча́шечке цветка́.

Чу́ть ли не 200 лет тому́ наза́д об э́том ду́мал английский поэ́т У. Блейк, а зазвуча́л он по-ру́сски в перево́де С. Маршака́, сове́тского поэ́та, перево́дчика, литературове́да... Ви́дите, как интерна-

8*

1. multitude
2. select
3. current in
4. physician
5. healed with herbs
6. medicinal power
7. cooling
8. in various inflammations
9. is nicknamed
10. breaking
11. destroying
12. manuscript "On Infusion"
13. powders
14. inflammatory
15. infusion
16. refreshing
17. tired
18. cleansing lotion

циона́льны и ве́чны мы́сли о свя́зи челове́ка и приро́ды, о необходи́мости ви́деть э́ту связь, цени́ть её.

Василёк и ромашка в нашем быту. Как ни хороши́ василькú и рома́шки, как ни свя́зывают их с ро́жью и пшени́цей, но оби́лие[1] цвето́в на хле́бных ни́вах возвраща́ет их в ряды́ сорняко́в.

Чи́стая, отбо́рная[2]
В на́шем по́ле рожь,—
Да́же тра́вку со́рную
В ней ты не найдёшь...

Не найдёшь, не найдёшь
Си́него цветка́,
Не сорвёшь, не сорвёшь
В по́ле василька́...

Пе́сня (слова́ поэ́та А. Жа́рова, му́зыка компози́тора С. Ту́ликова) закрепля́ет и популяризи́рует отноше́ние к цветку́ как к сорняку́. Двойственное отноше́ние к цветку́ слага́лось с да́вних-да́вних пор. У василька́ поми́мо его́ ра́зных наро́дных имён есть и́мя интернациона́льно-нау́чное — centaurea cuanus. В э́том и́мени отрази́лась всё та́ же наро́дная наблюда́тельность, cyanus — ciani color — си́ний, си́него цве́та (цвето́к), а centaurea — *цента́вры* и́ли *кента́вры*. Ка́к же возни́кло и́мя — «кента́вры си́ние»? Древнегре́ческая леге́нда, восприн́ятая[3] и анти́чным Ри́мом, свя́зывает си́ний цвето́к и кента́вра Хиро́на — врачева́теля[4] Геркуле́са. Хиро́н лечи́л тра́вами[5], знал целе́бную си́лу[6] василька́ — ту, кото́рая века́ми отмеча́ется ра́зными наро́дами. Сок василька́ ле́чит ра́ны, ока́зывает охлажда́ющее[7] действие при разли́чных воспале́ниях[8], осо́бенно глаз. Отсю́да у францу́зов василёк получи́л про́звище[9] casse-lunettes 'разбива́ющий[10], уничтожа́ющий[11] очки́'.

В стари́нной медици́нской ру́кописи XVII ве́ка «О перепу́щении вод»[12] есть рекоменда́ция насто́я из цветко́в василька́ и порошко́в[13] из его́ семя́н от ра́зных воспали́тельных[14] боле́зней. И в на́ши дни насто́й[15] из василько́в рекоменду́ют как освежа́ющее[16] средство для уста́лых[17] глаз, как очища́ющий лосьо́н[18] для не́жной ко́жи (10 г сухи́х цвето́в на ли́тр воды́).

А му́дрость и поэти́чность наро́дной медици-

ны[1] закрепи́л в нау́чном интернациона́льном и́мени василько́в centaurea cyanus — *кента́вры си́ние* — К. Линне́й, изве́стный шве́дский естествоиспыта́тель[2].

Так цвето́к — цели́тель[3] в цепи́ свои́х имён — basilikon — василёк — василько́ — cyanus — синецве́тка... и, наконе́ц, centaurea cyanus — ка́к бы соединя́ет наблюда́тельность и му́дрость мно́гих ра́зных наро́дов.

Зна́ли василёк и как краси́льное расте́ние[4]. Вы́жатый[5] из цвето́в василька́ голубо́й сок испо́льзовался как отли́чная кра́ска.

И в на́ши дни, несмотря́ на достиже́ния[6] хи́мии, василёк даёт сто́йкие[7] це́нные пигме́нты[8] для произво́дства краси́телей[9], лека́рственное сырьё[10]. Не забу́дем: василёк — медоно́с[11], я́рко-си́ние лепестки́ влеку́т[12] пчёл, а мёд василько́вый не то́лько души́ст, но и поле́зен. Не теря́ет свои́х пози́ций[13] и рома́шка.

Рома́шку зава́ривают[14] как чай, пьют как потого́нное[15] при просту́де[16], пьют как противовоспали́тельное[17] сре́дство от мно́гих, мно́гих боле́зней. *Рома́шку лече́бную* — цели́тельницу[18] — зна́ли ещё в анти́чные времена́. Ей ве́рили и небезуспе́шно[19] лечи́лись. «Пьёшь ли ты рома́шку?!» — спра́шивал А. Пу́шкин в письме́ к свое́й жене́ Ната́лии Никола́евне, забо́тясь о её здоро́вье.

Рома́шка — неда́ром её и́мя свя́зывают со сло́вом *румя́ный* — нахо́дит примене́ние[20] и в косме́тике: е́сли умыва́ться насто́ем рома́шки, то лицо́ ста́нет бархати́стым[21], румя́ным, а е́сли прополаскивать[22] во́лосы, то во́лосы зазолотя́тся[23] (100 г сухи́х цвето́в кипяти́ть в 1 ли́тре воды́ 20-30 мину́т). Рома́шковый насто́й, как и василько́вый, успока́ивает уста́лые глаза́, и ещё — уменьша́ет боль при со́лнечных ожо́гах[24].

Отноше́ние к рома́шке как к расте́нию цели́тельному, лече́бному воспи́тывается с де́тства. В кни́жке-малы́шке[25] из «Библиоте́ки для малыше́й» мо́жно проче́сть вот тако́е примеча́тельное[26] стихотворе́ние о рома́шках:

Смо́трят с не́ба облака́ —
Бе́лые бара́шки.
Мы прихо́дим на луга́
Собира́ть рома́шки...

1. folk medicine
2. natural scientist
3. healer
4. dye-plant
5. pressed
6. achievements
7. fast
8. pigment
9. dye
10. raw material
11. melliferous plant
12. attract
13. loses none of its importance
14. infuse
15. diaphoretic
16. cold
17. anti-inflammatory
18. healer
19. successfully
20. is used
21. velvety
22. to rinse
23. become golden
24. burns
25. book for tiny tots
26. noteworthy

1. enriching

Зна́ем мы,
Что э́то труд —
По́льза челове́ку.
Мы рома́шек це́лый пуд *
Отнесли́ в апте́ку.

И. Беляко́в

Василёк и *рома́шка* — цветы́, разнообра́зно одаря́ющие[1] жизнь челове́ка.

КОММЕНТАРИЙ

пуд — ру́сская ме́ра ве́са, ра́вная 16,4 кг.

ЗАДАНИЯ

1. Что мо́гут рассказа́ть разнообра́зные имена́ цветка́ *василёк*?
2. Каку́ю по́льзу извлека́ет челове́к из *василька́* и *рома́шки*?
3. Како́й ме́ре ве́са соотве́тствует стари́нная ру́сская ме́ра *пуд*? (*ср.*: пудо́вая ги́ря — о́коло 16,4 кг; пудо́вый уда́р, пудо́вые шаги́; пуд со́ли съесть с ке́м-либо — хорошо́ узна́ть друг дру́га)

Васильки и ромашки — и предания и сказки

2. legends

Сохраня́ются ста́рые преда́ния[2] и ска́зки, их запи́сывают, переска́зывают совреме́нные писа́тели, и рожда́ются но́вые ска́зки...

Прочтём переска́з ста́рых преда́ний и но́вую ска́зку.

Пе́рвый расска́з «Василько́вый вено́к» И. Ба́йгулова — э́то преда́ние — вы ка́к бы услы́шите его́ из уст *Веру́ньки* (геро́йни э́того расска́за). Наро́дны не то́лько фо́рмы имён (вме́сто обы́чных, «городски́х», Ве́рочка, Олечка — Веру́нька, Олюшка), но и вся речь: *вяза́ть венки́* (венки́ плести́), *поброса́ли* (бро́сили), *быть векову́хой* (ср.: оста́ться в де́вках, не за́мужем), *де́вонька* (де́вочка), *захолонёт* (охва́тит хо́лодом), *аж* (да́же), *за излу́ку* (за излу́чину), *уж и нет*... Эти наро́дные слова́ и оборо́ты легко́ соотно́сятся со слова́ми литерату́рными, нормати́вными, но они́ создаю́т непередава́емую ины́ми — описа́тельными — возмо́жностями непосре́дственность расска́за.

Второ́й расска́з «Со́лнце с бе́лыми луча́ми» Ю. Яковлева — совреме́нная ска́зка — напи́сан языко́м литерату́рным. В нём ины́е сре́дства языково́й вырази́тельности: неожи́данная сочета́емость *тёплый ле́тний снег, со́лнце с бе́лыми луча́ми, колёсико с жёлтой сердцеви́ной, па́хнет кори́цей, па́хнет со́лнцем, жёлтые носы́*... А де́тская речь в уменьши́тельных фо́рмах: *колёсико, сердцеви́на, се́мечко*...

1. girls
2. to make garlands
3. marriage
4. sinks
5. dear girl
6. to make garlands
7. disrespectful
8. superstitions
9. (*affect.*) auntie
10. interrupting each other
11. maple tree
12. circle
13. middle
14. raised her brows

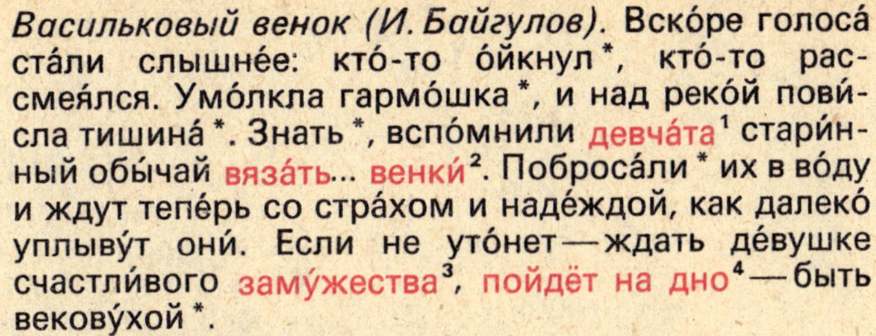

Васильковый венок (И. Байгулов). Вско́ре голоса́ ста́ли слышне́е: кто́-то о́йкнул *, кто́-то рассмея́лся. Умо́лкла гармо́шка *, и над реко́й пови́сла тишина́ *. Знать *, вспо́мнили девча́та[1] стари́нный обы́чай вяза́ть... венки́[2]. Поброса́ли * их в во́ду и ждут тепе́рь со стра́хом и наде́ждой, как далеко́ уплыву́т они́. Если не уто́нет — ждать де́вушке счастли́вого заму́жества[3], пойдёт на дно[4] — быть векову́хой *.

— ...Ты́ бы, де́вонька[5], лу́чше шла венки́ плести́[6], — сказа́ла Веру́нька.

— Вот ещё! — фы́ркнула * Олюшка.

— Ох, как хорошо́ сейча́с на реке́, — вздохну́ла Веру́нька, сло́вно и не расслы́шала непочти́тельного[7] отве́та. — Как бро́сишь вено́к в во́ду, так и захолонёт се́рдце *... На венки́ васильки́ хороши́, до́лго на воде́ де́ржатся *... Мой вено́к, по́мнится, аж * за излу́ку * уплы́л. Побежа́ла я туда́, а его́ уж и нет: то́ ли да́льше уплы́л, то́ ли затону́л где *.

— Предрассу́дки[8] всё э́то, тётечка[9] Ве́ра, — переби́ла Олюшка.

— Мо́жет быть, и так, кто зна́ет, — ти́хо отозвала́сь Веру́нька.

Примеча́ние: Этот расска́з жи́во переклика́ется с карти́ной изве́стного сове́тского худо́жника Э. Грабаря́ «Васильки́»: в жа́ркий по́лдень две подру́ги перед огро́мной оха́пкой василько́в о чём-то говоря́т, мо́жет быть, вспомина́ют свою мо́лодость.

Солнце с белыми лучами (Ю. Яковлев). Де́ти прибежа́ли домо́й и, перебива́я друг дру́га[10], ста́ли расска́зывать о своём откры́тии:

— Ма́ма, мы нашли́ стра́нный цвето́к!

— Он растёт за до́мом, о́коло клёна[11] с кра́сными ли́стьями.

— Мы не зна́ем его́ назва́ния. Бе́лое колёсико[12] с жёлтой сердцеви́ной[13].

— Он похо́ж на ма́ленькое со́лнце с бе́лыми луча́ми. Ты не зна́ешь, что э́то за цвето́к?

Они́ всё ещё не могли́ отдыша́ться, а замолча́ть то́же не могли́. Им хоте́лось поскоре́е всё вы́сказать ма́ме.

— Он па́хнет кори́цей *.

— Во́все нет! Он па́хнет со́лнцем.

— Со́лнцем? — ма́ма подняла́ бро́ви[14], и глаза́ её заблесте́ли.

— Ра́зве мо́жно поню́хать со́лнце?

— Если наклони́ться пони́же, мо́жно. И на носу́ остаётся жёлтая пыльца́ *. Смотри́!

Два ма́леньких но́са подняли́сь к ма́ме. Ко́нчики носо́в бы́ли жёлтыми.

— Не зна́ю, о како́м цветке́ вы говори́те,— сказа́ла ма́ма и вы́терла жёлтую пыльцу́ с ребя́чьих[1] носо́в.— Мо́жет быть, вы приду́мали э́тот цвето́к. Хотя́ от приду́манных цвето́в носы́ не быва́ют жёлтыми. Пойдёмте!

И они́ зашага́ли к клёну с кра́сными ли́стьями.

Присе́ли на ко́рточки * и ста́ли разгля́дывать[2] цвето́к, неожи́данно[3] распусти́вшийся[4] в саду́. Цвето́к действи́тельно был похо́ж на бе́лое колёсико с жёлтой сердцеви́нкой, но и на со́лнце с бе́лыми луча́ми был похо́ж то́же. Всё зави́село[5] от того́, чьи глаза́ на него́ смотре́ли.

— Зна́чит, не ты посади́ла э́тот цвето́к,— сказа́ли де́ти, и в го́лосе их прозвуча́ло разочарова́ние[6].— Кто́ же посади́л его́? Па́па?

— Я слы́шала, что ра́ньше... о́чень давно́ цветы́ появля́лись са́ми и неожи́данно. Никто́ э́тому не удивля́лся, лю́ди про́сто ра́довались, сло́вно встре́тили ста́рого знако́мого[7] на у́лице и́ли на вокза́ле.

— Неуже́ли цветы́ мо́гут появля́ться са́ми?!

— То́лько в ска́зках цветы́ появля́ются са́ми!

И тогда́ де́ти вспо́мнили о ба́бушке...

— Рома́шка,— ти́хо произнесла́ ба́бушка.

— Ро-ма́ш-ка,— по склада́м[8] повтори́ли де́ти...— Она́ из Африки и́ли из Австра́лии?

— Она́ из моего́ де́тства. Когда́-то давно́ рома́шек бы́ло о́чень мно́го... Тёплый ле́тний снег. Я по́мню, мы из рома́шек плели́ венки́... Мы броса́ли венки́ в ре́ку и они́ плы́ли по тече́нию.

— Как спаса́тельные круги́ *?

— Они́ спаса́ли тех, кто не уме́ет пла́вать?

— Мы ду́мали, что венки́ плыву́т по ре́кам, по озёрам, по моря́м... Мо́жет быть, на́ши венки́ и сейча́с пла́вают где́-то.

— И мо́жет быть э́та рома́шка — се́мечко от того́ венка́? Ба́бушка посмотре́ла на дете́й...

— Мы винова́ты перед ва́ми[9], де́ти! Не уберегли́ рома́шку. Са́мый родно́й цвето́к на́шей земли́... Тепе́рь рома́шка уже́ не вернётся.

— Вернётся,— сказа́ли де́ти.— Одна́ рома́шка уже́ верну́лась... Мы бу́дем охраня́ть её, а когда́ придёт о́сень, соберём семена́. И весно́й верну́тся остальны́е рома́шки *...

1. children's
2. to examine
3. unexpectedly
4. that blossomed out
5. depended
6. disappointment
7. came across an old friend
8. spelled
9. guilty before you

КОММЕНТАРИЙ

о́йкнуть, *разг.*: произноси́ть, вскри́кивать «ой!»

гармо́шка, *ж. р.* — ласка́тельно от *гармо́ника, гармо́нь*

пови́сла тишина́, о́бразно: наступи́ла тишина́, всё сти́хло

знать, *зд.*: вероя́тно, наве́рно

поброса́ть — просторе́чная фо́рма со значе́нием многокра́тного де́йствия, *ср.*: *броса́ть*

векову́ха, *ж. р.* — просторе́чно: ста́рая де́ва, де́вушка, не вы́шедшая за́муж (о́бразно: весь **век** свой — всю свою́ жизнь — одна́)

фы́ркнуть — изда́ть осо́бый (фы́ркающий) зву́к, выпуска́я во́здух из ноздре́й и рта (от нетерпе́ния, осужде́ния, несогла́сия, удово́льствия)

захолонёт се́рдце — просторе́чно: се́рдце схва́тит хо́лод

до́лго на воде́ де́ржатся — цветы́ василько́в не наполня́ются водо́й, не промока́ют, оттого́ до́лго не то́нут

аж — просторе́чно: да́же

излу́ка, *ж. р.* — поворо́т, изги́б реки́, излу́чина

затону́л где — утону́л где́-то

кори́ца, *ж. р.* — вы́сушенная души́стая кора́ не́которых тропи́ческих расте́ний, употребля́ется как пря́ность и в медици́не

пыльца́, *ж. р., зд.*: пыльца́ на тычи́нках цвето́в — осо́бые клётки, развива́ющиеся в пы́льниках тычи́нок, уча́ствующие в размноже́нии расте́ний, обы́чно жёлтого цве́та

присе́сть на ко́рточки — присе́сть, согну́в но́ги в колёнях

спаса́тельный круг — слу́жащий для спасе́ния на воде́

не уберегли́ рома́шку — фо́рма ед. числа́ — *рома́шку* — име́ет значе́ние обобще́ния

верну́тся рома́шки, *зд.*: вновь бу́дут расти́ рома́шки

ЗАДАНИЯ

1. Вчи́тываясь в э́ти два расска́за, постара́йтесь отме́тить о́бщее и разли́чное в их содержа́нии (мы́сли о себе́, об одно́м челове́ке и не то́лько об одно́м, а обо всёх лю́дях). И ещё: как цвето́к — *василёк* и́ли *рома́шка* — позволя́ет переда́ть чу́вство любви́, забо́ту о красоте́ челове́ческой жи́зни, сча́стье?

2. Како́й из те́кстов вам понра́вился? Перескажи́те его́ от 3-го лица́. Вспо́мните соотве́тствия

глаго́льных форм 1-го и 3-го лица́; повели́тельного наклоне́ния и 3-го лица́. А та́кже вспо́мните значе́ние глаго́льных форм 2-го лица́ в предложе́ниях ти́па «Как бро́сишь вено́к в во́ду, так и захоло́нёт се́рдце». Возмо́жно ли употребле́ние тако́й синтакси́ческой моде́ли в переска́зе от 3-го лица́? Каки́е есть в э́том слу́чае возмо́жности трансформа́ции?

Василёк и ромашка в поэзии и музыке

Снача́ла стихи́ и пе́сни для дете́й. Их язы́к прост, просты́ сравне́ния[1] и мета́форы[2], сло́вно писа́ли э́ти стихи́ са́ми де́ти: ка́пля дождя́ на со́лнце — *рома́шка* (лучи́тся[3] *ка́пля,* сло́вно в лепестка́х), *ра́дуга*[4] — *воро́та*[5] (проходи́ в э́ти высо́кие разноцве́тные воро́та), а *рома́шка — желторо́тая*[6]! У рома́шки — *жёлтое до́нце*[7]. Рома́шка — *со́лнце, со́лнце на но́жке.*

1. comparison
2. metaphores
3. radiates light
4. rainbow
5. gate
6. yellow-mouthed
7. bottom
8. stopped drizzling
9. cried its eyes out
10. sparkled
11. calling together
12. permeated

Ромашка

слова́ В. Семернина́ *му́зыка Г. Фрида*

Дождь прошёл, прока́пал[8],
Ле́тний день пропла́кал[9]...
А со́лнце заблиста́ло[10] —
Рома́шкой ка́пля ста́ла.

И сно́ва в не́бе тишина́,
А ра́дуга — воро́та,
И о́чень нра́вится она́
Рома́шке желторо́той.

Ромашки

Ка́жется, со́лнце
В рома́шку вошло́:
Жёлтое до́нце
В луча́х расцвело́.
Вдоль по доро́жкам,
Сзыва́я[11] ребя́т,
Со́лнца на но́жках,
Кача́ясь стоя́т.

А. Ме́льников

А тепе́рь почита́ем стихи́ для взро́слых. Са́ми цветы́ так прони́заны[12] ле́том, мо́лодостью, так свя́заны с обы́чаем гада́ть на их лепестка́х, что и стихи́ ра́зных поэ́тов говоря́т ка́к бы об одно́м — о ле́те, о мо́лодости, о любви́. То́лько у ка́ждого поэ́та — свои́ чу́вства, свои́ мы́сли и свои́ слова́. Каки́е же они́?

Искры[1] не́ба во ржи́ —
Васильки́ у межи́[2].
Если лю́бишь — скажи́,
И не лю́бишь — скажи́,
То́лько пра́вду скажи́.

В. Михалёв

Я «лю́бит — не лю́бит» реши́л
погада́ть,
Да жа́лко рома́шку: заче́м ей
страда́ть[3]?..
А е́сли ты мо́жешь цвето́к погуби́ть[4],
За что́ же тебя́, дурале́я[5], люби́ть?

Д. Ковалёв

Кто тебя́ не зна́ет,
Полево́й цвето́к:
бе́лые ресни́чки[6],
Золото́й глазо́к!

Р. Гера́симов

1. sparks
2. furrow
3. suffer
4. destroy
5. fool
6. eye-lashes

В го́роде сквозь за́пахи бензи́на
Вдруг пове́ет све́жестью реки́ —
Де́вочка несёт в большо́й корзи́не
Си́ние родны́е васильки́.
Мо́жет быть, и есть цветы́ краси́вей...
Но на све́те нет цвето́в миле́й
Си́них глаз мое́й родно́й Росси́и,
Василько́вой ю́ности мое́й.

Т. Зря́нина

Я говорю́:
— Люби́мый, смотри́-ка: васильки́!
А ты прохо́дишь ми́мо:
— Пусто́е, сорняки́!

И ни́кну я в доса́де
От го́рькой мы́сли той,
Что в я́вном тут разла́де
Поле́зность с красото́й.

Под грозовы́м раска́том
Склоня́я стебельки́,
Сине́ют винова́то
В пшени́це васильки́.

О. Холоше́нко

Ты не рви́ рома́шку бе́дную,
Ей не жи́ть в твои́х рука́х,
Ты не рви́ рома́шку бе́лую,
Не гада́й на лепестка́х.

Ле́тний день склони́лся к ве́черу,
Погляди́ ещё разо́к:
Сло́вно со́лнце в бе́лом ве́нчике
Золото́й гори́т глазо́к.

М. Лися́нский

Как бу́дто со́лнца луч проро́с
За городски́м овра́жком,
Сия́ют ка́пельками рос
Стари́нные рома́шки.

Сопе́рницы люби́м цвета́м,
Горя́т, до слёз просты́е,
По косого́рам — тут и там
Серде́чки золоты́е.

А. Прело́вский

Под со́лнцем у́тренним клуби́тся [1]
Тума́н и та́ет [2] на весу́ [3] —
Глаза́ рома́шек с бе́лыми ресни́цами
Росы́ роня́ют чи́стую слезу́...

В. Кара́се́вич

Рома́шка, излуча́я свет,
На со́лнышко похо́жая,
Спеши́т везде́ за на́ми вслед,
Своя́, неперехо́жая [4].
До по́здней о́сени на на́с
Броса́ет взгля́ды сме́лые
Её весёлый жёлтый глаз
Через ресни́цы бе́лые...
По все́м поля́нам и поля́м
Рома́шка с ма́я ме́сяца
На сча́стье вам, на ра́дость нам
Растёт, цветёт и све́тится.

М. Ду́дин

Мно́го стихо́в поло́жено на му́зыку [5]. Ча́сто пе́сни создаются в содру́жестве [6] компози́тора и поэ́та. Одну́ из таки́х совреме́нных популя́рных пе́сен «Полевы́е цветы́» написа́ли компози́тор Р. Паулс и поэ́т А. Ковалёв:

Не дари́ мне цвето́в покупны́х [7],
Собери́ мне буке́т полевы́х,

1. swirls
2. melts
3. in the air
4. not a stranger
5. put to music
6. in co-authorship
7. bought

Чтóбы вéрила я, чтóбы чýвствовал ты,
Это нáши цветы́, тóлько нáши цветы́.

Ты пойди́ на нехóженный [1] луг,
Не жалéй ни спины́ и ни рýк [2],
Чтóбы вéрила я, чтóбы чýвствовал ты,
Это нáши цветы́, тóлько нáши цветы́.

Припéв: Зарослó василькáми [3] нéбо,
А ромáшки из сóлнца и снéга.
Полевы́е цветы́, полевы́е цветы́,
Незатéйливы [4], не капри́зны.
Зарослó василькáми нéбо,
А ромáшки из сóлнца и снéга.
Полевы́е цветы́, полевы́е цветы́,
Как просты́е мечты́.

Не дари́ мне цветóв покупны́х,
Собери́ мне букéт полевы́х,
Чтóбы вéрила я, чтóбы чýвствовал ты,
Это нáши цветы́, тóлько нáши цветы́.

И милéе [5] подáрка мне нет,
Чем такóй вот, пусть скрóмный букéт,
Чтóбы вéрила я, чтóбы чýвствовал ты,
Это нáши цветы́, тóлько нáши цветы́.

1. untread
2. spare neither your back nor your hands
3. (*fig*) grew over with corn flowers
4. simple
5. dearer
6. affectionate

Мы прочли́ немнóго поэти́ческих стрóчек, но что мóжно отмéтить в языковóй изобрази́тельности? Васильки́ — *и́скры нéба*, василькáми *зарослó нéбо*, а ромáшки — э́то *снег и сóлнце, сóлнышко, золотóй глазóк с бéлыми ресни́чками* и *глазá с бéлыми ресни́цами*. Какóй из э́тих двух послéдних óбразов вам бóлее нрáвится: ласкáтельный [6] и́ли бóлее стрóгий?

А в заключéние прочтём стихотворéние в прóзе М. При́швина из егó кни́ги «Моя́ странá».

Ромашка. Рáдость какáя! На лугý в лесу встрéтилась ромáшка, сáмая обыкновéнная: лю́бит не лю́бит. При э́той рáдостной встрéче я вернýлся к мы́сли о тóм, что лес раскрывáется тóлько для тéх, кто умéет чýвствовать к егó существáм рóдственное внимáние. Вот э́та пéрвая ромáшка, зави́дев идýщего, загáдывает: лю́бит, не лю́бит. Не замéтил, прохóдит, не ви́дя,— не лю́бит, лю́бит тóлько себя́...Или замéтил?.. О, рáдость какáя: он лю́бит! Но éсли он лю́бит, то как всё хорошó: éсли он лю́бит, то мóжет дáже сорвáть.

ЗАДАНИЯ

1. Како́е стихотворе́ние вам понра́вилось бо́льше други́х? Прочти́те его́, следя́ за произноше́нием и интона́цией. Отме́тьте о́бразные сравне́ния, объясни́те их.

2. Каки́е сравне́ния для ва́с неожи́данны? Как предста́влены *рома́шка* и *василёк* в ва́шем родно́м языке́?

Хлеб-соль

Рожь — пшеница

О на́шей земле́ говоря́т — хле́бный край.

Вы́ше по́яса[1]
Рожь зерни́стая[2]
Дре́млет ко́лосом
Почти́ до земли́...

А. Кольцо́в

1. above the belt
2. *here:* with large grains
3. grew ripe
4. heavy
5. cereal

Зерни́стая рожь — так поэ́т по-сво́ему пред-ста́вил хле́бное по́ле. Коло́сья налили́сь[3] полнове́сным[4] зерно́м — *зерни́стые* коло́сья, *зерни́стая* рожь. В ре́чи не поэти́ческой, а в специа́льном обозначе́нии рожь — культу́ра *зернова́я*[5], как

Ши́шкин И. И. Рожь.

1. corn
2. wheat
3. area under (cereals)
4. cereals
5. cultivated plants
6. lush
7. barley
8. direct relatives
9. were cultivated

и жи́то [1], и пшени́ца [2] и други́е зла́ки. *Зерни́стый* — э́то содержа́щий мно́го зёрен, напо́лненный зерно́м, как коло́сья ржи в стихотворе́нии А. Кольцо́ва. А вот *зерново́й* означа́ет 'относя́щийся к зерну́': *зерновы́е культу́ры* и́ли в ка́честве и́мени существи́тельного *зерновы́е*, т. е. все культу́рные расте́ния, даю́щие зерно́, хлеб. Сравни́те: *зерновы́е* культу́ры, здесь се́ют *зерновы́е, зерново́й* клин — уча́сток земли́, о́тданный под посе́в [3] зерновы́х. Бо́лее широ́кое назва́ние для подо́бных расте́ний — культу́рных и ди́ких — *зла́ки* [4], *зла́ковые*. Культу́рные расте́ния [5] в э́той гру́ппе — *хле́бные зла́ки*. Прилага́тельное *зла́ковый* отно́сится к любы́м расте́ниям э́той гру́ппы, обознача́ет их. А однокорнево́е *зла́чный* [6] име́ет значе́ние ка́чественное — 'оби́льный зла́ками, плодоро́дный', но э́то значе́ние устаре́ло. Оно́ бы́ло живы́м в пу́шкинскую эпо́ху, сохрани́лось в литерату́ре того́ вре́мени (*зла́чные ни́вы*).

Ита́к, и рожь, и жи́то, и ячме́нь [7], и пшени́ца — все зла́ки, зерновы́е. Но где се́ют рожь, где жи́то, а где пшени́цу? Где и как называ́ют зерновы́е. Де́ло в том, что имена́ *жи́то, рожь, пшени́ца* име́ют ка́ждое свою́ исто́рию и своё ме́сто не то́лько в жи́зни языка́, но и в жи́зни наро́да.

Пре́жде всего́ отме́тим, что сло́во *злак* име́ет о́чень до́лгий путь в ру́сском языке́, сохраня́ет прямы́х ро́дственников [8] во мно́гих славя́нских языка́х: украи́нское *злак*, болга́рское *злак*. Общность корне́й просма́тривается в слова́х *злак — зе́лье* 'расте́ние' — *зелёный — жёлтый — зо́лото — золото́й*. Ро́дственные свя́зи подо́бных наименова́ний устана́вливаются в гре́ческом и, коне́чно, в старославя́нском (*зе́лень*). Из но́вых языко́в — в старославя́нских языка́х (болга́рское *зе́лен*, че́шское zeleny, по́льское zieleny), в лито́вском (zalias), латы́шском (zelt 'зелене́ть'), в неме́цком (gelb 'жёлтый'). Хле́бный злак определи́л быт мно́гих наро́дов, сде́лал их земледе́льцами. И вот что примеча́тельно. В осно́ве наименова́ния *злак* лежи́т цветово́й при́знак. В ра́зных языка́х общий ко́рень объединя́ет назва́ния цвето́в: *зелёный, жёлтый, золото́й* (блестя́ще-жёлтый).

Зла́ки культиви́ровались [9] как хле́бные расте́ния, их се́яли весно́й — *яровы́е* и о́сенью — *ози́мые*. Мо́жно спроси́ть: почему́ хлеба́, посе́янные весно́й, называ́ют *яровы́ми*, а посе́янные о́сенью — *ози́мыми*?

9—1413

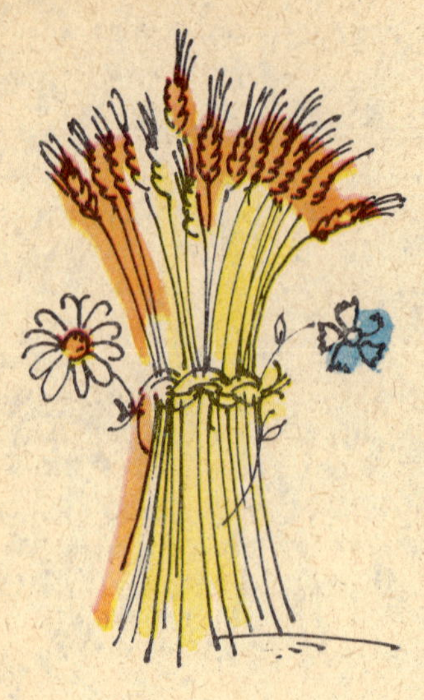

В дре́вности но́вый год начина́лся весно́ю, когда́ со́лнце ка́к бы де́лало по́лный круг и шло на но́вый. Само́ поня́тие 'движе́ние Со́лнца' име́ло временно́е значе́ние 'год', а его́ наименова́ние восходи́ло к глаго́лу «идти́» с индоевропе́йским ко́рнем * — ie — jar 'яр'. Сравни́те наименова́ния «год» в неме́цком языке́ Jahr, в англи́йском year, в лати́нском annus, францу́зском année, италья́нском anno, испа́нском anõ, португа́льском ano, румы́нском an (восходя́щие к одному́ древнеинди́йскому ко́рню* atati 'идёт, прохо́дит'). Мо́жно та́кже сравни́ть и наименова́ние «весна́», наприме́р, в че́шском языке́ yaro. Вот отку́да беру́т нача́ло[1] древнеру́сские имена́ *Яри́ло* — бог Со́лнца у славя́н, *я́ра* — весна́, *я́рка* — молода́я ове́чка[2], *я́ркий, яро́вой* (хлеб). Ряд подо́бных слов простира́ется[3] в далёкую исто́рию, свя́зан с дре́вним почита́нием со́лнца — исто́чника жи́зни. Как ви́дим, *яро́вой — яровы́е* свя́заны с древнеру́сским сло́вом *я́ра* 'весна́'.

Ози́мые хлеба́, *ози́мые, о́зимь* — э́то зна́чит хлеба́, посе́янные «о зиме́», то́ есть перед зимо́й, о́сенью. *Ози́мые* — осе́нние посе́вы. Зёрна прораста́ют[4] о́сенью, даю́т всхо́ды и зиму́ют[5] до весны́ под сне́гом. Эти молоды́е, я́рко зелёные всхо́ды называ́ют ещё *зеленя́*. Диале́ктное сло́во *зеленя́* со времён И. Турге́нева ста́ло литерату́рным, не име́ет стилевы́х ограниче́ний: вот, наприме́р, стро́ки из рома́на С. Зло́бина «Степа́н Ра́зин»: «Впереди́ лежа́ло хле́бное по́ле, едва́ покры́вшееся све́жими, не́жными зеленя́ми».

И рожь, и жи́то, и пшени́ца мо́гут быть и *ози́мыми* и *яровы́ми*. Но пойдём да́льше и пусть слова́ *жи́то, рожь, ячме́нь, пшени́ца* расска́жут свою́ исто́рию.

1. derive
2. sheep
3. goes back
4. sprout
5. winter
6. unground corn
7. unharvested corn
8. a collection of

Жито — рожь. *Жи́то* — «ме́стное назва́ние для ржи́, ячменя и́ли вообще́ для хле́ба в зерне́[6] и́ли на корню́[7]». То́лько *жи́то* и *хлеб* из всех назва́ний зла́ковых име́ют обобща́ющее значе́ние (и в фо́рме еди́нственного и в фо́рме мно́жественного числа́): *хлеб — жи́то зре́ет, хлеба́ — жи́та зре́ют*. Одна́ко о́ба сло́ва — *хлеб* и *жи́то* — име́ют и свои́ осо́бенности употребле́ния.

Сло́во *жи́то*, хотя́ и означа́ет совоку́пность[8] ра́зных зла́ков, ю́жное (но́вгородское) назва́ние, и са́мое распространённое значе́ние сло́ва *жи́то — рожь*, то́ есть *жи́то* — э́то ка́к бы второ́е и́мя *ржи*. Заме́тим, на се́вере *жи́том* зову́т *ячме́нь* (возмо́жно и диале́ктное *ячме́нь — житме́нь*), на ю́ге — *рожь*, а на восто́ке вся́кий *яровой хлеб.*

Сло́во *хлеб* (и фо́рма мно́жественного числа́ *хле́бы*) име́ет значе́ние 'любы́е зла́ки на корню́ и в зёрнах' и кро́ме того́ 'испечённый[1] хлеб'. Употребле́ние слов *хлеб — хле́бы* и *хлеб — хлеба́* не име́ет стилевы́х ограниче́ний, в то вре́мя как *жи́то* и осо́бенно устарева́ющая фо́рма мно́жественного числа́ *жи́та* в обобщённом значе́нии сво́йственны разгово́рной ре́чи. В «По́вести о то́м, как поссо́рились Ива́н Ива́нович с Ива́ном Ники́форовичем» Н. Го́голя есть примеча́тельный диало́г геро́ев:

«...Я то́лько что прие́хал из ху́тора[2]. Прекра́сные жи́та по доро́ге! восхити́тельные[3]! И се́но тако́е ро́слое[4], мя́гкое, зла́чное!» — замеча́ет Ива́н Ива́нович и продолжа́ет: „Хоро́шее вре́мя сего́дня" — „Не хвали́те[5], Ива́н Ива́нович. Чтоб его́ чёрт взял[6]. Не́куда дева́ться[7] от жа́ру[8]!"

„Вот таки ну́жно помяну́ть[9] чёрта. Эй, Ива́н Ники́форович... то́лько вре́мя, ка́жется, тако́е како́е ну́жно".

„Вы говори́те, что жи́та хоро́шие?"

„Восхити́тельные жи́та, восхити́тельные!"

За сим[10] после́довало молча́ние».

Словосочета́ния *жи́та хоро́шие, прекра́сные, восхити́тельные* здесь игра́ют не после́днюю роль[11]. Вот посмотри́те: в ре́чи Ива́на Ники́форовича жи́та — про́сто *хоро́шие* и легко́ стано́вятся в ряд разгово́рных слов: *чтоб его́ чёрт взял, не́куда дева́ться от жа́ру.* А в ре́чи Ива́на Ива́новича разгово́рное сло́во *жи́та* выпя́чивает[12], как и устарева́ющее определе́ние *зла́чные*, и кни́жность[13] други́х определе́ний *прекра́сные, восхити́тельные*. Яркая стилева́я окра́ска и́мени *жи́та* позволя́ет почу́вствовать две речевы́е ли́нии в диало́ге двух в о́бщем-то ра́зных по хара́ктеру люде́й.

Яркую разгово́рность сохраня́ет и фразеологи́зм: *тут вся́кого жи́та по лопа́те*, т. е. 'всего́ понемно́гу', 'мешани́на'[14]. Выраже́ние э́то бу́дет непоня́тно, е́сли опусти́ть обобща́ющее, родово́е значе́ние *жи́то — жи́та* — э́то и рожь, и ячме́нь, и пшени́ца — всё вме́сте.

Сло́во *жи́то*, отме́ченное в словаре́ древнеру́сского языка́, име́ет соотве́тствия во мно́гих славя́нских языка́х, и его́ называ́ют общеславя́нским. *Ср.*: украи́нское *жи́то*, белору́сское *жы́то*, болга́рское *жи́то*, че́шское žito, по́льское żyto.

1. baked
2. farmstead
3. delightful
4. full-size hay
5. don't praise it
6. the devil may take it
7. there's no getting away
8. from the heat
9. to mention
10. after that
11. play a noticeable role
12. is prominent
13. bookishness
14. hodge-podge

1. fertile
2. figurative meaning

Просма́триваются о́бщие ко́рни и в не́которых герма́нских языка́х. Наприме́р, пру́сское geits 'хлеб'.

Давно́ от сло́ва *жи́то* образова́лось однокорнево́е *жи́тница* 'амба́р, помеще́ние для хране́ния хле́ба в зерне́'. До́лгая жизнь и э́того сло́ва дала́ о́чень ва́жные переосмысле́ния: *жи́тница* — так говоря́т о хлеборо́дной [1], бога́той урожа́ями о́бласти, снабжа́ющей други́е ме́стности (Украи́на — жи́тница страны́). Перено́сные употребле́ния [2] веду́т к абстра́ктным обобще́ниям, отрыва́ют от конкре́тных свя́зей с урожа́ем жи́та, хле́ба. Возника́ют

Венециа́нов А. Г.
На па́шне. Весна́.

метафори́ческие переосмысле́ния[1]: *жи́тница* — страна́, о́бласть, бога́тая урожа́ями како́го-то проду́кта (Гру́зия ста́ла ча́йной жи́тницей страны́).

Ка́к бы ни́ были значи́тельны семанти́ческие движе́ния в сло́ве *жи́то* и его́ произво́дных, мо́жет быть, наибо́лее интере́сна исто́рия и жизнь сло́ва *рожь*.

Рожь — злак, из зёрен кото́рого получа́ют муку́ и выпека́ют[2] чёрный хлеб — *ржано́й* и́ли там, где рожь зову́т жи́том, *жи́тный*. Общеславя́нское сло́во *рожь* отме́чено в древнеру́сском языке́ — *ръжь*. У него́ есть соотве́тствия в украи́нском *рож*, болга́рском *ръж*, че́шском rež, по́льском rež, ро́дственны наименова́ния ржи в лито́вском rugỹs, латы́шском rudzis и во мно́гих други́х языка́х.

Ста́рая и ве́рная корми́лица[3] рожь зовётся ла́сковыми имена́ми: *ржи́ца, ржи́чка*.

Само́ сло́во *рожь* стано́вится си́мволом дово́льства[4], благополу́чия, плодоро́дия[5] и красоты́ родно́й земли́: рожь *высо́кая, густа́я, колоси́стая*[6], *зерни́стая*...

Скла́дываются таки́е просты́е и таки́е му́дрые наро́дные при́сказки:

Сей меня́ в зо́лу[7],
да в по́ру[8].

Зна́чит, не пропусти́ вре́мя посе́ва[9] ржи, что́бы был урожа́й.

Рожь две неде́ли зелени́тся[10],
две неде́ли колоси́тся,
две неде́ли оцвета́ет,
две неде́ли налива́ет[11],
две неде́ли подсыха́ет.

Вре́мя ка́к бы измеря́лось созрева́нием ржи.

А вот не́сколько зага́док об ози́мой ржи: *на год отпущу́*[12], *на друго́й сыщу́*[13] и́ли *в год пущу́*[14], *в друго́й вы́пущу*[15]. Зага́дывая зага́дки, напомина́ли о красоте́ ржи:

стоя́т сто́лбики точёные[16],
голо́вки золочёные

Краси́вый цвет спе́лой ржи отрази́лся в перено́сных цветовы́х значе́ниях: *цве́та ржи* — *ржано́й* (тёплое *ржано́е* со́лнышко). Поэти́ческий о́браз ржи вводи́л и привы́чное в быту́, но неожи́данное в поэ́зии слове́сное окруже́ние. Перед на́ми стихотворе́ние И. Ники́тина (1858 г.):

1. transferred meaning
2. bake
3. provider
4. prosperity
5. fertility
6. full of ears
7. into ashes
8. at the right time
9. sowing
10. grows green
11. ripens
12. let go
13. find
14. let in
15. let out
16. chiselled

В чи́стом по́ле[1] тень шага́ет,
Пе́сня и́з лесу несётся,
Лист зелёный задева́ет,
Жёлтый ко́лос оклика́ет[2],
За курга́ном[3] отдаётся.

За курга́ном, за холма́ми,
Дым[4]-тума́н[5] сто́ит над ни́вой,
Свет мига́ет полоса́ми,
Зо́рька ту́чек рукава́ми
Закрыва́ется стыдли́во.

1. in the open field
2. calls after
3. behind the hill
4. smoke
5. mist

1. folk element

Рожь да ле́с, зари́ сия́нье,
Ду́ма бог весть где лета́ет...
Сму́тно ли́стьев очерта́нье,
Ветеро́к сдержа́л дыха́нье,
То́лько мо́лния сверка́ет.

И. Ники́тин в свои́х стиха́х остава́лся о́чень бли́зким наро́дной стихи́и [1]. Сама́ речь скла́дывается, каза́лось бы, из постоя́нных фолькло́рных сочета́ний: *чи́стое по́ле, лист зелёный, жёлтый ко́лос, дым-тума́н.* Зде́сь же олицетворе́ния: *тень шага́ет, пе́сня оклика́ет.* А таки́е бытовы́е мета́форы: *свет мига́ет полоса́ми; зо́рька,* как крестья́н-

Левита́н И. И.
Су́мерки. Стога́.

ская де́вочка *стыдли́во закрыва́ется рукава́ми.* А как наро́дны ла́сковые уменьши́тельные фо́рмы *зо́рька, ту́чки, ветеро́к.* И в це́нтре всей э́той слове́сной карти́ны — *рожь да ле́с...*

Как ча́сто э́то быва́ет в наро́дной поэ́зии, са́мые прозаи́ческие бытовы́е ве́щи мо́гут оказа́ться высо́ким си́мволом духо́вных пережива́ний[1]. *Рожь* тому́ ещё оди́н приме́р. Прочтём стихотворе́ние А. Кольцо́ва:

Не шуми́ ты, рожь,
спе́лым ко́лосом!
Ты не по́й, коса́рь[2],
про широ́ку степь[3]...

И вот что примеча́тельно. Ме́нее ва́жный в хозя́йственной жи́зни, в пита́нии друго́й злак — *ячме́нь* — получи́л и бо́лее скро́мное поэти́ческое осмысле́ние. В само́м его́ и́мени отрази́лась своеобра́зная красота́ созрева́ющих изо́гнутых[4] коло́сьев: и́мя *ячме́нь* свя́зано родство́м с индоевропе́йским ко́рнем * aŋk со значением 'гнуть'. Это общеславя́нское сло́во. Сравни́те: старославя́нское *ячьме́нъ*, болга́рское *ечми́к*, че́шское ječmen, по́льское jeczmień. И в само́м ру́сском языке́ оно́ не одино́ко: у него есть произво́дные прилага́тельные. Но их о́чень немно́го: две фо́рмы относи́тельного прилага́тельного — *я́чный (я́шный)* и *ячме́нный*. Это позволя́ет говори́ть о ра́зных произноси́тельных но́рмах, отрази́вшихся в сло́ве, о его́ до́лгой жи́зни. Но не бо́лее. Ограни́ченность жи́зни прозаи́ческой ограни́чила и жизнь поэти́ческую.

Пшеница. Ещё оди́н хле́бный злак — *пшени́ца*. Это общеславя́нское и́мя. Сравни́те: старославя́нское *пьшени́ца*, болга́рское *пшени́ца*, че́шское psencie, по́льское pszencia... В о́бщем ко́рне просма́тривается родство́ с производя́щей осно́вой страда́тельного прича́стия проше́дшего вре́мени от *пьха́ти* (pьxati), что означа́ет 'толо́чь'[5], 'пиха́ть', то́ есть *толчёный — толчёный злак.* Здесь в наименова́нии вы́делен ка́к бы коне́чный результа́т[6] — превраще́ние зёрен в муку́.

Ещё до на́шей э́ры[7] пшени́ца была́ изве́стна в пере́дней Азии, на террито́рии ны́нешней Туркме́нии, в Южной Евро́пе. Истори́чески сложи́лось отноше́ние как к основно́му хле́бу — к ржано́му чёрному, а бе́лый хлеб из пшени́чной муки́ —

1. emotional turmoil
2. mower
3. wide steppe
4. curved
5. to crush
6. end result
7. Before Christ

пра́здничный, бо́лее дорого́й, и называ́лся он осо́бо — *пшени́чник*. Не всегда́ бе́лый хлеб был на столе́ крестья́нина, да и росла́ пшени́ца не везде́. В наро́де сложи́лось ла́сковое назва́ние пшени́цы — *пшени́чка*. Заме́тим, пшени́ца — ю́жный злак, само́ и́мя из языка́ старославя́нского, языка́ кни́жного, хотя́ хорошо́ бы́ло изве́стно уже́ древнеру́сскому языку́ — *пьшени́ца*. Сопу́тствуют и́мени *пшени́ца* и крыла́тые кни́жные выраже́ния. Наприме́р, *отдели́ть пле́велы от пшени́цы*, то́ есть сорняки́ от пшени́цы в значе́нии 'отдели́ть дурно́е от хоро́шего'. Сло́во *пшени́ца* давно́ вошло́ в жизнь ру́сского наро́дного языка́. Давно́ образова́лось и прилага́тельное *пшени́чный*, 'сде́ланный из пшени́цы, относя́щийся к пшени́це', кото́рое подо́бно прилага́тельному *ржано́й* име́ет перено́сное «цветово́е» значе́ние: *пшени́чные* усы́[1], *пшени́чные* во́лосы — цвета пшени́цы, пшени́чной соло́мы[2], то́ есть све́тлые, золоти́стые.

Сложи́лись и при́сказки, в них о́пыт земледе́льцев, возде́лывавших[3] пшени́цу, внима́ние к ю́жному зла́ку:

Кра́сные дни — сей пшени́цу (с наступле́нием хоро́шей пого́ды).

Пшени́цу сей, когда́ весна́ стечёт кра́сными дня́ми (с наступле́нием усто́йчивой хоро́шей пого́ды[4]).

Бытово́й о́пыт приводи́л к му́дрым обобще́ниям: *в по́ле пшени́ца го́дом роди́тся, а до́брый челове́к всегда́ пригоди́тся*[5] — 'хоть и дорога́я пшени́ца, но ка́ждый год её мо́жно вы́растить, а до́брый челове́к всегда́ ну́жен'. Так в жи́зни сло́ва *пшени́ца* оказа́лся весьма́ суще́ственным[6] и о́пыт хлеборо́бский[7], и бытово́й, и социа́льный о́пыт люде́й.

1. moustashe
2. straw
3. cultivating
4. stable weather
5. come in useful
6. essential
7. grain-growing

Хлебороб и хлебное поле

Хле́бное по́ле — ни́ву — обраба́тывает хлебо-ро́б — па́харь[8] — хлебопа́шец[9] — се́ятель[10] — земледе́лец — крестья́нин — колхо́зник — тру́женик села́[11] — селя́не...

Хорошо́ изве́стно ста́рое ру́сское сло́во *па́харь*, а вме́сте с ним таки́е ва́жные для совреме́нного бы́та слова́, как *па́шня*[12], *хлеб*. Эти слова́ за свою́ до́лгую жизнь име́ли и поэти́ческое, о́бразное осмысле́ние.

Ру́сский поэ́т А. Кольцо́в писа́л в «Пе́сне па́харя»:

8. ploughman
9. graingrower
10. sower
11. farmer
12. ploughed field

Краса́вица зо́рька
В не́бе загоре́лась [1],
Из большо́го ле́са
Со́лнышко выхо́дит.
Ве́село на па́шне...
Хлеб — моё бога́тство!

Хлеб — са́мое большо́е и дорого́е бога́тство, а труд землепа́шца, пусть и тяжёлый, и до́лгий, — больша́я ра́дость. Так и́здавна понима́л наро́д значе́ние труда́ и плодо́в э́того труда́ в свое́й жи́зни. *Хле́бистый* говори́ли о челове́ке, в до́ме ко-

1. flared up

Ябло́нская Т. Н. Хлеб.

1. store
2. undying significance
3. clear
4. not erased by time
5. voluntary
6. joint
7. based on socialist principles

то́рого был запа́с [1] хле́ба. *Хле́бный* год — э́то урожа́йный год, *хле́бная* сторона́ — э́то бога́тый, оби́льный хле́бом край. В ка́ждом тако́м сло́ве о́браз: *хлеборо́д — хлеборо́дка — хлеборо́ды* — крестья́не, то́ есть землепа́шцы, те, кто выра́щивает, произво́дит, роди́т хлеб (поясня́ет Влади́мир Даль в своём словаре́), *хлеброди́мый* — ту́чный (ту́чная, плодоро́дная ни́ва). *Хлебозо́р, хлебозо́рка* — зарни́ца во вре́мя цвете́ния и нали́ва хле́ба. *Хлеби́ть* — угоща́ть новобра́чных, жела́я им сча́стья. *Хле́бенник* ты мой — люби́мец ты мой, са́мый дорого́й. *Где хле́бно и тепло́, там и жить добро́,* — говори́лось в наро́де (слова́рь Да́ля). Скла́дывались э́ти слова́ и посло́вицы о́чень давно́, века́ми, но жи́вы они́ и тепе́рь свое́й неумира́ющей су́тью [2].

Сохраня́ет наш язы́к и це́лый ряд слов, каза́лось бы, повторя́ющих друг дру́га, обознача́ющих одно́ и то́ же: *се́ятель — па́харь — землепа́шец — хлеборо́б — земледе́лец — крестья́нин — колхо́зник.* Неда́вно э́тот ряд попо́лнился но́вым словосочета́нием — *тру́женик села́.* Ста́рые наименова́ния сосуществу́ют с но́выми в худо́жественной литерату́ре и на газе́тной полосе́, в делов́ых докуме́нтах, в телевизио́нной и радиоинформа́ции. Че́м же объясни́ть их сосуществова́ние? Почему́ но́вые слова́ не вытесня́ют ста́рые?

Се́ятель, па́харь, землепа́шец и *хлебопа́шец, земледе́лец* — э́то ста́рые ру́сские слова́, означа́ющие 'тот, кто па́шет, се́ет, возде́лывает зе́млю, что́бы вы́растить хлеб'. Сло́во *хлеборо́б* пришло́ из украи́нского языка́ и здесь прозра́чна [3] связь со слова́ми *рабо́та — рабо́тать (рабо́та — ро́бити). Хлеб, земля́, де́лать, рабо́тать, паха́ть* — вот круг слов с я́ркой, не скры́той вре́менем [4] свя́зью ме́жду сло́вом и реа́льным ми́ром — хле́бом, землёй и трудо́м.

По́сле Вели́кой Октя́брьской социалисти́ческой револю́ции, вме́сте с но́вой фо́рмой жи́зни и труда́ возни́кло и но́вое сло́во — *колхо́зник.* Колхо́зник — член колхо́за, коллекти́вного хозя́йства — доброво́льного [5] объедине́ния трудя́щихся крестья́н для совме́стного [6] веде́ния коллекти́вным трудо́м кру́пного высокомеханизи́рованного сельскохозя́йственного произво́дства на социалисти́ческих нача́лах [7]. Паралле́льно с колхо́зами возника́ли совхо́зы — сове́тские хозя́йства, социалисти́ческие госуда́рственные сельскохозя́йственные предприя́тия. И е́сли ра́нее труд землепа́шца охва́тывал все проце́ссы возде́лывания[1] хле́ба, то тепе́рь механиза́ция[2] труда́ вызыва́ла и его́ специализа́цию[3], дифференциа́цию. Па́харь стано́вится *трактори́стом, комбайнёром*[4], *механиза́тором.* В делово́м языке́[5] мы найдём деся́тки но́вых наименова́ний: *звеньево́й механизи́рованного звена́*[6], *бригади́р тра́кторно-полево́дческой брига́ды*[7], *опера́тор и́ли ма́стер маши́нного дое́ния* и т. п. (и обобщённо *тру́женики села́*).

Но как ни ва́жно отрази́ть но́вый нау́чно-техни́ческий у́ровень в разви́тии се́льского хозя́йства, не ме́нее ва́жным ока́зывается и непосре́дственное[8] отраже́ние в сло́ве свя́зи с землёй, специ́фики се́льского бы́та. Именно э́та, не консервати́вно традицио́нная, а актуа́льная и целесообра́зная[9] потре́бность[10] уде́рживает в акти́вном речево́м оборо́те ста́рые слова́.

1. cultivation
2. mechanisation
3. specialisation
4. harvester operator
5. specialist language
6. team leader
7. leader of a team of tractor-drivers
8. direct
9. expedient
10. need
11. military
12. deficiency
13. team

Хоро́шее сло́во — крестья́нин.
Было́е хвали́ть мы не ста́нем.
Но вот что оби́дно подча́с:
Хоро́шее сло́во — крестья́нин
Совсе́м позабы́то у на́с...
Мы па́шем и хлеб высева́ем,
И в жа́тву рабо́таем всласть,
Роди́мую власть называ́я —
Рабо́че-крестья́нская власть!
В рабо́те ли, в ра́тном[11] ли де́ле
Без э́того сло́ва — изъя́н[12],
И пусть ны́нче в сёлах арте́ли[13],
Они́ из кого́? Из крестья́н!

П. Кусто́в

Внима́ние к се́льскому хозя́йству вы́звало к но́вой жи́зни и ста́рое сло́во *селя́не.* Оно́ появи́лось на страни́цах газе́т в фо́рме мно́жественного числа́ как обобще́ние: *облегча́ет труд селя́н, внима́тельнее селя́не должны́ учи́тывать, селя́не назва́ли*... («Пра́вда», 1987, 30 июля). *Селя́не* — э́то крестья́не, земледе́льцы, тру́женики села́. Но в э́том и́мени обнажена́ связь (благодаря́ о́бщности корне́й) со сло́вом *се́льский: се́льский* труд — труд *селя́н, се́льское* хозя́йство, *се́льские* пробле́мы, зада́чи, реше́ния...

Ряд обобщённых наименова́ний для жи́телей и тру́жеников села́ э́тим не ограни́чивается. Есть ещё одно́ и́мя *сельча́нин — сельча́не* (сравни́ аналоги́чное: *заводча́не* — от *заво́д*, все, рабо́тающие на заво́де). Оно́ обы́чно на газе́тной полосе́: «Тя́нутся к нему́ *сельча́не*, обраща́ются за сове́том, за по́мощью. Сло́во авторите́тного челове́ка уважа́ют...» («Пра́вда», 1987, 3 а́вгуста).

Интере́сны размышле́ния о хле́бе и труде́ хлебо́роба, о на́шем о́бщем до́лге перед родно́й землёй просла́вленного [1] земледе́льца страны́, два́жды Геро́я Социалисти́ческого Труда́ Тере́нтия Самсо́новича Ма́льцева. Познако́мимся с не́которыми его́ мы́слями и воспомина́ниями из публика́ций 1985 го́да.

О хлебе насущном. Го́ды, до преде́ла запо́лненные [2] трудо́м, забо́тами, ушли́ о́чень бы́стро, наве́рное, быстре́й, чем вода́ в на́шей ре́чке Кана́ш. В а́вгусте 1943 го́да поги́б на фро́нте мой ста́рший сын Константи́н, мла́дший лейтена́нт, моя́ наде́жда. Перед войно́й он око́нчил сре́днюю шко́лу, собира́лся стать агроно́мом [3]. Тяжело́ пережива́ли мы с жено́й Татья́ной Ипполи́товной ги́бель [4] Ко́сти и тогда́ же проводи́ли на фро́нт [5] второ́го сы́на — Са́вву.

В 1954 году́, да и пото́м в други́е го́ды, по доро́ге домо́й из Ки́ева, с Полта́вы, заезжа́л в Сумску́ю о́бласть, в дере́вню Верхолю́дка, что близ го́рода * Тростя́нца, где похоро́нен мой Константи́н. Я пла́кал над моги́лой его́ и горди́лся [6] сы́ном, он поги́б геро́йски в бою́, был награждён о́рденом Кра́сной Звезды́. Все други́е де́ти, кро́ме Васи́лия (он канди́да́т хими́ческих нау́к), пошли́ по моее́й доро́ге *. Детьми́ я дово́лен. Мла́дший сын Са́вва — агроно́м, рабо́тает со мно́й, на о́пытной ста́нции [7]. Возлага́ю наде́жды [8] на сорта́ пшени́цы, с кото́рыми он сейча́с занима́ется. Дочь Ли́дия — сотру́дник [9] Курга́нской областно́й о́пытной сельскохозя́йственной ста́нции. Валенти́на рабо́тает в Ша́дринском райо́нном отделе́нии «Сельхозте́хника». В до́ме хозя́йничает [10] и забо́тится обо мне́ ста́ршая дочь Аннушка. Я счастли́вый челове́к — у меня́ пя́теро дете́й и два́дцать два вну́ка и пра́внука! И всем им ну́жен мир. Бу́дет мир — бу́дет и хлеб.

Велика́ притяга́тельная [11] си́ла земли́ для те́х, кто с де́тства научи́лся люби́ть и её, и труд на не́й. Нелегко́, дорого́й цено́й [12] достаётся [13] крестья́нину хлеб, а потому́ он и стара́ется сохрани́ть ка́ждое зёрнышко [14].

Истинный [15] хлеборо́б зна́ет и друго́е: он до́л-

1. famous
2. filled to capacity
3. agronomist
4. death
5. sent off to the front
6. was proud of
7. experimental station
8. place all my hopes on
9. associate on the staff of
10. keeps the house
11. attractive
12. at a dear price
13. earns
14. not to waste a single grain
15. genuine

жен люби́ть зе́млю не на слова́х[1], а рабо́тать в по́ле так, что́бы мо́жно бы́ло полюбова́ться де́лом рук свои́х[2]. Вре́мя сейча́с друго́е, тепе́рь крестья́нин переста́л свои́ми рука́ми непосре́дственно ощуща́ть[3] живу́ю могу́чую си́лу пшени́чного колоска́, зёрнышка, потому́ что всё ме́ньше непосре́дственно соприкаса́ется[4] с ним и бо́льше с маши́нами, кото́рые и па́шут[5] по́ле, засева́ют[6] его́, обраба́тывают[7] посе́вы, убира́ют урожа́й[8]. Но ведь с разви́тием техни́ческого прогре́сса не уменьша́ется долг[9] па́харя, се́ятеля перед по́лем, одни́м сло́вом, корми́льца[10] люде́й. Долг э́тот тем вы́ше, чем сильне́е ра́звита[11] в хлеборо́бе его́ нра́вственная сердцеви́на[12]. Когда́ мой до́брый оте́ц и́скренне опаса́лся, что е́сли я бу́ду гра́мотный, то уйду́ из дере́вни, то он был по-сво́ему прав. Я же, добива́ясь гра́моты, чу́вствовал, что она́ всё кре́пче и кре́пче привя́зывает меня́ к земле́[13], отчего́ и земля́ станови́лась мне бо́лее бли́зкой и родно́й.

Мне сейча́с 90 лет. И е́сли за свой век я чего́-то успе́л *, то то́лько потому́, что относи́лся к земле́, к хле́бу пристра́стно[14], добросо́вестно[15].

Глубоко́ убеждён: уважа́ть хлеб — зна́чит знать всю пра́вду о нём. Есть у на́с в Курга́не обще́ственный музе́й хле́ба[16], со́зданный стара́ниями[17] педаго́гов и уча́щихся шко́лы-интерна́та[18] № 25. Это настоя́щий музе́й земледе́льца, в кото́ром на приме́ре мно́гих замеча́тельных фа́ктов и пока́за истори́ческих ору́дий земледе́лия ребя́та убежда́ют свои́х рове́сников, что к хле́бу на́до относи́ться свя́то[19].

Не на́ми ска́зано, что тот, кто освободи́л себя́ от труда́, тот, коне́чно, стал свобо́дным и от со́вести. Хлеб никогда́ не дава́лся крестья́нину легко́ и продолжа́ет достава́ться хотя́ и други́м, но то́же нелёгким трудо́м. А земледе́лие я счита́ю по се́й день[20] са́мым ва́жным, са́мым увлека́тельным де́лом. И в э́том смы́сле[21] молоды́х люде́й на це́ль жи́зни настра́ивать[22] на́до. Ведь земля́ — гла́вный исто́чник[23] жи́зни. И нам на́до сде́лать э́тот исто́чник неиссяка́емым[24].

Слово о хлебе. В Курга́не в шко́ле № 25 откры́лся музе́й хле́ба.

О цене́ хле́ба и труда́ на земле́ говоря́т истори́ческие материа́лы. Зде́сь же запи́санное на плёнку[25] сло́во к молодёжи[26] два́жды Геро́я Социалис-

1. to love not in word but in deed
2. to produce admirable work
3. to feel
4. has contact
5. plough
6. sow
7. till the field
8. harvest
9. duty
10. provider
11. developed
12. moral essence
13. binds me with the land
14. with partiality
15. conscientiously
16. public musem of grain
17. founded by
18. boarding school
19. to hold sacred
20. to this day
21. in this sense
22. to inculcate in
23. source
24. inexhaustible
25. recorded on tape
26. address to the young

ти́ческого Труда́ Т. Ма́льцева. Осо́бое внима́ние привлека́ет разде́л, посвящённый его́ жи́зни и де́ятельности. Среди́ экспона́тов — дре́вние земледе́льческие ору́дия, образцы́ семя́н, зерновы́х культу́р, ру́сский карава́й[1] и други́е ви́ды хле́ба, выпека́емые[2] в респу́бликах на́шей страны́, карти́ны и докуме́нты, сла́вящие труд совреме́нных хлеборо́бов. Музе́й, организо́ванный воспи́танниками[3] шко́лы во главе́ с её дире́ктором И. Константи́новым, слу́жит[4] патриоти́ческому и трудово́му воспита́нию молодёжи.

(«Пра́вда», 1985, 13 ма́рта)

Музей хлеба. Сноп[5] ржаны́х коло́сьев, пучо́к[6] степно́й травы́[7]. Ржа́вая ка́ска[8], два оско́лка[9]. Всё э́то привезено́ из-под Волгогра́да со знамени́того Солда́тского по́ля.

Перед музе́йной витри́ной две шко́льницы, и одна́ говори́т друго́й: «Зна́ешь, я тепе́рь, когда́ ем хлеб, ча́сто ду́маю: и в э́том куске́ мо́жет быть мука́ из зёрен, кото́рые собра́ли на Солда́тском по́ле...»

«Шко́льный музе́й» — тако́е сочета́ние слов давны́м-давно́[10] ста́ло привы́чным. Но вот музе́й хле́ба — э́то ре́дкость. Адрес: шко́ла № 655 Тимиря́зевского райо́на.

Почему́ и́менно хле́ба? Лу́чшее объясне́ние мо́жно прочита́ть в кни́ге почётных посети́телей[11]. «Хлеб — э́то не то́лько гла́вная ме́ра[12] челове́ческого благополу́чия[13], но ещё и ме́ра нра́вственных ка́честв. Хоро́ший челове́к не мо́жет пло́хо относи́ться к хле́бу. Ста́ло быть[14], хлеб не то́лько исто́чник[15] жи́зни, но и вели́кий воспи́татель[16]». Это написа́л М. Алексе́ев, а́втор изве́стной кни́ги «Хлеб — и́мя существи́тельное».

(«Вече́рняя Москва́», 1984, 6 января́)

Вкус хлеба. Чита́я газе́ты и́ли слу́шая ра́дио, вы, наве́рное, обрати́ли внима́ние на специа́льные выраже́ния *си́льная пшени́ца, сла́бая пшени́ца*. А что э́то означа́ет? Вот об э́том и мно́гом друго́м о́черк Ф. Моргуна́, отры́вок из кото́рого мы вам предлага́ем.

Специали́сты по зерну́[17] называ́ют си́льной пшени́цей таку́ю, кото́рая спосо́бна при сме́си[18] её с зерно́м, облада́ющим[19] плохи́ми хлебопека́рными ка́чествами[20], улу́чшить его́. Есть пшени́ца, из кото́рой мо́жно вы́печь хоро́ший хлеб, но чудоде́й-

1. round loaf of bread
2. baked
3. students
4. contributes to the education
5. sheaf
6. bunch
7. steppe grasses
8. rusty helmet
9. splinters
10. long ago
11. visitors' book
12. chief measure
13. well-being
14. therefore
15. source
16. educator
17. specialists on grain
18. mixed with
19. possessing
20. baking qualities

1. miraculous
2. does not possess
3. of small size
4. in greater demand
5. indexes
6. output in bulk
7. baked
8. original weight
9. glassiness
10. gluten
11. protein
12. amber-coloured
13. liquid
14. pasta products
15. crumb
16. into the palm

ственной[1] си́лой улу́чшить друго́й сорт она́ не облада́ет[2]. Эта пшени́ца сре́дней си́лы. Она́, так сказа́ть, сильна́ то́лько сама́ для себя́. Сла́бая — э́то пшени́ца, из кото́рой получа́ется хлеб ма́лого объёма[3] и плохо́го ка́чества. Чем сильне́е пшени́ца, тем вы́ше на неё спрос[4] и цена́.

Име́ются и други́е показа́тели[5], характеризу́ющие ка́чество пшени́цы: объёмный вы́ход[6] печёного[7] хле́ба из 100 гра́ммов муки́, нату́рный[8] вес зерна́, стеклови́дность[9], коли́чество клейкови́ны[10].

Очень це́нится твёрдая пшени́ца, кото́рая соде́ржит мно́го белка́[11]. Её янта́рные[12] зёрна сло́вно обли́ты жи́дким[13] стекло́м: они́ крепки́ и тяжелы́. Именно из э́той пшени́цы гото́вятся разли́чные макаро́нные[14] изде́лия.

Запо́мним посло́вицу: ка́ждую кро́шку[15] — в ладо́шку[16].

КОММЕНТАРИЙ

дере́вня Верхолю́дка, что близ го́рода, *разг.*: дере́вня Верхолю́дка, кото́рая располо́жена (нахо́дится) вблизи́ го́рода (недалеко́ от го́рода)

пойти́ по мое́й доро́ге — *ср.*: по мое́й тропе́, по мои́м стопа́м

чего́-то успе́л — просторе́чно: что́-то успе́л

ЗАДАНИЯ

1. Что уде́рживает в акти́вном речево́м оборо́те ста́рые слова́ *па́харь, хлебопа́шец, хлеборо́б, крестья́нин*? Что обусло́вило рожде́ние но́вых наименова́ний *комбайнёр, механиза́тор, опера́тор*?
2. Что вы мо́жете рассказа́ть о земледе́льце Т. Ма́льцеве?
3. Для чего́ создаю́тся «Музе́и хле́ба»?
4. «И жи́зни гла́вну кре́пость хлеб» — так восслав́ил *хлеб* М. Ломоно́сов бо́лее двух веко́в наза́д. А как вы — в на́ши дни — понима́ете э́ти слова́ вели́кого учёного о ХЛЕБЕ?

Хлеб в слове

17. entertainment
18. striving
19. is embellished by
20. on a solid stalk

О хле́бе мно́го сло́жено стихо́в и спе́то пе́сен. Но они́ нигде́ не создаю́тся для просто́го развлече́ния[17], в них отража́ется уваже́ние и любо́вь наро́да к хле́бу, земле́, его́ стремле́ние[18] переда́ть э́ти чу́вства свои́м де́тям и вну́кам.

На́ша речь красна́ посло́вицей,
Ро́жью по́люшко красно́[19],
На стебле́ добро́тном[20] кло́нится
Налива́ется зерно́.

Ржи́ца-ма́тушка, корми́лица *,
Налива́й зерно́ * полне́й!
Налива́й весёлой си́лушкой [1]
Сынове́й-богатыре́й! [2]

Пе́сня «Ржи́ца-ма́тушка» напи́сана как наро́дная пе́сня (слова́ С. Милогра́дова, му́зыка В. Пи́куля). А вот стихи́ поэ́та Н. Некра́сова, в них вошло́, влило́сь и сло́во, и чу́вство хлебопа́шца:

...До́рого-любо, корми́лица-ни́ва,
Ви́деть, как ты колоси́шься краси́во,
Как ты янта́рным зерно́м налита́,
Го́рдо стои́шь, высока́ и густа́!

Сравни́те: *корми́лица-ржи́ца, корми́лица-ни́ва.*

Реа́льная се́льская жизнь вхо́дит в поэти́ческие стро́ки — с са́мого де́тства труд и ра́дость труда́ окружа́ют ребёнка:

Он ви́дит, как по́ле оте́ц удобря́ет [3],
Как в ры́хлую [4] зе́млю броса́ет зерно́,
Как по́ле пото́м зелене́ть начина́ет,
Как ко́лос растёт, налива́ет зерно́...

Эта же ра́дость труда́, ра́дость, иду́щая от земли́, и в стиха́х совреме́нного поэ́та В. Михалёва:

Под дуго́ю [5] не́ба голубо́го
Жа́воронка [6] колоко́льчик [7] бьётся:
Ды́шит рожь пыльцо́ю [8] ли́пкой [9], сла́дкой [10],
Па́хнет по́ле си́тным карава́ем [11]...
Бу́дь же ты во ве́ки три́жды свя́то [12],
Хлебоцве́тья [13] вре́мя золото́е.

Зри́тельно ощути́мо сло́во А. Твардо́вского, в его́ стиха́х — черты́ но́вого вре́мени и ве́чного [14], непреходя́щего [15]:

Рожь, рожь... Доро́га полева́я
Ведёт неве́домо куда́ [16].
Над по́лем ни́зко провиса́я [17],
Лени́во сто́нут провода́ [18].
Рожь, рожь — до сво́да голубо́го [19],
Чуть ви́дишь где́-нибудь вдали́,
Ныря́ет ша́пка верхово́го [20],
Грузовичо́к плывёт [21] в пыли́ [22].
Рожь уходи́лась. Бли́зки сро́ки [23],
Отяжеле́ла [24] и на кра́й
Всем по́лем подала́сь * к доро́ге,
Нави́снула * — хоть подпира́й *.

1. strength
2. heroes
3. fertilises
4. mellow soil
5. *here:* under the dome of the sky
6. skylark
7. (*fig*) the bell rings
8. pollen
9. sticky
10. sweet
11. white bread
12. thrice-sacred
13. ripening of grain
14. eternal
15. intransient
16. God knows where
17. hanging
18. transmission lines moan
19. blue dome
20. horseman
21. a little lorry moves
22. in the dust
23. (*fig*) the harvest time is near
24. (*fig*) became heavy

10—1413

1. it seems
2. tightly packed ear
3. four-faceted
4. *here:* trainfuls
5. hyperbolic

Знать[1], ко́лос, ту́го начинённый[2],
Четырёхгра́нный[3], золото́й,
Уста́л держа́ть пуды́, ваго́ны,
Соста́вы[4] хле́ба над землёй.

Дава́йте проследи́м, как скла́дывается поэти́ческий о́браз ржи, ржано́го по́ля: ро́жью по́люшко красно́, ржи́ца-ма́тушка, корми́лица, корми́лица-ни́ва, янта́рным зерно́м налита́, го́рдо стои́т высока́ и густа́, ко́лос растёт, налива́ет зерно́, рожь до сво́да голубо́го, отяжеле́ла, ко́лос, ту́го начинённый, уста́л держа́ть пуды́, ваго́ны, соста́вы хле́ба! Гиперболи́чен[5] ряд-града́ция: пуды́, ваго́ны, соста́вы хле́ба, но он реа́лен. Эта то́лько одна́ из дета́лей хле́бного урожа́я, хле́бного по́ля.

КОММЕНТАРИЙ

корми́лица, *зд.*: мета́фора; о те́х, кто ко́рмит

налива́ть зерно́ — зреть (налива́ть зерно́ со́ком)

уходи́лась, *зд.*: вы́зрела

подала́сь, *зд.*: пригну́лась, наклони́лась под тя́жестью, напо́ром зерна́

нави́снуть — опуска́ясь книзу, све́силась

хоть подпира́й — уступи́тельный оборо́т: хоть — хотя́ бы на́до бы́ло бы подпере́ть

ЗАДАНИЯ

1. Опира́ясь на прочи́танные стихи́, предста́вьте урожа́йное по́ле и опиши́те его́.
2. Что сближа́ет стихи́ Н. Некра́сова, А. Твардо́вского и фолькло́р?

Хлеб наш

«Хлеб — и́мя существи́тельное» — не торопи́тесь поду́мать: вы на уро́ке ру́сского языка́. Нет. Так на́зван рома́н, а первонача́льно — расска́з, М. Алексе́ева. Почему́? Сам писа́тель вспомина́ет слова́ ста́рого хлеборо́ба: «Хлеб — и́мя существи́тельное, а всё остально́е прилага́тельное!» Отбро́сим общеизве́стный из шко́льной грамма́тики терминологи́ческий смысл сочета́ний «и́мя существи́тельное» и «и́мя прилага́тельное». И тогда́ обнажи́тся совсе́м ино́е значе́ние: хлеб — э́то са́мое су́щее[6], насу́щное[7], са́мое суще́ственное[8] и́мя в на́шей жи́зни. Неда́ром це́лый ряд таки́х значи́тельных поня́тий вы́ражен слова́ми одного́ ко́рня: *существо́*[9] — *существова́ть*[10] — *су́щий* (настоя́щий, и́стинный) — *суть*...

Значи́тельность[11] сло́ва *хлеб* в жи́зни наро́да,

6. real
7. essential
8. vital
9. substance
10. to exist
11. significance

в жи́зни страны́ нам помо́жет поня́ть тако́й сохранённый[1] исто́рией эпизо́д из тру́дных послереволюцио́нных лет. Это бы́ло в 1918 году́. В то голо́дное вре́мя вот как поясни́л В. И. Ле́нин в «Докла́де о теку́щем моме́нте 27 ию́ня» (1918) значе́ние хле́ба: «Ка́жется, что э́то борьба́ то́лько за хлеб: на са́мом де́ле э́то борьба́ за социали́зм».

«Ры́ба — вода́, я́года[2] — трава́[3], а хлеб всему́ голова́[4]», — гласи́т[5] наро́дная му́дрость. Живёт в на́ши дни и ста́рое до́брое присло́вье: «Хлеб на сто́л — и стол престо́л[6], а хле́ба ни куска́ — и стол доска́[7]».

Вот почему́ так поня́тен интере́с к сло́ву хлеб и всем други́м «хле́бным слова́м». О ни́х наш расска́з.

Вы вошли́ в бу́лочную[8] и сра́зу почу́вствовали вку́сный за́пах свежевы́печенного[9] хле́ба. Хлеб — са́мый разнообра́зный — смо́трит на ва́с: кру́глый, кирпи́чиком[10], заварно́й[11], пеклева́нный[12], горчи́чный[13], ржано́й[14], си́тный[15]... румя́ный карава́й[16], буха́нки[17], бу́лки[18] и бу́лочки — сдо́бы[19] (сдо́бочки!), калори́йные[20] (калори́йчки!), бу́лочки «здоро́вье» и до́кторские хле́бцы, лепёшки[21] ржаны́е и моло́чные...

Но пре́жде чем съесть краю́шку[22] хле́ба, проследи́м её путь от па́шни к на́шему столу́.

Зерно — колос. Па́шню засе́ют зерно́м. Зерно́ — дре́внее сло́во, поэ́тому в други́х языка́х у него́ мно́го бли́зких ро́дственников. Ро́дственны и украи́нское зерно́, и болга́рское зърно, и че́шское zrno, и по́льское ziarno. Ро́дственник лито́вское сло́во žirnis 'горо́шина', неме́цкое Korn 'зерно́' и лати́нское grănum 'зерно́' ста́ло многозна́чным: крупи́нка[23], кро́ха[24], ме́лкая части́ца чего́-либо. Так записа́л В. Даль в своём «Толко́вом словаре́ живо́го великору́сского языка́». В совреме́нном языке́ э́ти значе́ния получи́ли дальне́йшее разви́тие: ме́лкий плод расте́ний, се́мя, собира́тельно — плоды́ хле́бных. И перено́сное: 'отде́льная ме́лкая части́ца, крупи́нка', 'осно́ва, су́щность чего́-либо' (*зерно́ худо́жественного о́браза*); 'нача́ло чего́-либо, заро́дыш' (*зерно́ возрожде́ния*).

Таки́м же дре́вним сло́вом оказа́лся и *ко́лос*. Его́ ро́дственные свя́зи тя́нутся[25] в славя́нские языки́: украи́нский (*ко́лос*), болга́рский (*клас*), че́шский (klas), по́льский (kłos) и други́е. Сло́во *ко́лос*

1. preserved
2. berry
3. grass
4. second to none
5. says
6. throne
7. board
8. bakery
9. freshly baked
10. brick-shaped loaf
11. made of scalded dough
12. fine rye bread
13. mustard bread
14. rye bread
15. made of finely sifted flour
16. round loaf
17. square loaves
18. rolls
19. buns
20. high-calory
21. flat breads
22. slice of bread
23. grain
24. crumb
25. go back

«Хлеб всему́ голова́».

свя́зано еди́ным ко́рнем с лати́нским collum ‘ше́я’. Как ви́дим, в осно́ве сло́ва лежи́т о́браз. И э́та о́бразность, подкреплённая тепе́рь уже́ реа́льным о́бразом самого́ ко́лоса, раскрыва́ется в сравне́ниях: *склоня́ться осе́нним ко́лосом, спе́лым ко́лосом* — о голове́, о челове́ке. А буква́льное значе́ние — *ко́лос* ‘соцве́тие зла́ков, у кото́рого цветки́ располо́жены вдоль конца́ сте́бля’ — нашло́ та́кже о́бразный о́тклик в наро́дных зага́дках: *то́нко де́ревце — животы́* [1] *кача́ет* и́ли *сто бра́тьев в одно́й избу́шке* [2] *ночу́ют* [3]. Золоты́е коло́сья в гербе́ на́шей Ро́дины. Серп [4], мо́лот [5], ко́лос — дороги́е для на́с си́мволы труда́ и ми́ра.

1. bellies
2. hut
3. spend the night
4. sickle
5. hammer

Мука — тесто. Хлеб колоси́тся, зре́ет, зате́м хлеб ко́сят[1], молотя́т[2], ме́лют[3]. И в ряд «хле́бных слов» вхо́дит сло́во *мука́*[4], а за ни́м *те́сто*[5]. И э́ти слова́ говоря́т о свя́зях наро́дов-земледе́льцев — ру́сских, украи́нцев, болга́р, поля́ков... Сло́во *мука́* обнару́живает связь с дре́вними корня́ми. Значе́ния э́тих корне́й — 'мя́гкий, мять[6], меси́ть[7] (те́сто), жать[8], дави́ть[9], му́чить[10]' — восхо́дят, в свою́ о́чередь, к гре́ческим глаго́льным фо́рмам со значе́нием 'мну[11], мешу́[12]'. Так устана́вливается[13] семанти́ческая о́бщность[14] слов, порождённая[15] истори́ческой о́бщностью бы́та и жи́зни наро́дов.

У сло́ва *те́сто* те́ же ро́дственные свя́зи. И ко́рень его́ восхо́дит к гре́ческому же сло́ву с те́м же значе́нием — 'те́сто из пшени́чной муки́, заме́шанное на воде́[16]'.

«Перемо́лотое зерно́[17]» — мука́ — подари́ло языку́ о́браз и посло́вицу: *переме́лется — мука́ бу́дет*[18] 'всё плохо́е, неприя́тное с тече́нием вре́мени пройдёт, забу́дется'. А почему́ мог сложи́ться тако́й о́браз? Посмо́трим уже́ упомя́нутый «Толко́вый слова́рь» В. Да́ля, где и прочтём тако́е присло́вье: *пшени́ца, мно́го му́чима, чист хлеб подаёт*. Вспо́мним, что и само́ сло́во *мука́* свя́зано со значе́нием 'дави́ть, му́чить'. Сле́довательно, мучи́тельный проце́сс разда́вливания, измельче́ния до мя́гкости зёрен тяжёл, но забу́дется, когда́ испеку́т из чи́стой муки́ хлеб, подаду́т на сто́л румя́ный, золоти́стый, души́стый.

Сло́во *те́сто* — 'вя́зкая ма́сса, разли́чной густоты́, получа́емая из муки́, сме́шанной с водо́й, молоко́м' — та́кже бы́ло осмы́слено в наро́де как я́ркий о́браз: *муж с жено́й, что мука́ с водо́й; сболта́ть сболта́ешь, а разболта́ть не разболта́ешь*[19]. А вот приготовле́ние те́ста из бе́лой пшени́чной муки́ на опа́ре, то́ есть те́ста, запра́вленного дрожжа́ми[20] и́ли заква́ской[21] — опа́рного[22] те́ста — даёт сравне́ние с челове́ком, кото́рый сам здоро́в, толсте́ет и дела́ у него́ иду́т хорошо́. Опа́рное пшени́чное те́сто согрева́ется, ки́снет, всхо́дит на опа́ре, пото́м бу́дет пы́шным, лёгким. Отсю́да при́сказка: *растёт* (толсте́ет, добре́ет) *как на опа́ре ки́снет*. И ещё оди́н о́браз и посло́вица: *из одного́* (тако́го же) *те́ста сде́лан* (кто́-либо) — о лю́дях, схо́дных друг с дру́гом по взгля́дам, хара́ктерам. А противополо́жный смысл: *из ра́зного те́ста сде́ланы*...

1. mow
2. thrash
3. grind
4. flour
5. dough
6. to knead
7. to mix
8. to squeeze
9. to press
10. to torture
11. I'm kneading
12. I'm mixing
13. forms
14. unity
15. born of
16. mixed with water
17. ground corn
18. (*proverb*) things will come right in the end
19. you can mix them together but you can't separate them
20. yeast
21. leaven
22. sponge dough

1. elongated

Если отвле́чься от перено́сного смы́сла посло́виц и поня́ть их буква́льно, то мо́жно легко́ объясни́ть разнообра́зие хлебо́в, бу́лок и лепёшек: у ка́ждого хле́ба, у ка́ждой бу́лки и́ли лепёшки своё те́сто. Они́ и де́лаются из ра́зного те́ста.

Хлеб — хлебы. Хлеб о́чень разнообра́зен по фо́рме — кру́глый и продолгова́тый [1], подо́вый и формово́й кирпи́чиком. *Формово́й* хлеб пеку́т в фо́рмах, а *подо́вый* — на поду́. *Под* — э́то дно пе́чи, на кото́рое непосре́дственно сажа́ется лопа́той сформиро́ванный ком гото́вого те́ста.

Хлеб, хлеб...

1. sifted
2. through a sieve
3. honey
4. cottage cheese
5. raisins
6. crosswise notches
7. finely ground flour
8. separated from chaff
9. hulled
10. made of scalded dough
11. mustard oil
12. baking
13. far beyond
14. malt
15. starch
16. glue
17. sprinkle
18. crust

Хлеб ра́зный и по вку́су. Вот не́сколько са́мых общераспространённых назва́ний. *Си́тный* хлеб отме́чен в словаря́х уже́ с 1731 го́да. Зате́м возника́ет фо́рма *си́тник* (1771 г.) и уменьши́тельно-ласка́тельная *си́тничек* (1794 г.) *Си́тный хлеб* — э́то хлеб, испечённый из муки́, просе́янной[1] сквозь си́то[2]. *Си́тник* е́ли и за обе́дом, и за у́жином, подава́ли к ча́ю, с мёдом[3], с творого́м[4]. Пеку́т *си́тный* и с изю́мом[5] — подо́вый, продолгова́той фо́рмы с косы́ми надре́зами[6]. Си́тный хлеб е́ли с удово́льствием. И возни́кло в просторе́чье шутли́во-дру́жеское обраще́ние: *друг си́тный*! А *пеклева́нный* — *пеклева́нник* пеку́т из осо́бой пеклева́нной муки́[7], ржано́й и́ли пшени́чной. Для э́того хле́ба муку́ ну́жно *пеклева́ть* (возмо́жно от по́льского putlować 'се́ять'), то́ есть ме́лко моло́ть зерно́ и просе́ивать муку́. Отсю́да и второ́е назва́ние хле́ба — *се́яный*. Слова́ри отме́тили назва́ние хле́ба — *пеклева́нный* — не́сколько по́зже, чем *си́тный* (в 1847 году́).

В э́то же вре́мя попа́ло в словари́ и назва́ние *обди́рный* хлеб. Приготовля́ется э́тот хлеб, люби́мый и тепе́рь москвича́ми и не то́лько москвича́ми, из осо́бой муки́. Её ме́лют из зерна́, очи́щенного от шелухи́[8] («обдира́емого[9]» зерна́).

С 1847 го́да в словаря́х закрепля́ется назва́ние хле́ба — *заварно́й*[10]. Заварно́й хлеб выпека́ют из предвари́тельно зава́ренной муки́. Лю́бим мы и *горчи́чный* хлеб, кото́рый то́же де́лается из своего́ осо́бого те́ста — пшени́чной муки́ с добавле́нием горчи́чного ма́сла[11].

Как види́м, в назва́ниях хлебо́в отража́ется то сам проце́сс изготовле́ния муки́ (*си́тный, пеклева́нный — се́яный, обди́рный*), то отличи́тельный соста́в те́ста (*заварно́й, горчи́чный*), то спо́соб вы́печки[12] хле́ба (*подо́вый* и́ли *формово́й*). Но есть назва́ния, кото́рые ка́к бы ука́зывают, где впервы́е вы́пекли э́тот хлеб: *красносе́льский, моско́вский, орло́вский*...

Моско́вский хлеб изве́стен тепе́рь далеко́ за преде́лами[13] на́шей страны́. Выпека́ется он, как и все ржаны́е хле́бы с предвари́тельной зава́ркой муки́, с добавле́нием со́лода[14], са́хара. Хлеб перед вы́печкой сма́зывают крахма́льным[15] кле́йстером[16] и сбры́згивают[17] водо́й, что́бы име́л вку́сную то́нкую ко́рочку[18]. Моско́вский хлеб до́лго сохраня́ет све́жесть, хоро́ший вкус и арома́т. Он популя́рен. Зайди́те, наприме́р, в бу́лочные Берли́на, и вы уви́дете моско́вский хлеб — Moskauer Brot, кото́рый охо́тно [1] покупа́ют.

Иностра́нные фи́рмы осва́ивают [2] с по́мощью сове́тских специали́стов вы́печку традицио́нных ру́сских сорто́в ржано́го хле́ба. Вме́сте с хле́бом вхо́дят в ра́зные стра́ны ру́сские «хле́бные слова́». Так в речево́м обихо́де Финля́ндии, Шве́ции и Норве́гии появи́лось назва́ние хле́ба — *ленингра́дский* и его́ вариа́нт — *пи́терский*. Если назва́ние *ленингра́дский* пря́мо свя́зано с го́родом Ле́нинградом, то второ́е и́мя — *пи́терский* то́же бли́зко к сла́вной [3] исто́рии го́рода. Вспо́мним сочета́ния *пи́терский рабо́чий — пи́терские рабо́чие* и ещё бо́лее ста́рые слова́ *пи́терец* и *пи́терщик* 'крестья́нин, уходя́щий на за́работки в Пи́тер (Петербу́рг)'. Все э́ти слова́ свя́заны с просторе́чьем, языко́м наро́да и его́ исто́рией.

Относи́тельно неда́вно появи́лось назва́ние *орло́вский хлеб*. В назва́нии э́том запечатлено́ не то́лько ме́сто рожде́ния хле́ба, но и не́что бо́льшее [4]. В дождли́вые [5] шестидеся́тые го́ды на Орло́вщине приходи́лось моло́ть прораста́вшую [6] пшени́цу. Хлеб из тако́й муки́ выходи́л тяжёлым, ки́слым, непропечённым [7]. Ста́ли иска́ть спо́соб его́ улучше́ния. И нашли́. В пшени́чную муку́ добавля́ли ржану́ю муку́, па́току [8] и расти́тельное ма́сло [9]. А когда́ пошла́ хоро́шая пшени́чная мука́, хлеб стал выходи́ть арома́тным, лёгким, по́ристым [10]. Он полюби́лся [11] всем и тепе́рь всю́ду изве́стен как *орло́вский* (по и́мени го́рода — Орёл). За и́менем *орло́вский* стои́т насто́йчивый по́иск [12] орло́вских пе́карей [13] и други́х специали́стов.

Имена́ — топоними́ческие, то́ есть свя́занные с определённым географи́ческим ме́стом (топо́ним — назва́ние ме́ста), мо́гут подсказа́ть, в чём заключено́ своеобра́зие хле́ба. Вот наприме́р, *солове́цкий хлеб* — по и́мени Солове́цких острово́в — хлеб с добавле́нием морско́й капу́сты [14], а *аму́рский* хлеб — по и́мени реки́ Аму́р и Аму́рской земли́, где культиви́руется со́я [15], — с добавле́нием со́евой муки́ [16].

Поня́тны и ино́го ро́да назва́ния но́вых сорто́в хле́ба: *витами́нный, люби́тельский, «здоро́вье», до́кторский*...

Но есть имена́ хле́ба с осо́бым истори́ческим значе́нием. Возьмём то́лько два и́мени: *боя́рский хлеб* и *голо́дный хлеб*. Они́ мо́гут рассказа́ть о мно́гом.

1. willingly
2. master
3. glorious
4. something more
5. rainy
6. germinated
7. not baked through
8. treacle
9. oil
10. porous
11. everybody liked it
12. intensive research
13. bakers
14. kelp
15. soy beans
16. soy flour

Боя́рский хлеб — *чёрный* и *бе́лый* — тре́бовал хоро́шей муки́, ки́слого молока́[1] и́ли простоква́ши[2], а для бе́лого боя́рского хле́ба нужны́ бы́ли ещё ма́сло, я́йца, са́хар и ра́зные пря́ности[3]. Само́ назва́ние (*боя́рский* от *боя́рин* — кру́пный землевладе́лец, принадлежа́вший к госпо́дствующей верху́шке в Дре́вней Руси́ и в Моско́вском госуда́рстве) говори́ло, что э́то хлеб для бога́тых, обеспе́ченных[4] люде́й — дорого́й хлеб. А паралле́льно существова́л *голо́дный хлеб (голо́дные хле́бы)*. Во вре́мя «затяжны́х[5] продово́льственных кри́зисов... для пита́ния людски́х масс[6] прихо́дится прибега́ть к разли́чным суррога́там[7]... Назва́ние „голо́дных хлебо́в" им придаётся... потому́, что к вы́печке подо́бных хлебо́в... прибега́ют обыкнове́нно в голо́дные го́ды[8]...». (Омеля́нский В. А. Хлеб, его́ приготовле́ние и сво́йства. М.— Пг., 1918, с. 38—39). Ржану́ю муку́, кукуру́зную[9], ячме́нную[10] сме́шивали с соло́мой[11], лебедо́й[12], муко́й из желуде́й[13] и т. п.

Эти два и́мени — два антипо́да, си́мволы двух кла́ссов в дореволюцио́нной Росси́и.

Тяжёлые го́ды Вели́кой Оте́чественной войны́, ленингра́дской блока́ды оста́вили и́мя — *блока́дный хлеб*: сыро́й, тяжёлый кори́чнево-зелёный хлеб из ржано́й муки́, подсо́лнечного жмы́ха[14], отрубе́й[15], мучно́й пы́ли[16]... Но как до́роги бы́ли ка́ждые 125 гра́ммов — паёк[17] на одного́ челове́ка в су́тки.

> Шестна́дцать ты́сяч матере́й
> пайки́ полу́чат на заре́ —
> сто два́дцать пять блока́дных грамм
> с огнём и кро́вью попола́м[18].
> О, мы позна́ли[19] в декабре́:
> не зря́[20] «свяще́нным да́ром[21]» на́зван
> обы́чный[22] хлеб, и тя́жкий грех[23] —
> хотя́ бы кро́шку[24] бро́сить на́земь[25]:
> таки́м людски́м страда́ньем он,
> тако́й большо́й любо́вью бра́тской[26]
> для на́с отны́не[27] освящён[28] —
> наш хлеб насу́щный[29],
> ленингра́дский.

Это стро́ки из «Ленингра́дской поэ́мы» О. Берго́льц.

Но́вое вре́мя — и но́вые забо́ты о хле́бе. Но э́то уже́ совсе́м ина́я страни́ца[30] в исто́рии «хле́бных слов».

1. sour milk
2. buttermilk
3. spices
4. prosperous well-to-do
5. prolonged
6. common people
7. substitutes
8. lean years
9. corn
10. barley
11. straw
12. goose-foot
13. acorns
14. sunflower seeds oil-cake
15. bran
16. flour dust
17. food ration
18. mixed with
19. learnt from experience
20. for a good reason
21. sacred gift
22. ordinary
23. grave sin
24. crumb
25. to the ground
26. fraternal love
27. from now on
28. consecrated
29. daily bread
30. another page of history

Вы́ход челове́ка в ко́смос потре́бовал осо́бого «косми́ческого» хле́ба. И *косми́ческий хлеб* был со́здан на́шими специали́стами из Всесою́зного нау́чно-иссле́довательского институ́та хлебопе-ка́рной промы́шленности[1]. Это «земны́е[2]» сорта́ хле́ба — ржано́й, обди́рный, пеклева́нный, но в осо́бой упако́вке[3], осо́бого разме́ра (4,5 гра́м-ма — на оди́н уку́с[4], не на́до ре́зать[5], надку́сы-вать[6], нет кро́шек[7], опа́сных в невесо́мости[8]) и осо́бого ка́чества: *косми́ческие хле́бцы* сохра-ня́ют све́жесть до одного́ го́да.

Во все́ времена́ забо́та о хле́бе, вы́печка хле́ба бы́ли де́лом со́вести[9] и осо́бой любви́. Вот как описа́л Ф. Абра́мов сотворе́ние хле́ба се́льской «пека́рихой[10]» Пелаге́ей в по́вести «Пелаге́я»: что́-бы хлеб пышне́е, духови́тее[11], румя́нее был, «во́ду брала́ из ра́зных коло́дцев[12], дрова́ смоляны́е[13]... насчёт помела́[14] и говори́ть не́чего... Всё перепро́-бовала: и сосну́, и ёлку, и ве́реск[15]». А пото́м «сма́-зывала ве́рхнюю ко́рочку то́лько что вы́нутой из пе́чи буха́нки. Сма́зывала по́стным ма́слом[16] на са́харе — уж на э́то не скупи́лась[17]. Тогда́ бу-ха́нку лю́бо в ру́ки взять[18]. Смеётся да ла́стит-ся[19]...»

Мно́гое отража́ется в назва́нии, и́мени. В нём и труд наро́да, и его́ забо́та, и любо́вь. Одна́ эпо́ха сменя́ет другу́ю, но хлеб остаётся хле́бом. Путе-ше́ствуя по Кавка́зу, А. Пу́шкин тоскова́л по ржа-но́му хле́бу: «До́рого бы я дал[20] за кусо́к ру́сского чёрного хле́ба...» Это бы́ло в про́шлом ве́ке. А те-пе́рь космона́вты, находя́сь до́лгими месяца́ми на орби́те[21], е́ли пригото́вленный для ни́х хлеб — земно́й и косми́ческий одновреме́нно.

С да́вних пор сло́во *хлеб*, как, разуме́ется, и сам хлеб зна́чили о́чень мно́гое в жи́зни на́шего наро́да: хле́бное расте́ние, хлеб на корню́ — хлеб стоя́чий[22]; хле́бный посе́в — хлеб земно́й; хлеб зерново́й — немо́лотый на муку́, в зерне́; хлеб пе-чёный[23] — не хле́бом еди́ным жив бу́дет челове́к; ку́шанье, угоще́ние — (Мама́й) хо́чет быть на Ру́с-ские хле́бы; пропита́ние[24], продово́льствие[25], пи́-ща — еди́н хлеб есть — жить на о́бщий счёт[26], вме́-сте жить. И тепе́рь жи́вы почти́ все э́ти значе́ния сло́ва *хлеб*, отме́ченные в «Материа́лах для сло-варя́ древнеру́сского языка́» И. Срезне́вского (т. III, вып. III, стлб. 1371—1373), сравни́те: *хлеб* (и́ли *хлеба́*) посе́ян, взошёл, колоси́тся, ско́шен, обмо-ло́чен, засы́пан в закрома́[27], свезён на элева́то-

1. baking industry
2. earthly
3. package
4. one mouthful
5. to cut
6. to bite
7. crumbs
8. in conditions of weightlessness
9. a matter of conscience
10. baker
11. more fragrant
12. wells
13. resiniferous
14. broom
15. heather
16. oil
17. did not spare
18. nice to hold in hands
19. *here*: looks inviting
20. I'd pay any price
21. in space
22. corn in the field
23. baked
24. subsistence
25. foodstuffs
26. common expenses
27. granaries

ры. *Большо́й хлеб* — э́то большо́й урожа́й. *Хлеб* (и́ли *хле́бы*) испечён.

Ко́рень дре́внего сло́ва *хлеб* мы найдём во мно́гих языка́х: го́тское hlaifs 'хлеб', древневерхненеме́цкое hleib 'хлеб' древнеру́сское хлебъ... И каки́м бы ни́ был хлеб в ра́зных стра́нах и у ра́зных наро́дов, «хлеб — поня́тие интернациона́льное». Он «во́ин и диплома́т. Челове́к с мечо́м[1] опа́сен, с хле́бом — всемогу́щ[2] доброто́й свое́й. Хлеб да со́ль[3] — э́то труд и любо́вь».Так написа́л о хле́бе бригади́р В. Детю́к в свое́й кни́ге «Хлеб насу́щный».

1. sword
2. all-powerful
3. bread and salt
4. cordial
5. hospitable
6. break bread
7. taste
8. share the meal
9. repletion
10. arriving
11. from afar
12. hospitable
13. from the bottom of one's heart
14. greet with bread and salt
15. a sign of trust
16. presented with
17. before they went to work in the fields

Хлебосо́льство. Слове́сное выраже́ние, слове́сный о́браз трансформи́руется вме́сте с измене́нием поня́тия, обы́чая под давле́нием вре́мени, меня́ющихся социа́льных усло́вий. На́ше са́мое раду́шное[4], са́мое до́брое, гостеприи́мное[5] приве́тствие — *хлеб-соль* — означа́ет 'раздели́ со мно́й хлеб[6], отве́дай[7] хле́ба на́шего, приобщи́сь к тра́пезе[8], столу́, жи́зни моего́ до́ма и пусть всегда́ бу́дет у тебя́ и хлеб, и соль, пусть в до́ме твоём бу́дет сы́тость[9], мир и ра́дость'.

Родне́, прибы́вшей[10] издале́че[11],
Повсю́ду ла́сковая встре́ча,
И восклица́ния, и хлеб-соль...

Так упомяну́л А. Пу́шкин в «Евге́нии Оне́гине» стари́нный обы́чай встреча́ть бли́зких, родны́х, дороги́х госте́й. *Хлеб-соль води́ть* и́здавна зна́чит 'дружи́ть, подде́рживать дру́жбу'. *Хлебосо́льный*[12] дом — дом раду́шный, гостеприи́мный. *Хлебосо́льный* хозя́ин — са́мая больша́я похвала́ челове́ку, уме́ющему от всей души́[13] приня́ть до́брых госте́й. «Хлеб — всему́ голова́»,— гласи́т наро́дная му́дрость. Это уваже́ние к хле́бу — плода́м труда́ землепа́шцев — подде́рживает обы́чай и расширя́ет значе́ние сло́ва. Хле́бом-со́лью не то́лько встреча́ют го́стя, дорого́го уважа́емого челове́ка, но преподно́сят[14] *хлеб-соль* как знак дове́рия[15], пожела́ния успе́ха: «Са́мый ста́рый жи́тель села́ торже́ственно вручи́л[16] механиза́торам, выезжа́ющим в по́ле[17], хлеб-соль» («Пра́вда», 1979, 10 апре́ля). Формиру́ется и совреме́нная сочета́емость: *вручи́ть хлеб-соль* (*ср.*: вручи́ть награ́ду, вы́мпел).

Сло́во хлеб зна́чит о́чень мно́го в на́шем речево́м обще́нии, как мно́го зна́чит и сама́ реа́лия хлеб в на́шей жи́зни. Буква́льное[1] значе́ние — *хлеб* 'проду́кт, выпека́емый из муки́', 'зерно́' — раздвига́ется[2], приобрета́ет но́вые осмысле́ния, в кото́рых отража́ется окружа́ющий нас мир действи́тельности. «Рома́н А. Н. Толсто́го ,,Хлеб'' — э́то не про́сто рома́н о хле́бе в буква́льном и бу́дничном[3] значе́нии э́того сло́ва, а о кру́пном герои́ческом собы́тии из исто́рии гражда́нской войны́. Но в то́ же вре́мя э́то непреме́нно[4] та́кже рома́н и о хле́бе, потому́ и́менно в э́том о́бразе открыва́ет нам худо́жник то, что уви́дел в ле́тописи гражда́нской войны́» (Виноку́р Г. О. Поня́тие поэти́ческого языка́.— В кн.: Виноку́р Г. О. Избранные рабо́ты по ру́сскому языку́. М., 1959, с 390—391).

Хлеб — э́то и каждодне́вная[5] еда́, и си́мвол дру́жбы, гостеприи́мства, и знак приве́тствия, призна́ния заслу́г[6], награ́да за тру́д; хлеб — э́то воплоще́ние[7] на́шей бу́дничной и духо́вной жи́зни.

1. literal
2. is extended
3. mundane
4. necessarily
5. daily
6. recognition of merits
7. embodiment
8. pressure
9. written sources
10. is established

Буханка, булка, каравай, колобок. Вы́печенный хлеб называ́ют то *буха́нкой*, то *бу́лкой*. Всё равно́ ли э́то? Или ка́ждое назва́ние име́ет свой смысл?

Буха́нка — сло́во диале́ктного происхожде́ния и, хотя́ распространено́ от Яросла́вля до До́на, не включено́ в «Слова́рь совреме́нного ру́сского литерату́рного языка́». Одна́ко сло́во *буха́нка* мы найдём без вся́ких стилевы́х поме́т в «Словаре́ ру́сского языка́» С. Ожегова. Само́ сло́во *буха́нка* — со́бственно-ру́сское, но однокоренны́е наименова́ния найдём в по́льском — bochen, bochenek, в че́шском — bochnik и не́которых други́х языка́х. Оно́ восхо́дит к о́чень дре́внему лати́нскому ко́рню focacius (panis) — 'печёный хлеб' от focus 'оча́г', 'печь'. Сло́во *буха́нка* испы́тывает на́тиск[8] разнообра́зных видовы́х наименова́ний, но продолжа́ет жить как обобщённое назва́ние, гла́вным о́бразом, для формово́го, обы́чно чёрного хле́ба.

Бу́лка — пшени́чный хлеб, кру́глый. Это сло́во — путеше́ственник, шло из италья́нского bulla и францу́зского boule 'кру́глый хлеб, шар' через по́льский bulka (уменьши́тельно-ласка́тельная фо́рма от bula). Словари́ отме́тили наименова́ние *бу́лка* в нача́ле XVIII ве́ка (1731), но по разли́чным пи́сьменным исто́чникам[9] устано́влено[10], что бы́ло оно́ изве́стно в ру́сском языке́ ещё в XVIII ве́ке. Интере́сно, что В. Даль в своём «Толко́вом словаре́ живо́го великору́сского языка́» отме́тил: «бу́лкой зову́т хле́бец неме́цкого пече́ния». По свиде́тельству словаре́й, к 1780 го́ду был уже́ це́лый ряд произво́дных слов в ру́сском языке́: *бу́лка — бу́лочка, бу́лочный, бу́лочная* и ны́не устаре́вшие *бу́лочник*[1] и *бу́лочница*[2]. Слова́ ощуща́лись[3] как свой — не заи́мствованные[4]. Их выгова́ривали[5] по пра́вилам старомоско́вского произноше́ния, кото́рое и тепе́рь ещё сохраня́ется: бу́ло*ш*ный, бу́ло*ш*ник, бу́ло*ш*ница.

Бу́лочки пекли́ и пеку́т са́мые разнообра́зные. Но есть наибо́лее популя́рные, назва́ния кото́рых мо́жно услы́шать ка́ждое у́тро в любо́й бу́лочной: — *Сдо́ба* све́жая? — А э́ти *сдо́бочки*? — А *кало́рийные бу́лочки*? — Пять *калори́ичек*...

Сло́во *сдо́ба* име́ет два значе́ния: 1) припра́ва[6] (молоко́, ма́сло, я́йца, са́хар) к те́сту и 2) собира́тельное назва́ние для изде́лий, вы́печенных из сдо́бного те́ста. Весьма́ интере́сна и исто́рия происхожде́ния самого́ сло́ва *сдо́ба*. Оно́ образо́вано из *до́ба* (*ср.*: *до́брый*) и приста́вки *с-* со значе́нием '*хорошо́, бла́го*[7]'. (Аналоги́чно образова́ние слов *сча́стье — с-часть*е 'хоро́шая часть, до́ля' и́ли *здоро́вье — з-доро́вье* с бу́квенно отражённым озвонче́нием приста́вки *с*-перед зво́нким ко́рня *д*[8] 'доро́-дре-де́ре-'... — *ср.*: *де́рево*, 'подо́бный де́реву по высоте́, кре́пости'.) *Сдо́ба, сдо́бная бу́лочка* и́ли разгово́рно-ла́сковое *сдо́бочка* — э́то бу́лочка, съесть кото́рую бла́го (хорошо́, поле́зно).

Но́вый сорт сдо́бных бу́лочек на́зван *калори́йные бу́лочки*, а в разгово́рной ре́чи появи́лось и ла́сковое *калори́йка, калори́ичка*. Назва́ние э́то отмеча́ет пита́тельность[9] бу́лочки и созву́чно на́шему вре́мени, на́шим зна́ниям о пи́ще, её калори́йном соста́ве.

В на́ше вре́мя со́зданы *диети́ческие*[10] *хле́бцы* и бу́лочки «здоро́вье» — из пшени́чной муки́ и дроблёного зерна́[11], *хрустя́щие хле́бцы*[12] — *люби́тельские*[13], *десе́ртные*[14] — из ржано́й муки́ с отрубя́ми[15]. То́лько в десе́ртные хрустя́щие хле́бцы добавля́ют пшени́чную муку́, са́хар, сли́вочное ма́сло. Есть и специа́льные *диабети́ческие*[16] *бу́лочки*, *белко́вые*[17] *хле́бцы*.

Есть мно́го назва́ний для ра́зных по фо́рме, вку́су, назначе́нию[18] хле́бов, бу́лок, бу́лочек, хле́бцев... Они́ так многочи́сленны (до 200 сорто́в ржаны́х и пшени́чных хле́бов и бу́лок и бо́лее 350 сорто́в сдо́бы), что рассказа́ть обо всёх невозмо́жно, но есть назва́ния таки́х хле́бов и бу́лок, о кото́рых невозмо́жно не рассказа́ть.Так они́ нам до́роги,

1. baker
2. baker (woman)
3. were percieved
4. not borrowed
5. articulated
6. additions for taste
7. good
8. voiced prefix с- reflected in spelling before the voiced consonant д- of the root
9. nutritive value
10. dietary
11. crushed corn
12. crackers
13. choice
14. desert
15. with bran
16. for diabetics
17. rich in protein
18. purpose

кре́пко свя́заны с на́шей исто́рией, на́шим бы́том и уше́дшим, и настоя́щим. Они́ вхо́дят в на́шу ещё де́тскую речь вме́сте со ска́зками, счита́лками, зага́дками.

Карава́й[1], карава́й, кого́ хо́чешь — выбира́й[2]...

Карава́й — большо́й кру́глый хлеб. Изве́стно и его́ ино́е, уже́ устаре́вшее, но тем не ме́нее интере́сное и ва́жное для исто́рии сло́ва написа́ние — *корова́й. Карава́й* пекли́ и восто́чные и ю́жные славя́не, с то́чностью мо́жно сказа́ть, что уже́ с XVI ве́ка. На само́ произноше́ние сло́ва повлия́ло ю́жное а́канье[3]: *карава́й* (не *корова́й*). Обрати́в внима́ние на ста́рое произноше́ние, отме́тим, что ко́рень сло́ва *карава́й* (*корова́й*) свя́зан с ко́рнем сло́ва *коро́ва*.

Отбро́сим толкова́ния, осно́ванные на чи́сто вне́шних ассоциа́циях[4]. Изуче́ние исто́рии, обы́чаев наро́да раскрыва́ет интере́сную о́бщность корне́й *карава́й* и *коро́ва. Карава́й* — 'це́лая буха́нка хле́ба, сва́дебный[5] пиро́г, вечери́нка накану́не[6] сва́дьбы, на кото́рой подаю́т карава́й' (Фа́смер М. Этимологи́ческий слова́рь ру́сского языка́, т. II. М., 1967, с. 332). *Карава́й* подава́ли жениху́[7] и неве́сте[8] как дар[9], волше́бное сре́дство плодови́тости[10], добра́. Во мно́гих ру́сских диале́ктах сло́во *коро́ва* име́ет значе́ние «неве́ста», а жениха́ символизи́рует *бык*. Пра́здничный хлеб де́лали кру́глым — как си́мвол со́лнца[11].

Назва́ния хле́бных пече́ний дово́льно ча́сто вообще́ свя́заны с имена́ми живо́тных[12]: *коро́вушка* 'рожде́ственское пече́нье с украше́ниями', *козу́ля* 'пря́ник, име́ющий фо́рму коро́вы и́ли оле́ня[13]; ватру́шка и́ли пироги́ с я́йцами, укра́шенные рога́ми[14]'. Само́ сло́во *коро́ва* восхо́дит к гре́ческим и лати́нским корня́м со значе́нием 'рога́тый', 'оле́нь', 'се́рна[15]'.

Существу́ет мно́жество зага́док и припе́вок[16] о карава́е:

Лежи́т буго́р[17]
Ме́жду гор.
Пришёл Его́р,
Унёс буго́р.

Или:

Комова́то[18],
Ноздрева́то[19],
И губа́то[20],
И горба́то[21],

1. round loaf
2. choose
3. pronunciation of unstressed "o" as "a"
4. purely external associations
5. wedding
6. on the eve
7. bridegroom
8. bride
9. gift
10. fertility
11. the symbol of the sun
12. animals
13. deer
14. horns
15. chamois
16. refrain
17. hillock
18. lump-like
19. spongy
20. with big lips
21. with a hump

И кисло́,
И пресно́ [1],
И вкусно́,
И красно́,
И кругло́...
И легко́,
И твердо́,
И ломко́ [2],
И бело́,
И всем лю́дям
Мило́.

1. unleavened
2. breakable
3. was accompanied
4. kneaded
5. put on a shovel and then into the Russian stove on the hearth-stone
6. lies
7. rolls
8. dish
9. went
10. burnt
11. counting rhymes
12. response
13. name-day
14. baked
15. celebrations in honour of
16. best workers
17. advance workers
18. invariable
19. harvest festivals

Само́ приготовле́ние карава́я бы́ло торже́ственным, сопровожда́лось [3] осо́бым пе́нием. Пе́ли и меси́ли [4] те́сто, пекли́ и де́лали из те́ста кру́глый карава́й, под пе́сню сажа́ли его́ на лопа́ту, а зате́м на по́д ру́сской пе́чи [5]:

Карава́й, карава́й, он валя́ется [6],
Карава́й, карава́й, он ката́ется [7],
Карава́й, карава́й, он на блю́дце [8] гляди́т,
Карава́й, карава́й, он на блю́дце сел,
Карава́й, карава́й, он на лопа́ту гляди́т,
Карава́й, карава́й, он на лопа́ту сел,
Карава́й, карава́й, он в пе́чку поле́з [9],
Карава́й, карава́й, в пе́чке но́жки обжёг [10].

В весёлых де́тских пе́сенках-счита́лках [11] звучи́т по се́й день о́тклик [12] на больши́е имени́нные [13], сва́дебные карава́и:

Испекли́ [14] мы карава́й;
Вот тако́й вышины́,
Вот тако́й ширины́.
Карава́й, карава́й,
Кого́ хо́чешь — выбира́й.

И тепе́рь карава́й — *хлеб* торже́ственных встреч, торже́ственных приве́тствий хле́бом-со́лью, че́ствований [15] передовико́в [16] и уда́рников труда́ [17], непреме́нный [18] си́мвол пра́здников урожа́я [19].

Карава́й — до́брый си́мвол семе́йных торже́ств. Вот что мо́жно проче́сть о возроди́вшейся, наприме́р, в Росто́вской о́бласти тради́ции подноше́ния сва́дебного карава́я: «А е́сли сва́дьба? Их, наприме́р, в про́шлом году́ бы́ло пятна́дцать. Зара́нее зака́зывают хлеб. И ста́ло до́брой тради́цией, когда́ рожда́ется но́вая семья́, пе́рвым до́лгом за пра́здничным столо́м ре́жут карава́й хле́ба, испе-

1. to roll
2. flat
3. the thing is that
4. goes back to pagan rites
5. wagtail
6. little animals
7. larks
8. swans
9. bear's paws
10. flat breads
11. flat
12. bun
13. genealogy
14. to mold
15. to lay oneself out
16. to do one's best to please
17. to beat

чённый, коне́чно, в ме́стной пека́рне. И жела́ют молоды́м, что́бы в их до́ме всегда́ па́хло хле́бом. Есть в э́том пожела́нии глубо́кий смысл — карава́й хле́ба не ва́лится с не́ба, ой, нелегка́ его́ доро́га к столу́. А коль пришёл хлеб в дом — зна́чит и сча́стье в нём» («Пра́вда», 1987, 5 апре́ля).

Связь наро́дных обря́дов, обы́чаев с хле́бом и бли́зкими для землепа́шцев живо́тными и пти́цами раскрыва́ется и в тако́м, каза́лось бы, ма́ло интере́сном, привы́чном назва́нии сдо́бной бу́лочки — *плю́шка*. Полага́ли, что и́мя дано́ по де́йствию — *плю́щити* 'раска́тывать[1], де́лать пло́ским[2]'. Но э́то объясне́ние лежи́т вне исто́рии наро́да, его́ представле́ний и обы́чаев. Де́ло в том[3], что существова́л обы́чай выпека́ть хлеб в фо́рме птиц и живо́тных. Этот обы́чай восхо́дит ещё к язы́ческим обря́дам[4]. Он о́чень дре́вен. *Плю́шка* — бу́лочка в ви́де пти́цы трясогу́зки[5], кото́рую зову́т в диале́ктах *плю́шка, пли́шка, пли́ска.*

Обы́чай де́лать сдо́бные бу́лочки в ви́де птиц и зверю́шек[6] сохраня́ется и сейча́с (жа́воронки[7], ле́беди[8], медве́жьи ла́пки[9] и т. п.).

А кто не зна́ет вку́сных *лепёшек*[10]. В словаре́ чита́ем: пло́ское[11] кру́глое изде́лие, вы́печенное из те́ста (Слова́рь совреме́нного ру́сского литерату́рного языка́, т. 6, М.—Л., 1957, стлб. 162—163). Но как вку́сны и разнообра́зны э́ти «пло́ские кру́глые изде́лия» — ржаны́е лепёшки из ржано́й муки́, моло́чные лепёшки на молоке́, медо́вые лепёшки на меду́...

Пы́шка[12]-лепёшка
В печи́ сиде́ла,
На на́с гляде́ла,
В рот захоте́ла...

В словари́ и́мя *лепёшка* впервы́е попа́ло в 1731 году́. Родосло́вная[13] лепёшки идёт от диале́ктного, ещё живо́го сло́ва *лепёха* и́ли *лепе́х* от глаго́ла *лепи́ть*[14]. Образность де́йствия 'лепи́ть, раската́ть до то́нкости' отрази́лась в присло́вьях: *разби́ться, расшиби́ться в лепёшку*[15] 'о кра́йнем усе́рдии, гото́вности сде́лать что́-либо, услужи́ть[16] кому́-либо' (разгово́рно) и *лепёшку сде́лать из кого́-либо*, 'изби́ть'[17] (разгово́рно). Сло́во *лепёшка* как не́что вку́сное, зама́нчивое живёт и в весёлых погово́рках: «*Ко́шкам по ло́жкам, соба́кам по кро́шкам, нам по лепёшкам*» и́ли «*Не спра́шивай у ко́шки лепёшки*»...

Но са́мым дороги́м хле́бцем[1] из де́тства, из страны́ чуде́с ка́тится, коне́чно, *колобо́к*!

Колобо́к — небольшо́й кру́глый хле́бец. В расска́зах С. Макси́мова «ми́лым де́тям Ва́не и Са́ше» чита́ем, что колобки́ «обыкнове́нно пеку́т из оста́тков муки́ от пирога́ и́ли хле́бов. Матери́нская не́жность прибавля́ет туда́ ма́сло, что́бы сде́лать сдо́бным, сма́зывает смета́ной[2], и́ли разме́шивает на молоке́, чтоб ста́ло повкусне́е, ку́шанья вку́сные и ребя́тами люби́мые».

Са́мая ста́рая фо́рма *ко́лобъ* отме́чена в «Словаре́» И. Срезне́вского (СПб., 1893, т. 1, стлб. 1255). Распространено́ э́то сло́во во мно́гих ру́сских диале́ктах: от Во́логды, Арха́нгельска до Твери́ (ны́не — Кали́нина): *ко́лоб* — 'шар[3], мото́к[4], кру́глый хлеб'. Ка́тится колобо́к по ру́сским зе́млям, мно́го у него́ ла́сковых имён: *колобо́к, колоба́шка, колобо́чек*. Но вот происхожде́ние[5] самого́ сло́ва неизве́стно. Учёные спо́рят, выдвига́ют[6] дога́дки, опроверга́ют[7] их: нет то́чных звуковы́х соотве́тствий[8] в соста́ве сло́ва, что́бы установи́ть его́ родство́ с *ко́ло-колесо́* и́ли гре́ческим наименова́нием «пшени́чного хле́ба». Но для на́с колобо́к ска́зочен. Вы́шел он из ска́зки, вы́катился[9] из окна́ де́довой избу́шки и покати́лся[10] с весёлой пе́сенкой:

> Я колобо́к, колобо́к,
> по амба́рам[11] метён[12],
> по сусе́чкам[13] скребён[14],
> на смета́не мешо́н[15],
> В пе́чку сажо́н[16],
> на око́шке стужо́н[17].
> Я от де́душки ушёл,
> Я от ба́бушки ушёл,
> от тебя́, за́йца, нехи́тро уйти́...

(В переложе́нии К. Уши́нского)

Ушёл колобо́к от за́йца, от во́лка, от медве́дя, а съе́ла колобо́к лиса́... Но живёт колобо́к в ска́зке, о́жил он и под перо́м писа́теля М. При́швина: «Ба́бушка взяла́ кры́лышко[18], по ко́робу[19] поскребла́[20], по сусе́кам[21] помела́[22], набрала́ муки́ приго́ршни с две[23] и сде́лала весёлый колобо́к...» Весёлый колобо́к ра́дует дете́й в моско́вском де́тском кафе́ «Колобо́к» — румя́н, золоти́ст, в рот про́сится.

Вот и замкну́л[24] круг «хле́бных слов» весёлый колобо́к. Но э́то то́лько ма́лый круг, его́ легко́ разомкну́ть[25] и продо́лжить хорово́д[26] слов, ро-

1. little bread
2. sour cream
3. ball
4. clue
5. origin
6. put forward
7. disprove
8. there are no accurate correlations of sounds
9. rolled out
10. rolled on
11. granary
12. brushed
13. corn-bin
14. scraped
15. mixed
16. put
17. cooled
18. wing
19. bin
20. scraped
21. corn-bin
22. brushed
23. a couple of handfuls
24. closed
25. opened
26. round dance

11—1413

ди́вшихся на хле́бной земле́ у наро́да-землепа́шца, хлеборо́ба и хлеборо́да.

Пирог, кулебяка, расстегай, капустник. Не красна́ изба́ угла́ми, а красна́ пирога́ми[1] — так и́здавна повело́сь[2]: сла́вился дом свои́м уме́нием[3] угости́ть госте́й, уме́нием испе́чь пироги́[4]. Исто́рия мно́гих «хлебопече́ний»[5] и, коне́чно, пирого́в скла́дывалась в да́вние времена́, до XVI—XVII веко́в. Ка́ждое вре́мя даёт что́-то своё, и свя́зываются тради́ции и совреме́нность, а имена́ пирого́в скрепля́ют фолькло́р, класси́ческую литерату́ру и литерату́ру на́ших дней.

— Вот, пироги́ подо́вые, медо́вые, полденьги́ па́ра[6], пря́мо с жа́ра[7] — зво́нко крича́л Алекса́шка, погля́дывая на прохо́жих.

По́мните, э́то А. Н. Толсто́й так представля́ет нам, чита́телям его́ рома́на «Пётр Пе́рвый», ю́ного Алекса́ндра Ме́ньшикова. Продава́л Алекса́шка «подо́вые пироги́ — по́стные[8] с горо́хом[9], ре́пой[10], солёными гриба́ми[11], и скоро́мные[12] — с зайча́тиной[13], с мя́сом, с лапшо́й[14]... с зайча́тиной, па́ра — с жа́ру, — грош[15] цена́».

Пироги́ бы́ли обы́чной, хотя́ и ла́комой[16] пи́щей ру́сских люде́й. Неда́ром хвали́л Алекса́шка *пироги́ подо́вые, медо́вые* — ‘испечённые на поду́ в печи́, осо́бо арома́тные’ (сравни́те: *медо́вый* за́пах нив, хлебо́в, травы́, *медо́вое* се́но[17] и *медо́вые* уста́[18]). Пироги́ е́ли и ка́ждый день, пирога́ми — осо́бо испечёнными — отмеча́ли и все семе́йные торжества́[19]: дни рожде́ния[20] и имени́ны[21], сва́дьбы[22]... Сложи́лись да́же приглаше́ния — *звать на пиро́г* и *звать к пирогу́*.

Ми́лости прошу́
К на́шему шалашу́[23].
Я пирого́в покрошу́[24],
Отку́шать[25] попрошу́!

А вспо́мним ещё, как го́голевский па́сечник Ру́дый Панько́ звал в го́сти, как хвали́лся[26] пирога́ми: «А каки́ми пирога́ми нако́рмит моя́ стару́ха! Что за пироги́, е́сли б вы то́лько зна́ли: са́хар, соверше́нный са́хар! А ма́сло, так вот и течёт по губа́м, когда́ начнёшь есть» (Го́голь Н. В. Вечера́ на ху́торе близ Дика́ньки, ч. 1).

А под но́вый год — в ще́дрый ве́чер — ходи́ли по и́збам мальчи́шки с пе́снями, в кото́рых и о пирога́х пе́лось:

1. it is not its furnishing but its bread that make the house nice
2. such is the custom
3. ability
4. bread with fillings
5. bakery products
6. quarter-kopeck piece for a couple
7. right from the oven
8. with fish or vegetable filling
9. with peas
10. turnip
11. pickled mushrooms
12. with meat filling
13. hare's meat
14. noodles
15. half-kopeck piece
16. a treat
17. hay
18. lips
19. family holidays
20. birthdays
21. name days
22. weddings
23. *here*: house
24. shall crumble
25. to taste
26. boasted

«Не красна́ изба́ угла́ми,
а красна́ пирога́ми».

Да́йте нам ломо́ть пирога́ [1]
Во все́ коро́вьи рога́...
Кто не да́ст пирога́,
Сведём [2] корову́ за рога́.

Живу́т и посло́вицы: «*Не красна́ изба́ угла́ми, а красна́ пирога́ми*», «*Но пиро́г-то ешь, а хозя́ина не съе́шь*», «*До́брое, ла́сковое сло́во лу́чше мя́гкого пирога́* [3].»

Пироги́ пекли́ и непреме́нно [4] бра́ли с собо́й в доро́гу. Запа́сливая [5] Коро́бочка, отправля́ясь в го́род из своего́ поме́стья [6], напи́чкала [7], —пи́шет Н. Го́голь,— свой экипа́ж «мешка́ми с хлеба́ми, калача́ми, коку́рками, скороду́мками и крендель-

1. a slice of pirog
2. shall lead away
3. freshly-baked pirog
4. invariably
5. thrifty
6. estate
7. stuffed

ка́ми из заварно́го те́ста[1]. Пиро́г-ку́рник и пиро́г-рассо́льник выгля́дывали да́же наве́рх» (Го́голь Н. В. Мёртвые ду́ши, т. 1, гл. VIII).

Одна́ко пора́ нам определи́ть сло́во *пиро́г.*

Как свиде́тельствуют исто́рики языка́, происхо́дит сло́во *пиро́г,* изве́стное почти́ всем славя́нским языка́м, от пир[2] с прибавле́нием су́ффикса *-ог.* Имя же *пир* и глаго́л *пирова́ть*[3] восхо́дят к *пить, пью...* Но есть и друго́е мне́ние. Сло́во *пиро́г* произво́дят от праславя́нского purog, свя́занного с древнеру́сским *пы́ро — пыре́й* 'по́лба'. *По́лба* — злак, разнови́дность пшени́цы. Как полага́ет э́та гру́ппа исто́риков-языкове́дов, созву́чное произноше́ние *пир* и *пиро́г* позво́лило в так называ́емой наро́дной этимоло́гии[4] сбли́зить э́ти два сло́ва (Фа́смер М. Этимологи́ческий слова́рь ру́сского языка́, т. III, М., 1971, с. 307, 419).

Пиро́г — по В. Да́лю — сло́во многозна́чное, обобща́ющее: всё хле́бенное, то́ есть хле́бное. В ра́зных областя́х Росси́и пирого́м называ́ли хлеб си́тный, лу́чше ржано́й (на се́вере), полбе́нный и я́чный (но́вгородцы, куря́не, ряза́нцы). В Оренбу́ржье так называ́ли калачи́ и бу́лки. Называ́ли так и «хле́бенное пече́нье с начи́нкою[5]» (Даль В. И. Толко́вый слова́рь живо́го великору́сского языка́, т. III, 1912, стлб. 281—283). Именно э́то после́днее значе́ние закрепи́лось за сло́вом пиро́г в совреме́нном ру́сском языке́: мя́гкое вы́печенное изде́лие из раска́танного[6] (обы́чно дрожжево́го) те́ста с начи́нкой.

Пироги́ де́лали (и де́лают) из ки́слого те́ста[7], дрожжево́го[8], сдо́бного[9], слоёные[10], кру́глые, до́лгие, треу́х. Пироги́ с горо́хом[11] — *горохови́к,* с ка́шею[12], бо́льшей ча́стью гре́чневой[13], с творого́м[14] и я́йцами — *крупени́к* (устаре́лое, областно́е — *крупе́ник*), с гриба́ми — *грибни́к...* и́ли «чинённый сластя́ми». А у Коро́бочки, заме́тили, коне́чно, бы́ли ещё пиро́г-*ку́рник* и пиро́г-*рассо́льник.*

Ку́рник — 'пиро́г с ку́рицей[15], кури́ным мя́сом и́ли с я́йцами и цыпля́тами[16]'. Назва́ние э́то счита́ется областны́м, но доста́точно распространённым — тверско́е, пско́вское, орло́вское, ку́рское, костромско́е...

Разнообра́зную рассо́льную[17] еду́ — рассо́льники — гото́вили на *рассо́ле* 'солёной воде́ с пря́ностями для засо́лки, кваше́ния и́ли моче́ния[18] вся́ких овоще́й' (Слова́рь совреме́нного ру́с-

1. scalded dough
2. feast
3. to feast
4. folk etymology
5. with a filling
6. rolled
7. leaven dough
8. made with yeast
9. sponge
10. puff-pastry
11. peas
12. cereal
13. buck-wheat
14. cottage cheese
15. chicken
16. spring chicken
17. pickled
18. various methods of pickling

ского литерату́рного языка́, т. 12, М.—Л., 1961, стлб. 814, 816).

Бы́ли в доро́жных запа́сах[1] Коро́бочки ещё *ко-ку́рки* и *скороду́мки*. Забы́тые и́ли полузабы́тые э́ти назва́ния име́ют сла́вную исто́рию. *Коку́рка* (пско́вское) — *коко́рка* — бу́лочка, сдо́бный пше-ни́чный хле́бец с запечённым внутри́ яйцо́м. Имя э́то ста́рое, отно́сится к тру́дным слова́м с нея́с-ным происхожде́нием. Са́ми коку́рки первона-ча́льно бы́ли обря́довыми[2] хле́бцами: их подава́ли как сва́дебное угоще́ние 'то́лстая лепёшка', 'сва́-дебный пиро́г' с яйцо́м. Возмо́жно отсю́да и на-зва́ние: яйцо́ — ла́сково, из де́тской ре́чи — *ко́ка (коко́)*. Здесь мо́жно вспо́мнить глаго́л ко́каться 'ударя́ть яйцо́ об яйцо́' — ста́рая пасха́льная[3] игра́ (*ср.* та́кже koko 'яйцо́' в че́шском, по́льском язы-ка́х, существу́ют схо́дные звуковы́е вариа́нты с те́м же значе́нием и в други́х языка́х возмо́жно свя́за-но с гре́ческими 'зерно́, ядро́'). Ины́е предположе́-ния[4] о происхожде́нии сло́ва коку́рка ме́нее ве-роя́тны.

А вот и́мя *скороду́мка* пришло́ из восто́чных ру́сских го́воров, о́чень вырази́тельно[5] и должно́ понра́виться всем совреме́нным хозя́йкам. *Скоро-ду́мкой*, как отме́тил В. Даль, называ́ли то, что мо́-жно бы́стро приду́мать, сде́лать на ско́рую ру́ку[6]: яи́чницу выпускну́ю[7] и́ли глазу́нью[8].

Этим не исче́рпывается[9] разнообра́зие ру́сских пирого́в. Оно́ увели́чивается ещё всевозмо́жными пирожка́ми. Сло́во пирожо́к[10] то́же свя́зано со сва́-дебными обря́дами. *Пирожки́* — э́то пир на друго́й день у молоды́х[11], для родни́[12] му́жа (у нижегоро́д-цев). В други́х областя́х обы́чаи скла́дывались не́-сколько ина́че. Пирожко́вый день, пирожко́вый стол — «тре́тий по сва́дьбе пир у роди́телей моло-до́й, кото́рая сама́ по́тчует[13] пирожка́ми обы́чно в пе́рвое вокресе́нье по сва́дьбе[14]» (Даль В. И. Тол-ко́вый слова́рь живо́го великору́сского языка́, т. III, Спб.— М., 1912, стлб. 281—282).

Ушли́ в исто́рию[15] э́ти значе́ния слов пирожки́ и пирожко́вый, но оста́лись живы́ми са́ми слова́ пирожки́ 'ме́лкие пироги́' и пирожко́вый 'относя́-щийся к пирожкам'. Прилага́тельное в фо́рме пи-рожко́вая мо́жет быть и́менем существи́тельным как назва́ние кафе́, где пеку́т и́ли жа́рят[16] пирожки́. Эту рабо́ту в настоя́щее вре́мя выполня́ет ча́сто ав-тома́т, подава́я непреры́вно румя́ные вку́сные пи-рожки́, кото́рые едя́т с бульо́ном, ко́фе, ча́ем.

1. supplies for the journey
2. ritual
3. Easter
4. suppositions
5. expressive
6. to make quickly
7. scrambled eggs
8. fried eggs
9. is not exhausted
10. patty
11. at the newly-weds' house
12. the relatives
13. treats to
14. after the wedding
15. are forgotten
16. deep-fry

1. ball
2. whortleberry
3. pickled saffron milk-caps
4. diced
5. with onions
6. chewing
7. God knows with what filling
8. vexation
9. sweet tooth
10. dripping with fat
11. pie with several different fillings
12. filled with
13. oysters were served
14. chicken decorated with curling paper around the bone
15. truffles
16. minced meat
17. devices
18. to satisfy hunger
19. with fish filling
20. millet-pie
21. food prepared from gristle of fish of sturgeon family
22. suet
23. soft roe
24. sturgeon
25. children
26. opinion
27. to cook
28. kneading trough

Само́ поня́тие 'ме́лкие пироги́' относи́тельно. Вот как реаги́рует князь Рома́н на но́вый стол, заведённый по веле́нию Петра́ Пе́рвого в его́ до́ме: «Пришло́сь де́лать в до́ме полите́с [1]... Ни капу́сты с брусни́кой [2] на столе́, ни ры́жиков солёных [3] ру́бленых [4], с лучко́м [5]. Жуя́ [6] пирожо́к ма́ленький,— чёрт-те с чем [7],— спроси́л про сы́на...» (Толсто́й А. Н. Пётр Пе́рвый, кн. 2, гл. 1, 3). *Чёрт-те с чем* — сочета́ние доста́точно вырази́тельно для чу́вства доса́ды [8] кня́зя Рома́на. И ещё сравне́ние ка́к бы глаза́ми ла́комки, сластёны [9] Ильи́ Ильича́ Обло́мова: «Вме́сто жи́рной [10] кулебя́ки [11] яви́лись начинённые [12] во́здухом пирожки́, перед су́пом по́дали у́стриц [13], цыпля́та в папильо́тках [14], с трю́фелями [15]...» (Гончаро́в И. А. Обло́мов, ч. VI, гл. 2).

Пирожки́ быва́ли величи́ной в 5 копе́ек: две лепёшечки, а в середи́не фарш [16]. Но э́то уже́ осо́бые ухищре́ния [17] пиро́жников — бу́лочников и конди́теров. Ру́сский пирожо́к отлича́ется разме́ром, спосо́бным утоли́ть го́лод [18]. Вот приме́р соотноше́ния ру́сских пирого́в-пирожко́в: «...поста́вили ра́зные пироги́, по́стные и ры́бные [19]. Была́ кулебя́ка с пшено́м [20] и гриба́ми, была́ друга́я с вязи́гой [21], жира́ми [22], моло́ками [23] и сиби́рской осетри́ной [24]. Круго́м их, ро́вно ма́лые де́тки [25] вокру́г роди́телей, стоя́ли блю́дца с ра́зными пирога́ми...» (Ме́льников-Пече́рский П. И. В леса́х, ч. I, гл. 16). Пирожки́ и не назва́ть пирожка́ми. Это пироги́ — де́тки кулебя́к.

Кулебя́ка — род пирога́, но отлича́ется и величино́й, и фо́рмой: дли́нный (не кру́глый) пиро́г из ки́слого те́ста, с ка́шей и́ли капу́стой и с ры́бой. Кулебя́кой называ́ют и пиро́г с мя́сом. Происхожде́ние самого́ и́мени нея́сно. Выска́зывается наибо́лее бли́зкое предположе́ние, по мне́нию [26] В. Да́ля, от глаго́ла *кулебя́чить* (*кула́чить* — звукова́я ри́фма) 'валя́ть рука́ми, мять, скла́дывать, стря́пать [27], лепи́ть'. Исто́рики языка́ э́то мне́ние не учи́тывают и счита́ют сло́во *кулебя́ка* тру́дным. Интере́сна предположи́тельная связь *кулебя́ка* с *колобо́к* (сравни́те: диале́ктное *колебя́тка* — 'колобо́к, после́дний хлеб из квашни́ [28]'). Ка́к бы то ни́ было, сло́во *кулебя́ка* ста́рое ру́сское сло́во, су́дя хотя́ бы по образова́вшемуся коли́честву фами́лий: Кулебя́кины, Кулибя́кины, Колюба́кины... В ра́зных областя́х есть свои́ вариа́нты произноше́ния (и приготовле́ния) кулебя́к: *колюба́ка* (арха́нгель-

1. as a rule
2. ordered to the cook
3. pretending
4. a veritable dinner
5. the dead
6. would develop
7. sturgeon cheeks
8. buck-wheat porridge
9. mushrooms with onions
10. brains
11. gets brown
12. let it be less brown
13. becomes soaked
14. falls apart
15. melts
16. joined at the sides
17. closed
18. open
19. open-top pasty
20. longwise opening
21. filling
22. stretch
23. stretch open
24. on a slice of sturgeon
25. burbot liver
26. widespread
27. slicing
28. to crumble
29. waiter
30. fork

ское), *кулеба́ка* (вя́тское), *кульба́ка* (донско́е), *калюба́ка* (яросла́вское) и др.

Как пра́вило [1] кулебя́ка — э́то пиро́г с ры́бой, капу́стой, ка́шей, а у яросла́вцев — с творого́м. Но са́мую вку́сную — грандио́зную — кулебя́ку сотвори́л Пётр Петро́вич Пету́х из «Мёртвых душ» Н. Го́голя: «Хозя́ин зака́зывал по́вару [2] под ви́дом [3] ра́ннего за́втрака... реши́тельный [4] обе́д — и как зака́зывал! У мёртвого [5] роди́лся [6] бы аппети́т.

Да кулебя́ку сде́лай на четы́ре угла́... В оди́н у́гол положи́ ты мне щёки осетра́ [7] да вязи́ги, в друго́й гре́чневой ка́шицы [8], да грибо́чков с лучко́м [9], да моло́к сла́дких, да мозго́в [10], да ещё чего́ зна́ешь там э́такого... како́го-нибудь там того́ ... Да что́бы она́ с одного́ бо́ку, понима́ешь, подрумя́нилась [11] бы, а с друго́го пусти́ её поле́гче [12]. Да испо́дку-то... пропеки́ её так, что́бы всю её прососа́ло, проняло́ [13] бы там, что́бы она́ вся, зна́ешь, э́так разтого́ — не то́, что́бы рассы́палась [14], а иста́яла [15] бы во рту́ как снег како́й, так что́бы и не услы́шал...» (Го́голь Н. В. Мёртвые ду́ши, т. 2, гл. III).

Всё бы́ло в знамени́той кулебя́ке Петра́ Петро́вича Петуха́ — всем кулебя́кам кулебя́ка! Но и э́тим не исче́рпывается разнообра́зие ру́сских пирого́в — *защи́панных* [16], *глухи́х* [17], а в противополо́жность им есть ещё *незащи́панные* [18], *расстега́и* [19] (*растега́и*).

Расстега́й — ‘пирожо́к с продолгова́тым разре́зом [20] наверху́, через кото́рый видна́ начи́нка [21], обычно ры́бная’. Само́ назва́ние, вероя́тно, возни́кло путём сложе́ния повели́тельной фо́рмы от глаго́ла *стегну́ть* с приста́вкой *раз-* (*расстегну́ть*) и́ли, возмо́жно, та́кже от глаго́ла *тяну́ть* [22] — *растя́гивать* [23]. Одна́ко расстега́ем называ́ли не то́лько пирожо́к, но и большо́й кру́глый пиро́г «с начи́нкой из ры́бного фа́рша с вязи́гой, середи́на кото́рого откры́та, и в ней на ло́мтике осетри́ны [24] лежи́т кусо́к нали́мьей печёнки [25]». Опи́сан тако́й расстега́й В. Гиляро́вским в его́ кни́ге «Москва́ и москвичи́» как и осо́бый, тепе́рь уже́ распространённый [26] спо́соб разреза́ния [27] кру́глого пиро́га — расстега́я. Пиро́г не кроши́лся [28] («пирого́в покрошу́, отку́шать попрошу́»), а разрезался спо́собом, изобретённым и́ли, мо́жет быть, популяризи́рованным моско́вским официа́нтом [29] Петро́м Кири́лычем — оста́вил его́ он «по́сле себя́ на па́мять пото́мству. В одно́й руке́ ви́лка [30], в друго́й — но́жик: не́сколько взма́хов[1] руки́, и в оди́н миг расстега́й обраща́лся в деся́тки то́неньких ло́мтиков, разбега́вшихся от центра́льного куска́ печёнки к то́лстым румя́ным края́м пирога́, сохрани́вшего свою́ фо́рму.

Пошла́ э́та мо́да[2] по всей Москве́...»

И ещё оди́н пиро́г — пиро́г с капу́стой, и́мя кото́рого — *капу́стник* отдели́лось, ушло́ от пирога́ и зажи́ло самостоя́тельной жи́знью[3].

Весёлое сло́во *капу́стник* возни́кло в ру́сском быту́. И хотя́ капу́стник «живёт» сейча́с среди́ молодёжи, студе́нчества, во́зраст[4] у него́ уже́ доста́точно соли́дный[5]. Проследи́м его́ исто́рию.

Капу́стник рожда́лся два́жды: снача́ла э́то бы́ло крестья́нское сло́во, пото́м — актёрское, тепе́рь же оно́ ста́ло общелитерату́рным.

В наро́де существова́л ста́рый до́брый обы́чай — *капу́стник* и́ли *капу́стница* — вре́мя ру́бки капу́сты[6], когда́ приглаша́ются сосе́ди[7] и знако́мые (ча́ще де́вицы), кото́рые ру́бят[8] капу́сту, пою́т пе́сни и угоща́ются[9]. «Капу́стницею называ́ется, как вся́кому изве́стно,— добавля́ет оди́н из знатоко́в[10] ру́сского языка́,— вре́мя ру́бки капу́сты, быва́ющее обыкнове́нно не поздне́е 1-го октября́». Академи́ческий слова́рь (1908) свиде́тельствует: «Ка́ждому изве́стно — где капу́стник, тут и пра́здник, тут и пир горо́й[11]». Популя́рны в ру́сской ку́хне[12] пироги́ и пирожки́ из пшени́чного и́ли ржано́го, я́чневого те́ста с начи́нкой из капу́сты све́жей[13] и́ли ки́слой — ква́шеной[14]: *капустники, капу́стнички*.

Капу́стник — э́то и традицио́нный у́жин, кото́рый «по оконча́нии театра́льного сезо́на повсеме́стно дава́лся[15] дире́ктором тру́ппе» (Собольщико́в-Сама́рин Н. И. Запи́ски. Го́рький, 1940, с. 89). Как возни́к в актёрской среде́ э́тот традицио́нный у́жин и почему́ он называ́лся *капу́стник*?

Капу́стники устра́ивались в пе́рвый понеде́льник вели́кого поста́[16] (семь неде́ль перед религио́зным пра́здником — па́схой[17]). Вре́мя э́то бы́ло наибо́лее подходя́щее[18] для «весёлых вечеро́в» и диктова́лось соображе́ниями[19] профессиона́льно-бытово́го хара́ктера: в вели́кий пост, по зако́нам Росси́йской импе́рии, театра́льная жизнь должна́ была́ замира́ть[20], и семь неде́ль актёры вы́нужденно безде́йствовали[21]. Бы́ли знамени́тые капу́стники, наприме́р в Петербу́рге — варла́мовский: «Варла́мов собира́л „актёрскую бра́тию", что́бы

1. movements
2. came into vogue
3. started living its own life
4. age
5. considerable
6. the time of shredding cabbage (for preserving)
7. neighbours
8. shred
9. treat themselves
10. expert
11. sumptuous feast
12. Russian cuisine
13. cabbage
14. sauerkraut
15. was served
16. Lent
17. Easter
18. suitable
19. was caused by considerations of
20. to stop
21. were idle

повесели́ться, забы́ть о вся́ческих го́рестях [1] и не ду́мать о печа́льных перспекти́вах ... Всё са́мое тала́нтливое и знамени́тое [2] из ми́ра иску́сств [3] быва́ло обяза́тельно на капу́стниках у Варла́мова» (См.: М. И. Велиза́рий. Путь провинциа́льной актри́сы. Л.—М., 1938, с. 45). А. Варла́мов (1801—1848) — изве́стный ру́сский пев́ец и компози́тор. Назва́ние своё капу́стник получи́л от традицио́нных великопо́стных блюд [4] — капу́сты ква́шеной и пиро́гов с капу́стной [5] начи́нкой.

В Москве́ капу́стники организо́вывало «Общество иску́сства и литерату́ры», а та́кже Моско́вский Худо́жественный теа́тр. Капу́стники в Худо́жественном те́атре завоева́ли огро́мную популя́рность, и в 1910 г. 9 февраля́ состоя́лся пе́рвый пла́тный капу́стник (в по́льзу осо́бо нужда́ющихся [6] арти́стов теа́тра). Это бы́ли вечера́ весёлой паро́дии и шу́тки. «Ночь перед капу́стником преобразо́вывала до неузнава́емости [7] весь теа́тр. Все кре́сла парте́ра выноси́лись, и на и́х ме́сто ста́вились столы́, за кото́рыми пу́блика ужи́нала» (К. С. Станисла́вский. Моя́ жизнь в иску́сстве. М.—Л., 1948, с. 489—495, гл. Капу́стники и «Лету́чая мышь»). Капу́стник стал фо́рмой «профессиона́льных» вечеро́в. Так, журна́л «Синефо́но» (1913, № 12, с. 22) отме́тил пе́рвое собра́ние-капу́стник кинематографи́ческих [8] де́ятелей в рестора́не «Пра́га»:

> Прекра́сный у́жин — киноу́жин...
> И э́ти ре́чи — киноре́чи...
> Тут делега́ты всех тече́ний [9]...
> Объедини́ла всех капу́ста,
> И так да бу́дет веселе́й!

Возни́к да́же глаго́л *капу́стничать* — 'справля́ть капу́стник' (Академи́ческий слова́рь ру́сского языка́, 1908; Картоте́ка Ленингра́дского отделе́ния Институ́та ру́сского языка́ Акаде́мии нау́к СССР).

Капу́стники популя́рны и в на́ше вре́мя. Пра́здники, юбиле́и, студе́нческие кани́кулы отмеча́ются капу́стниками. Это оди́н из ви́дов худо́жественной самоде́ятельности [10]. Капу́стники но́сят обы́чно дру́жески-сатири́ческий хара́ктер, злободне́вны [11], как пра́вило, осно́ваны на собы́тиях институ́та, шко́лы, теа́тра — своего́ предприя́тия и́ли уче́бного заведе́ния: «Сле́дующие эпизо́ды капу́стника изобража́ли [12] рабо́ту редколле́гии [13], совеща́ние клу́бного сове́та [14], распределе́ние путёвок [15] и други́е сюже́ты из жи́зни институ́та и общежи́тия» (Три́-

1. all sorts of troubles
2. famous
3. artistic world
4. lenten fare
5. cabbage filling
6. for the benefit of the poor
7. transformed beyond recognition
8. cinematographic
9. representatives of all trends
10. amateur dramatics
11. on current topics
12. portrayed
13. editorial board
14. conference of the club council
15. distribution of the tourist vouchers

фонов Ю. В. Студе́нты. Но́вый мир, 1950, № 10, с. 171, гл. 14). «...Тот факт, что к любо́му экза́мену они́ (студе́нты) начина́ют гото́виться за 2—3 дня, изве́стен не то́лько из многочи́сленных капу́стников» (Сове́тская культу́ра, 1968, 25 ма́я).

Каки́м до́лжен быть капу́стник по своему́ хара́ктеру, писа́ли в газе́те «Сове́тская культу́ра»: «...капу́стник, где как говори́тся, сам бог веле́л подура́читься[1]... А гла́вное, в капу́стнике и пяти́ мину́т „не прожи́ть" без остроу́мия, изя́щества, лёгкости, непринуждённости[2]» (1968, 9 апре́ля).

Капу́стник — э́то и самоде́ятельный спекта́кль[3], весёлый, о́стрый[4], на зло́бу дня[5], э́то и пра́здничный у́жин, вечери́нка[6]. Вре́мя проведе́ния капу́стников тепе́рь уже́ не ограни́чено каки́м-либо одни́м днём, а когда́-то традицио́нная капу́ста — тепе́рь не то́лько не «гвоздь» стола́[7], а да́же и не появля́ется на столе́. Но неизме́нным оста́лось назва́ние *капу́стник* и хара́ктер э́того развлече́ния — злободне́вный, дру́жеский, рассчи́танный на свою́ осо́бую аудито́рию, во́все не обяза́тельно артисти́ческую. Если же капу́стник организо́ван арти́стами и об э́том хотя́т сообщи́ть, то добавля́ется определе́ние *артисти́ческий, актёрский*. Вот как арти́ст С. Юрский вспомина́ет о пе́рвой встре́че с геро́ем знамени́тых сатири́ческих рома́нов И. Ильфа и Е. Петро́ва «Двена́дцать сту́льев» и «Золото́й телёнок»: «Де́сять лет наза́д, в нового́днюю ночь, я впервы́е игра́л роль Оста́па Бе́ндера... Это был весёлый нового́дний актёрский капу́стник» (Сове́тская культу́ра, 1969, 1 января́). Заме́тим, что пе́рвый нового́дний капу́стник был устро́ен по жела́нию[8] А. Че́хова в Моско́вском Худо́жественном теа́тре при встре́че но́вого 1903 го́да.

В како́й-то сте́пени значе́ние сло́ва *капу́стник* своеобра́зно отрази́лось в исхо́дном сло́ве *капу́ста*. Сравни́те: «... объединя́ла всех капу́ста, и так да бу́дет веселе́й!». Интере́сно в э́том смы́сле и назва́ние сбо́рника сатири́ческих ба́сен Ф. Кри́вина «Вокру́г капу́сты» (М. 1960).

Мы то́же соверши́ли круг «вокру́г капу́сты» и да́же бо́лее широ́кий: вокру́г хле́ба, бу́лок, карава́ев, колобко́в, всевозмо́жных пирожко́в, кулебя́к, расстега́ев и капу́стников. Остаётся то́лько испе́чь пиро́г[9]. Выбира́йте — како́й!? И пусть пиро́г ваш

С пы́лу, с жа́ру[10]!
Кипи́т[11], шипи́т[12],
Чуть не говори́т![13]

1. you can't help making merry
2. spontaneity
3. amateur dramatics
4. biting
5. on topical issues
6. party
7. the main dish
8. on the initiative
9. to bake a pirog
10. right from the oven
11. *here*: steams
12. sizzles
13. all but speaks

ИЗ РЕЦЕПТОВ МОЕЙ БАБУШКИ

1. puff pastry
2. quick
3. pastry board
4. chilled
5. chop
6. depression
7. salted
8. lemon juice
9. mix
10. make into a ball
11. cover
12. roll
13. with fresh berries
14. griddle
15. cast iron frying pan
16. cut
17. strawberries
18. raspberries
19. wild strawberries
20. blackberries
21. roll in
22. strips
23. lattice
24. narrow
25. encircle
26. whipped
27. hot oven
28. remove from the griddle
29. put on a dish
30. fruit juice
31. cutter
32. cut
33. a ball of minced meat
34. press with hands
35. join
36. boletus mushroom filling
37. cleaned
38. washed
39. slice
40. fry
41. add sour cream
42. finely chopped

Слоёное[1] *тесто на скорую руку*[2]. На пирожкóвую дóску[3] вы́сыпать мукý (500 г), положи́ть в неё охлаждённое[4] сли́вочное мáсло, предвари́тельно нарéзанное мáленькими кусóчками (300 г) и мéлко изруби́ть[5] ножóм. Смешáть мукý с мáслом. Пóсле э́того сдéлать в мукé углублéние[6], в котóрое влить подсóленную[7] вóду (⁴/₅ стакáна), добáвить 1 яйцó, лимóнный сок[8], (1 чáйную лóжку) и замеси́ть[9] тéсто. Из тéста скатáть[10] шар, накры́ть[11] егó салфéткой и постáвить на 30—40 минýт в прохлáдное мéсто. Пóсле чегó раскатáть[12] и испóльзовать для вы́печки пирогóв и пирожкóв.

Сладкий пирог со свежими ягодами[13]. Готóвое тéсто раскатáть слóем, помести́ть на приготóвленный прóтивень[14] и́ли крýглую чугýнную сковородý[15], смáзанную предвари́тельно сли́вочным мáслом. Обрéзать[16] по краям ли́шнее тéсто. Положи́ть начи́нку: клубни́ку[17] и́ли мали́ну[18], земляни́ку[19], черни́ку[20]. Посы́пать сáхаром. Загнýть[21] края́. Из остáтков тéста нарéзать ýзкие полосы[22] и сдéлать повéрх начи́нки решётку[23]. Тóнкой и ýзкой[24] полóской тéста окружи́ть[25] пирóг по края́м. Смáзать взби́тым[26] яйцóм и постáвить в жáркий духовóй шкаф[27] на 20—30 минýт.

Готóвый пирóг снять с прóтивня[28], положи́ть на бумáгу, обсы́пать сáхарной пýдрой, затéм уложи́ть на блю́до[29].

К слáдкому пирогý мóжно подáть молоко и́ли фруктóвый сок[30].

Пирожки из слоёного теста. Раскатáть тéсто в ви́де прямоугóльной полосы́ толщинóй приблизи́тельно в полсантимéтра. Стакáном (и́ли специáльной вы́резкой[31]) вы́резать[32] круги́ ряда́ми вдоль всей полосы́, слегкá смочи́ть их водóй, положи́ть на середи́ну кáждого из них шáрик фáрша[33]. Пóсле чегó накры́ть фарш други́м кружкóм. Затéм кáждый шáрик обжáть рукáми[34] и защепи́ть[35], чтóбы тéсто соедини́лось. Уложи́ть пирожки́ на пирожкóвый лист, слегкá смóченный водóй, смáзать яйцóм и выпекáть в духовóм шкафý 10—15 минýт.

Начи́нка из свéжих бéлых грибóв[36]. Очи́щенные[37], промы́тые[38] бéлые грибы́ свари́ть, пóсле чегó нарéзать лóмтиками[39] и прожáрить[40] с мáслом на сковородé. Затéм добáвить сметáну[41], мéлко нарéзанный[42] поджáренный лук, соль и, прикры́в

1. stew
2. parsley
3. dill
4. chop
5. mix
6. rice
7. to enjoy
8. milk fresh from the cow
9. to make a stiff dough
10. cut into portions
11. portion
12. small plate
13. a head of ripe cabbage
14. wooden trough
15. chopper
16. mixing
17. linseed oil
18. sunflower oil
19. to put a spoonful on each
20. to occupy only one half
21. the free half
22. to turn on
23. iron griddles
24. floured
25. brushed with oil

крышкой, туши́ть[1] 10—15 мину́т. По́сле э́того доба́вить ме́лко наре́занной зе́лени петру́шки[2], укро́па[3] и охлади́ть.

На 1 кг грибо́в — 1—2 столо́вые ло́жки ма́сла, 1 шт. ре́пчатого лу́ка, ¼ стака́на смета́ны и немно́го зе́лени.

Начи́нка из сушёных грибо́в с ри́сом.* Сва́ренные сушёные грибы́ ме́лко изруби́ть[4], положи́ть в грибы́ поджа́ренный ме́лко нару́бленный лук, перемеша́ть[5] и прожа́рить в тече́ние 2—3 мину́т. По́сле э́того грибы́ смеша́ть с варёным ри́сом[6], доба́вив соль (по вку́су).

На 50 г сушёных грибо́в — 1 стака́н ри́са, 1—2 шт. ре́пчатого лу́ка, 2—3 столо́вые ло́жки сли́вочного и́ли расти́тельного ма́сла.

Капустник деревенский. Это реце́пт — вологодский, при́слан жи́телем посёлка Вахо́нькино Каду́йского райо́на Д. Арха́нгельским.

Да́же про́сто проче́сть э́тот реце́пт — уже́ мо́жно получи́ть удово́льствие[7].

«Капу́стник стари́нное ру́сское пиро́жное изде́лие. Для приготовле́ния капу́стников беру́т по ра́вной ча́сти ржано́й и я́чневой муки́. Смесь заме́шивают на парно́м молоке́[8]. Полу́ченное те́сто намина́ют до густоты́[9], де́лят на ча́сти[10] и ка́ждую до́льку[11] рука́ми превраща́ют в ша́рик. Ша́рики при по́мощи ска́лки превраща́ют на пиро́жной доске́ в со́чни* кру́глой фо́рмы, толщино́й в 1—2 миллиме́тра. Разме́р со́чня де́лается величино́ю в ме́лкую столо́вую таре́лку[12].

Гото́вят начи́нку: очища́ют от ве́рхних ли́стьев коча́н спе́лой бе́лой капу́сты[13], выреза́ют кочеры́жку*. Положи́в в деревя́нное коры́тце[14], се́чкой[15] ме́лко ру́бят.

Изру́бленную капу́сту подса́ливают и на глубо́кой сковоро́де поджа́ривают, хорошо́ переме́шивая[16]. Когда́ капу́ста де́лается мя́гкой, поджа́ривание прекраща́ют. Для поджа́ривания употребля́ется льняно́е[17] и́ли подсо́лнечное ма́сло[18].

Поджа́ренную капу́сту раскла́дывают ло́жкой[19] на со́чни, лежа́щие на пиро́жной доске́, занима́я то́лько полови́ну[20] со́чня. Свобо́дной полови́ной[21] со́чня накрыва́ют капу́сту и края́ защи́пывают. Получи́вшийся пирожо́к называ́ют капу́стник.

С пиро́жной доски́ капу́стники сдвига́ют[22] на желе́зные про́тивни[23], присы́панные то́нко муко́й[24], и́ли прома́занные ма́слом[25].

1. sweep with a broom
2. clarified butter
3. in stagger arrangement
4. towel
5. table-cloth
6. to soften
7. crust
8. exceptionally delicious

Ру́сскую печь замета́ют помело́м [1] и помеща́ют в неё на по́д* про́тивни с капу́стниками. За 15—20 мину́т со́чни пропеку́тся и капу́стники бу́дут гото́вы.

Капу́стники вынима́ют из пе́чи и ка́ждый со всéх сторо́н прома́зывают расти́тельным и́ли топлёным* коро́вьим* ма́слом [2]. Нама́занные ма́слом капу́стники скла́дывают на таре́лку и́ли блю́до так, что́бы получи́лась сто́пка с перекре́щивающимися ряда́ми [3] капу́стников. Сто́пку накрыва́ют чи́стым полоте́нцем [4], а пове́рх в не́сколько рядо́в свёрнутой ска́тертью [5]. Даю́т капу́стничкам отмя́кнуть [6], на что́ ухо́дит мину́т 20.

Когда ко́рочки [7] сде́лаются мя́гкими, капу́стники подаю́т на сто́л. Ви́лки и ножи́ к капу́стничкам не подаю́тся. Едя́т, держа́ капу́стник рука́ми. Для вытира́ния ма́сляных рук в дере́вне подаю́т рушники́ (полоте́нца.)

Капу́стники отме́нно вку́сное [8] стари́нное ру́сское блю́до».

КОММЕНТАРИЙ

на ско́рую ру́ку — *ср.*: на живу́ю ру́ку — бы́стро, поспе́шно

сушёный — загото́вленный впрок высу́шиванием, посре́дством су́шки; *ср.*: сухо́й 'лишённый вла́ги', в том числе́ и в результа́те су́шки, высу́шивания

со́чень, *м.р.* — (*мн.ч.* со́чни) лепёшка из пре́сного, недрожжево́го те́ста, то́нко раска́танная (иногда́ со́гнутая попола́м, с начи́нкой)

кочеры́жка, *ж.р.* — капу́стный ствол (в коча́не)

под *м.р.* — ни́жняя пове́рхность, дно то́пки, у́стья печи́ (печь на поду́ — *подо́вый* пиро́г, хлеб)

топлёное (ма́сло) — пригото́вленное топле́нием, раста́пливанием (из сли́вочного ма́сла)

коро́вье (ма́сло) — из коро́вьего молока́, сли́вок (сли́вочное ма́сло)

ЗАДАНИЯ

1. Како́й пиро́г вы́ бы хоте́ли пригото́вить? Предста́вьте мы́сленно (а ещё лу́чше — сде́лайте) все де́йствия и, соверша́я их, поясни́те всё по-ру́сски. Обрати́те внима́ние на приста́вочные глаго́лы, соотнесе́ние их с предло́гами и на соотве́тствие им паде́жных форм. Наприме́р: высыпа́ть (что?) *на* пирожко́вую доску́; изруби́ть *ножо́м*, смеша́ть *с* ма́сл*ом*, ската́ть *шар из* те́ста и т. п.

2. В каки́х сочета́ниях како́й паро́ним вы предпочтёте: сухо́й — сушёный, пирожко́вый — пиро́жный (грибы́, кли́мат, песо́к, земля́, фру́кты; доска́, фо́рма, кафе́-столо́вая)?

КЛЮЧ

2. Сушёные *грибы́, фру́кты,* сухо́й *кли́мат, песо́к*; суха́я *земля́*. Пиро́жная и пирожко́вая *доска́*, пирожко́вая *фо́рма* (для пирожко́в), кафе́-столо́вая — пирожко́вая (в меню́ таки́х кафе́ пирожки́, бульо́н, ко́фе и́ли чай).

Хлеб в пословицах

Хле́ба ни куска́ — так и в те́реме[1] тоска́[2].
Худ[3] обе́д, когда́ хле́ба нет.
Не бу́дет хле́ба, не бу́дет обе́да.
Хлеб наш насу́щный — бе́лый да вку́сный.
Хле́бушка — пирожко́в де́душка.
Паляни́ца[4] — хле́бова сестри́ца[5].
Хлеб — ба́тюшка[6], води́ца[7] — ма́тушка[8].
Хлеб да вода́ — чем не еда́.
Хлеб да вода́ — здоро́вая еда́.
Без хле́ба не жи́ть, да и не от хле́ба жить (т. е. — не хле́бом еди́ным жив челове́к).
Сло́ву — ве́ра, хле́бу — ме́ра, деньга́м — счёт.
Ешь пироги́, а хлеб вперёд береги́ (то́ есть наслажда́йся, но в ме́ру).

1. *here*: in the house
2. boredom
3. poor
4. a round loaf of spongy white bread
5. sister
6. father
7. water
8. mother

ЗАДАНИЯ

Соста́вьте расска́з, в кото́ром была́ бы уме́стна понра́вившаяся вам посло́вица. Испо́льзуйте в ва́шем расска́зе ситуати́вно опра́вданные определе́ния к сло́ву хлеб из сле́дующего ря́да:

го́рький, гото́вый, дешёвый, лёгкий, насу́щный, нелёгкий, роди́тельский, студе́нческий, тёплый, тру́дный, трудово́й, тяжёлый, тя́жкий, че́стный, чужо́й.

О хлебе для малышей

Любо́вь и уваже́ние к хле́бу воспи́тывается с де́тства. Поэ́тому популя́рны де́тские стихи́, приба́утки[9], зага́дки[10]. Одно́ из таки́х стихотворе́ний предлага́ется для чте́ния и зау́чивания. Обрати́те внима́ние на глаго́льные фо́рмы: *ста́вят, наполня́ют, замета́ют, ма́жут, посыпа́ют*. Их значе́ние неопределённо-ли́чное: вы́делено де́йствие, на кото́ром сосредото́чено внима́ние.

9. facetious sayings
10. riddles

ХЛЕБ

М. Фро́ман

Вот и ро́жь, и вот пшени́ца,
Бу́дет сла́вная мучи́ца * —
Рассы́пчатая ! [1]
Крупи́чатая * !
Подыма́ется горо́ю
Те́сто бе́лое, туго́е [2].
Ста́вят фо́рмы для хлебо́в,
Наполня́ют до краёв.
Заплета́ют кренделька́ми *,
Ма́жут [3] ма́слом и желтка́ми [4].
А для те́х, кто ла́ком *,
Посыпа́ют ма́ком *.
Хлеб горчи́чный [5] и шафра́нный [6],
Заварно́й и пеклева́нный [7],
Хлеб с изю́мом и просто́й [8],
И пшени́чный, и ржано́й.
Си́тный [9] кру́глый и плетёный,
И солёные бато́ны [10].
Во́рох сдо́бных кренделько́в [11],
И бара́нок [12], и подко́в [13] —
Все румя́нистые * !
Все поджа́ристые [14]!

1. friable
2. stiff
3. spread with
4. egg-yolks
5. with mustard oil
6. saffron
7. made of fine-ground rye flour
8. ordinary
9. sifted-flour bread
10. loaves
11. cracknels
12. ring-shaped roll
13. horseshoe-shaped roll
14. with a crisp brown crust

КОММЕНТАРИЙ

мучи́ца, *ж. р.* — от мука́, уменьши́тельно, ласка́тельно

крупи́чатая (мука́) — состоя́щая из ме́лких крупи́нок (зёрен), подо́бна крупе́, крупи́чатая мука́ — крупча́тка

крендельки́, *зд.*: осо́бый вид пече́ния 'ма́ленькие кре́ндели'. *Ср.*: кре́ндель (большо́й)

ла́ком, *зд.*: ла́комка

посы́пать ма́ком — посы́пать для вку́са семена́ми ма́ка (употребля́емыми в пи́щу)

румя́нистый — румя́ный; суффикса́льная фо́рма на *-истый* образо́вана по анало́гии с *поджа́ристый*

ЗАДАНИЕ

Прочти́те стихотворе́ние, поясни́в ра́зные хле́бные изде́лия на осно́ве те́кстов «Хле́бные слова́».

Сказка учит

Константи́н Дми́триевич Уши́нский (1824—1871) — изве́стный ру́сский педаго́г, де́тский писа́тель. Автор мно́гих педагоги́ческих сочине́ний, наприме́р, «Челове́к как предме́т воспита́ния». Коро́ткие расска́зы К. Уши́нского для дете́й отлича́ются простото́й изложе́ния[1] подча́с сло́жных мы́слей, сохраня́ется бли́зость фолькло́рным тради́циям, ненавя́зчивая нравоучи́тельность[2] заключа́ется в само́м отбо́ре собы́тий, посту́пков геро́ев, и их хара́ктере, вне́шности. («Как руба́шка в по́ле вы́росла», «Исто́рия одно́й я́блоньки», «Жа́лобы за́йки[3]», «Орёл и ко́шка», «Де́тские очки́» и мн. др.). Ска́зка «Колобо́к» вас познако́мит с иску́сством К. Уши́нского расска́зчика-воспита́теля. Расска́зывая ска́зку, К. Уши́нский сохраня́ет обы́чный ска́зочный зачи́н[4] «жил-был», обраще́ния «стари́к-стару́ха», фо́рму обраще́ния — еди́нственное число́ глаго́лов и местоиме́ний: *послу́шай, тебя́, не е́шь* и т. п., столь типи́чные и для фолькло́ра, и для де́тской ре́чи. В фолькло́рной тради́ции и постоя́нные эпи́теты-определе́ния: *косо́й*[5] за́яц, *се́рый* волк, *косола́пый*[6] медве́дь...

Просто́й разгово́рный (но не наруша́ющий общепри́нятых норм) язы́к бли́зок наро́дной ска́зке и наро́дной обихо́дной ре́чи: *то́лько его́ и ви́дел, у́ши разве́сил* (стал слу́шать с таки́м внима́нием, что ничего́ бо́лее не заме́тил).Типи́чны для э́той речево́й среды́ и уменьши́тельные фо́рмы: *зава́линка, тра́вка, пе́сенка, голу́бчик*[7], *носо́чек, разо́чек.*Уменьши́тельные фо́рмы мо́гут игра́ть ра́зную роль: уменьши́тельную (*доро́жка — ср.: доро́га*); ласка́тельную (*зава́линка, тра́вка*) и характе́рно-льсти́вую *приго́женький*[8], *румя́ненький, голу́бчик, носо́чек, разо́чек* в ре́чи Лисы́).

Отме́тим разгово́рную части́цу[9] и её усили́тельно-выдели́тельное значе́ние[10]: — Да из чего́ испе́чь[11]-*то*? Муки́ нет.

Нет в повествова́нии ни одно́й ли́шней дета́ли. Его́ отлича́ет осо́бый вы́бор слов — общеупотреби́тельных[12], часто́тных[13], ситуати́вно соотнесённых[14]. Именно поэ́тому язы́к ска́зки по своему́ слова́рному соста́ву и граммати́ческим фо́рмам не представля́ет тру́дностей[15]. Не́сколько слов — устаре́вших и́ли я́рко национа́льных — истолко́ваны в коммента́риях. Их сле́дует поясни́ть[16] перед чте́нием ска́зки.

1. noted for their simple language
2. tactful didacticism
3. hare
4. opening
5. hare
6. bear
7. dear
8. nice-looking
9. particle
10. intensifying
11. to bake
12. commonly-used
13. frequency
14. situational
15. presents no difficulties
16. to explain

Колобок (ру́сская ска́зка, расска́занная К. Уши́нским). Жил-был стари́к со стару́хой. Вот и про́сит стари́к:

— Испеки́ мне, ста́рая, колобо́к.

— Да из чего́ испе́чь-то? Муки́ нет.

— Эх, старýха! По амбáру * пометѝ [1], по сусéчкам * поскребѝ [2] — вот и наберётся.

Старýха так и сдéлала, намелá, наскреблá гóрсти [3] две мукѝ, замесѝла тéсто на сметáне [4], скатáла [5] в колобóк, изжáрила егó в мáсле [6] и положѝла на окнó простыть [7].

Надоéло колобкý лежáть: он и покатѝлся с окнá на завáлинку *, с завáлинки на трáвку, с трáвки на дорóжку — покатѝлся по дорóжке. Кáтится колобóк по дорóге, а навстрéчу емý зáяц:

— Колобóк, колобóк! Я тебя́ съем.

— Нет, не éшь меня́, косóй, а лýчше послýшай, какýю я тебé пéсенку спою́:

Я колобóк, колобóк!
По амбáру метён,
По сусéчкам скребён,
На сметáне мешóн.
В пéчку сажóн *,
На окóшке стужóн,
Я от дéдушки ушёл,
Я от бáбушки ушёл,
От тебя́, зáйца, не хитрó [8] уйтѝ!

И покатѝлся колобóк дáльше: тóлько егó зáяц и вѝдел [9].

Кáтится колобóк по тропѝнке в лесý, а навстрéчу емý сéрый волк:

— Колобóк, колобóк! Я тебя́ съем.

— Не éшь меня́, сéрый волк: я тебé пéсню спою́.

И колобóк запéл:

Я колобóк, колобóк!
По амбáру метён,
По сусéчкам скребён,
На сметáне мешóн,
В пéчку сажóн,
На окóшке стужóн,
Я от дéдушки ушёл,
Я от бáбушки ушёл,
Я от зáйца ушёл,
От тебя́, вóлка, не хитрó уйтѝ!

Покатѝлся колобóк дáльше, тóлько егó волк и вѝдел.

Кáтится колобóк пó лесу, а навстрéчу емý медвéдь идёт, хвóрост [10] ломáет, кусты́ к землé гнёт [11].

— Колобóк, колобóк! Я тебя́ съем.

1. sweep
2. scrape
3. handfuls
4. sour cream
5. shaped into a ball
6. deep-fried in oil
7. to cool
8. no problem
9. he was gone in a flash
10. brushwood
11. bends to the ground

12—1413

— Ну, где тебе́, косола́пому[1], съесть меня́! Послу́шай лу́чше моей пе́сенки.

Колобо́к запе́л, а Ми́ша и уши́ разве́сил.

И покати́лся колобо́к — медве́дь то́лько вслед[2] ему́ посмотре́л.

Ка́тится колобо́к, а навстре́чу ему́ лиса́.

— Здра́вствуй, колобо́к! Како́й ты приго́женький[3], румя́ненький!

Колобо́к рад, что его́ похвали́ли[4], и запе́л свою́ пе́сенку, а лиса́ слу́шает да всё бли́же подкра́дывается[5].

— Я колобо́к, колобо́к!..

— Сла́вная пе́сенка! — сказа́ла лиса́.— Да то беда́, голу́бчик, что я стара́ ста́ла — пло́хо слы́шу[6]. Сядь ко мне́ на носо́чек да пропо́й ещё разо́чек.

Колобо́к обра́довался, что его́ пе́сенку похвали́ли, да и запе́л:

Я колобо́к, колобо́к!..

А лиса́ его́ — гам * ! — и съе́ла.

КОММЕНТАРИЙ

амба́р, *м. р.* — холо́дная постро́йка, предназна́ченная для хране́ния зерна́, муки́ и др. проду́ктов, а та́кже това́ров, веще́й

сусе́чки — *мн. ч.*, уменьши́тельная фо́рма от сусе́к, *м. р.* — сусе́ки — огоро́женное ме́сто в зернохрани́лище и́ли амба́ре для ссыпа́ния зерна́

зава́линка, *ж. р.* — на́сыпь, обы́чно из земли́, вокру́г основа́ния жило́го строе́ния для отепле́ния его́

в пе́чку сажон — в ру́сскую по́довую печь

гам! (ам) — шу́точное, де́тское: 'укушу́, съем, вот я тебя́ съем'.

1. bear
2. after
3. nice-looking
4. complemented
5. steals up to
6. hard of hearing

ЗАДАНИЯ

1. Прочти́те ска́зку и перескажи́те её для ма́леньких слу́шателей, а зате́м переда́йте кра́ткое содержа́ние как крити́ческий обзо́р-оце́нку: нравоучи́тельное значе́ние ска́зки, досту́пность и изобрази́тельность ска́зки и т. п.

2. Есть ли у ва́с наро́дные ска́зки, бли́зкие по содержа́нию и воспита́тельной це́ли ру́сской наро́дной ска́зке «Колобо́к»?

Хлеб для всех и для каждого

Хлеб наш насу́щный — хлеб необходи́мый, жи́зненно ва́жный для всéх,— ещё мо́жет име́ть и специа́льное назначе́ние. Как создаю́тся ра́зные хлеба́? Кто занима́ется изуче́нием потре́бностей и нужд в хле́бе для ка́ждого из нас?

Космические пекари. Космона́втам по́сле возвраще́ния на зе́млю как дар родно́й земли́, как свиде́тельство наро́дной любви́ и уваже́ния преподно́сят хлеб-соль. Карава́и э́ти пеку́т и на Целиногра́дском * хлебозаво́де [1]. У зде́шнего пе́каря Анастаси́и Петро́вны Ушако́вой свой реце́пт для таки́х хле́бов.

«...Целиногра́дский хлеб мы, космона́вты, хорошо́ зна́ем. Он — пе́рвая награ́да нам на Земле́ и пе́рвая ра́дость»,— э́то слова́ Юрия Алексе́евича Гага́рина.

...Бо́лее тридцати́ лет печёт хлеб Ушако́ва, мно́го ра́зных сорто́в зна́ет, а тепе́рь вот поруча́ют ей [2] и тако́й. Начало́сь всё без предупрежде́ния [3]. Пришла́ одна́жды по́сле сме́ны [4] домо́й, переоде́лась, отпра́вилась [5] с му́жем в го́сти. То́лько се́ли за сто́л *, посы́льный на пороге [6]: «Сро́чное зада́ние [7] вам, Анастаси́я Петро́вна». Го́сти перегляну́лись [8], что стрясло́сь *? Но воше́дший ничего́ бо́льше не говори́т, улыба́ется и потора́пливает [9]: «Сро́чное зада́ние. Почётное! [10]»

Прие́хала на комбина́т [11], а там уже́ ждут: «Встава́й к печи́ [12], Анастаси́я Петро́вна, гото́вь хлеб. Космона́вты ско́ро возвратя́тся, бу́дем их твои́м карава́ем встреча́ть».

— Разволнова́лась стра́шно [13],— вспомина́ет Анастаси́я Петро́вна,— как замеси́ла те́сто, как ста́вила в печь, и не вспо́мню. То́лько всё вре́мя пригова́ривала: «Повкусне́й, да попышне́й получи́сь [14]». Удался́ карава́й на сла́ву [15]. Сама́ же пове́рх [16] и на́дпись [17] сде́лала: «Добро́ пожа́ловать» [18]. Испекла́, подхвати́ли его́ [19] — и к ме́сту приземле́ния [20].

Утром сле́дующего дня спроси́ла: «Понра́вился ли хлеб»? «Понра́вился»,— сказа́ли.

Она́ храни́т письмо́ от Г. Гре́чко. «Когда́-то моя́ ма́ма рабо́тала пе́карем,— писа́л космона́вт.— Эти арома́тные и души́стые хле́бы напомина́ют мне матери́нские тёплые ру́ки [21].Прошу́ переда́ть благода́рность ма́стеру...»

Сейча́с хлеб в косми́ческом рацио́не [22] — на одно́м из гла́вных мест [23]. В пе́рвом за́втраке — хлеб бороди́нский, во второ́м — медо́вая коври́жка [24], на обе́д — хлеб столо́вый, к у́жину — сно́ва бороди́нский.

В ка́ждом бортово́м пайке́ лежа́т запа́янные в плёнку паке́тики [25] с небольши́ми буха́ночками [26].

Косми́ческие хле́бцы выпека́ются одного́ ве́са — по четы́ре с полови́ной гра́мма ка́ждый. Вес

1. bakery
2. she is entrusted
3. without warning
4. after the shift
5. went to see some friends
6. messenger at the door
7. urgent assignment
8. exchanged glances
9. hurries
10. honorable
11. factory
12. Get busy!
13. got terribly excited
14. please turn out light
15. turned out excellently
16. on the top
17. inscription
18. Welcome!
19. snatched
20. to the landing site
21. mother's warm hands
22. space rations
23. pride of place
24. honey cake
25. packed in air-tight plastic bags
26. little loaves

1. bites off
2. slice
3. for one bite
4. crust of a loaf
5. put into mouth whole
6. does not become stale
7. nourishing
8. metal plate
9. honeycomb
10. baking
11. still warm bread
12. packed
13. sealed together
14. is transported to the spaceship
15. mistrustfully
16. became fixed
17. components
18. contra-indicated
19. convinces
20. perfection

не случа́ен. Четы́ре с полови́ной гра́мма — сто́лько в сре́днем отку́сывает[1] ка́ждый из нас, когда́ подно́сит ломо́ть[2] ко рту́. Ма́ленький карава́й не на́до ре́зать. Миниатю́рная буха́ночка — на оди́н уку́с[3]. Почему́ вы́брана така́я фо́рма — буха́нкой? Заме́чено, вкус хле́ба зави́сит от ко́рочки. Не случа́йно же есть люби́тели горбу́шек[4]. У косми́ческого хле́бца все горбу́шки отправля́ются в рот сра́зу[5].

Хлеб э́тот не то́лько до́лго не черстве́ет[6], он — сы́тный[7].

Точне́йшие весы́ отмеря́ют пригото́вленное те́сто. Им заполня́ют фо́рмочки. На одно́й металли́ческой пласти́не[8] их не́сколько деся́тков, сло́вно со́ты[9]. Вы́печка[10] ведётся шесть-во́семь мину́т, в зави́симости от со́рта хле́ба.

Ещё не осты́вшие хле́бцы[11] паку́ются[12] (по де́сять буха́ночек) в конве́рт из прозра́чной плёнки. Конве́рт с ни́ми стерилизу́ют и вкла́дывают во второ́й паке́т, полиэтиле́новый, то́же прозра́чный. Края́ тща́тельно зава́ривают[13]. В тако́м ви́де хлеб и отправля́ется на бо́рт[14] косми́ческого корабля́.

КОММЕНТАРИЙ

Целиногра́дский (хлебозаво́д, хлеб) — относя́щийся к го́роду Целиногра́ду (осно́ван в 1830 г. как кре́пость Акмолы) в Каза́хской ССР

сесть за сто́л, *зд.*: сесть за пра́здничный стол, пра́здничный у́жин

что стрясло́сь? — что случи́лось?

со́ты, *мн. ч.* — здесь в сравне́нии: яче́йки из во́ска в ви́де пра́вильных рядо́в, создава́емые пчёлами для хране́ния мёда

Булочки для... балерины. Хлеб для балери́ны? — переспра́шиваю недове́рчиво[15].

— И для балери́ны — то́же. А что вас удивля́ет?

Во Всесою́зном нау́чно-иссле́довательском институ́те хлебопека́рной промы́шленности гла́вная нау́чная те́ма — хлеб, хлеб сего́дняшний и хлеб бу́дущий.

— За одни́м из но́вых сорто́в и закрепи́лось[16] среди́ на́ших сотру́дников назва́ние «хлеб для балери́ны». Почему́? Проду́кт освобождён от компоне́нтов[17], противопока́занных[18] тем, кто не до́лжен и́ли не хо́чет прибавля́ть в ве́се.

Знако́мство с рабо́той сотру́дников э́того институ́та убежда́ет[19], что соверше́нствование[20] хле́ба здесь поста́влено на серьёзную нау́чную осно́-

ву. Но́вые сорта́ хле́ба создаю́тся[1] не во и́мя нови-зны́, а в по́исках наилу́чших сочета́ний вкусовы́х и пита́тельных[2] ка́честв.

ЗАДАНИЯ

1. Как выпека́ют «косми́ческий хлеб»? В чём заключены́ его́ досто́инства?

2. Над чем рабо́тает Всесою́зный нау́чно-иссле́довательский институ́т хлебопека́рной промы́шленности?

Хлеб и зерно: и мысль, и чувство

Мо́жет быть, из всех «хле́бных слов» са́мыми многозна́чными оказа́лись слова́ *хлеб* и *зерно́*. Их перено́сные значе́ния ёмки[3] и означа́ют о́чень ва́жные явле́ния в на́шей жи́зни: *хлеб* — проду́кт, выпека́емый из муки́,— *хле́бом не корми́, а дай поговори́ть*[4]; зерно́; пи́ща, пропита́ние[5] — *неда́ром*[6] *хлеб ест* (перено́сно); сре́дства к существова́нию[7], за́работок — *лёгкий* и́ли *тяжёлый хлеб* (разгово́рно, перено́сно). А *зерно́* — се́мя, из кото́рого де́лают хлеб; ме́лкая части́ца чего́-либо (перено́сно); осно́ва, су́щность чего́-либо — зерно́ и́стины (перено́сно); нача́ло чего́-либо, заро́дыш[8], *зерно́ возрожде́ния*[9] (перено́сно).

Перено́сные значе́ния вбира́ют[10] всё но́вые и но́вые осмысле́ния, позволя́ют создава́ть вырази́тельные о́бразы-сравне́ния как в повседне́вной жи́зни, так и в поэти́ческой. Сравни́те, наприме́р: *второ́й хлеб* — карто́фель, *таёжный хлеб* — кедро́вые оре́хи[11] (о́чень пита́тельные) и *э́ти пье́сы — насу́щный хлеб совреме́нного теа́тра.*

В предлага́емом да́лее стихотворе́нии И. Курла́та *зерно́* — о́браз неоднозна́чный[12]. Реа́льное зерно́ и круговоро́т[13] разви́тия 'сев[14] — рост[15] — жа́тва[16] и вновь сев' позволя́ют а́втору сло́вно и шутя́[17] сказа́ть о мно́гом. Развёрнутая мета́фора[18] «зерно́ даёт зелёный росто́к[19] — чуб[20], а со́лнце и дождь растят но́вые зёрна» помога́ет поэ́ту обрисова́ть[21] долг[22] ка́ждого челове́ка перед всеми людьми́: «Я — зерно́».

Я,
Пшени́чное зерно́,
Бро́шенное[23] в зе́млю.
Изо всех я сил[24] кричу́:
— Со́лнце,
Па́шню[25] гре́я[26],

1. developed not for the sake
2. nutritive
3. meaningful
4. you can't make him a greater pleasure than to let him talk
5. subsistence
6. not for nothing
7. means of subsistence
8. kernel
9. revival
10. absorb
11. cedar nuts
12. many-sided
13. rotation
14. sowing
15. growing
16. harvesting
17. in joke
18. expanded metaphore
19. green shoot
20. forelock
21. emerges
22. duty
23. sown
24. with all my might
25. field
26. warming

1. pull my forelock
2. don't stand gaping!
3. grains
4. timid
5. astonished

Потащи́[1] меня́ за чу́б
Кве́рху поскоре́е!
Дождь,
Водо́ю напои́!
Не зева́йте[2] лю́ди:
Эти зёрнышки[3] мои́
Карава́ем бу́дут!..
Вновь весно́й я закричу́,
Ро́бкий[4], изумлённый[5]:
— Потащи́ меня́ за чу́б,
Со́лнце,
За зелёный!

Лес и степь

ЛЕС

1. oaks
2. inner world
3. intimate attention
4. in harmony
5. accompany
6. joy
7. sorrow

Лес, по́ле, берёза — родны́е места́, родны́е слова́.

Дере́вья — и дубы́[1], и берёзы, и ряби́ны, наконе́ц, лес и́ли поля́, степь вхо́дят во вну́тренний мир[2] ру́сского челове́ка, в ро́дственном внима́нии[3], в согла́сии[4] сопровожда́ют[5] его́ всю жизнь и в ра́дости[6], и в печа́ли[7]. Лес и степь окружа́ют нас и ка́к бы вхо́дят в нас. Говоря́т же: *лесно́й челове́к — лесови́к* и́ли *степня́к, степно́й хара́ктер, степно́е здоро́вье.*

Мне лепета́л люби́мый лес:
Верь, нет миле́й родны́х небе́с,
Нигде́ не ды́шится вольне́й
Родны́х луго́в, родны́х поле́й...

1. densely overgrown
2. important details
3. straight
4. mast
5. ship
6. grove
7. deciduous

Это слова́ поэ́та Н. Некра́сова, но э́то ка́к бы и мои́ слова́ и ва́ши — э́то на́ши слова́. Ка́к же слага́лась исто́рия слов *лес* и *степь* в жи́зни наро́да?

Что тако́е лес? «Оди́н из основны́х ти́пов расти́тельности», «пло́щадь земли́, обильно заро́сшая[1] дере́вьями». Так говоря́т словари́. И добавля́ют ещё ва́жные подро́бности[2]: Лес образу́ют дере́вья одного́ и́ли не́скольких ти́пов: берёзы — *березня́к*, дубы́ — *дубра́ва*, е́ли — *е́льник*, со́сны — *бор*, высо́кие стро́йные[3] со́сны — ма́чтовые[4], корабе́льные[5]. Отсю́да: *корабе́льная ро́ща*[6]. Ли́ственные[7] дере́вья — берёзы, дуб — э́то *ли́ственные леса́*.

Рома́дин Н. М.
Берендéев лес.

1. coniferous
2. ever-green
3. mixed forests
4. habitat
5. refreshment stall
6. furs
7. feeds
8. squirrel fur
9. sable
10. smoking
11. leavened dough
12. wild apple-tree
13. daring
14. passed through the earth
15. just as
16. was born
17. accompanied him all his life
18. cradle
19. plough
20. hand-written
21. cover
22. boards
23. absorbed

А *хво́йные*[1] — е́ли, со́сны — *хво́йные вечнозелёные*[2] *леса́*. Мо́гут быть леса́ и *сме́шанные*[3]. Лес — э́то «жи́зненная среда́[4] для мно́гих птиц и звере́й, исто́чник древеси́ны, я́год, грибо́в». Слова́рные толкова́ния — тип расти́тельности, пло́щадь земли́, жи́зненная сфе́ра — точны́, но ещё далеко́ не всегда́ говоря́т о ле́се в на́шей жи́зни.

Лес — сло́во дре́внее, ро́дственные ко́рни мы найдём во мно́гих славя́нских языка́х — *ліс* украи́нское, *лес* болга́рское, *las* по́льское. Ни́точка родства́ тя́нется в гре́ческий к слова́м со значе́нием «ро́ща», в лито́вский — к корня́м, означа́ющим «ли́стья де́рева».

За до́лгую жизнь в ру́сском языке́ сло́во *лес* вошло́ в жизнь самого́ наро́да. Вот посмотри́те, как осмы́слил наро́д значе́ние ле́са в свое́й жи́зни и как вы́разил э́то в сло́ве — посло́вицах и погово́рках: «*Во́зле ле́са жить — го́лода не вида́ть*» и́ли «*В лесу́ — и обжо́рный ряд*[5]*, в лесу́ — пушни́на*[6]*, в лесу́ — куря́тная ла́вочка.*» Вот как наро́д определи́л лес как жи́зненную среду́: лес ко́рмит[7] — я́годы, грибы́, пти́ца, лес одева́ет — даёт пушни́ну — мех бе́лки[8], лисы́, со́боля[9], лес пода́рит удово́льствие — куре́ние[10] (куря́тная ла́вочка). А каки́е зага́дки роди́лись о ле́се: *«Что вы́ше ле́су? Со́лнышко», «Зимо́й и ле́том одни́м цве́том? Сосна́», «Средь ле́са квашня́*[11] *ки́снет? Ди́кая я́блоня*, о́чень ки́слая — *кисли́ца*[12]*», «Ма́ленький, уда́ленький*[13]*, сквозь зе́млю прошёл*[14]*, кра́сную ша́почку нашёл* и́ли *Стои́т Анто́шка на одно́й но́жке? Гриб».*

Лес — друг челове́ка, *зелёный друг*. Кто́ же не зна́ет э́того крыла́того выраже́ния, но осо́бенно популя́рными сде́лал его́ писа́тель Леони́д Лео́нов, а́втор рома́на «Ру́сский лес». Лес встреча́л ру́сского челове́ка едва́[15] он появля́лся на свет[16] и сопровожда́л[17] всю жизнь: деревя́нная колыбе́ль[18], изба́ из де́рева, из де́рева мастери́ли ло́дку и соху́[19], лучи́на, добы́тая из де́рева, освеща́ла, а на берёсте, взя́той у берёзы, писа́ли, да и са́ми рукопи́сные[20] кни́ги храни́ло де́рево — переплёт[21] из двух досо́к[22]. Неда́ром же существу́ет по се́й день выраже́ние *проче́сть кни́гу от доски́ до доски́*, то́ есть от нача́ла и до конца́.

Сло́во *лес* вмести́ло[23] большо́й наро́дный о́пыт, отрази́ло наро́дную наблюда́тельность и вы́лилось всё э́то в му́дрости посло́виц и погово́рок: *за дере́вьями не ви́деть ле́са* 'проявля́ть внимание к мелоча́м[1], не ви́деть гла́вного', *тёмный, дрему́чий*[2] *лес* 'о то́м, что непоня́тно и́ли неизве́стно', *смотре́ть в лес* 'име́ть наме́рение поки́нуть что́-либо', *как в лесу́* 'не понима́ть, не разбира́ться в чём-либо', *чем да́льше в лес, тем бо́льше дров*[3] 'чем да́льше спор, тем бо́льше слов и упрёков', *волко́в боя́ться — в лес не ходи́ть* 'будь смеле́е, начина́я но́вые дела́'.

Живёт сло́во *лес* и обраста́ет[4] большо́й семьёй ро́дственных слов. По поколе́ниям[5] «лесно́й семьи́» мо́жно проследи́ть ра́зные эпо́хи в жи́зни наро́да, разви́тие нау́ки, мировоззре́ния.

Вот, наприме́р, сочета́ния *лесно́й во́здух, лесно́й за́пах, лесна́я земляни́ка*[6] и в Словаре́ В. Да́ля — *лесно́й дух, лесови́к*. А Большо́й Акаде́мический слова́рь добавля́ет *лесно́й те́хникум, лесно́й институ́т, лесна́я промы́шленность*. Акти́вны в на́ше вре́мя слова́ *лесово́дство, лесово́д, лесохозя́йство, лесозаготовки, лесопа́рк, лесозащи́тная полоса́, лесополоса́* 'полоса́, состоя́щая из иску́сственных лесонасажде́ний, слу́жащая для защи́ты сельскохозя́йственных культу́р от ветро́в-суховее́в[7]'.

Популя́рны сочета́ния *защи́та ле́са, охра́на зелёного дру́га* в связи́ с охра́ной биосфе́ры и забо́той о сохране́нии лесо́в, созда́нием запове́дников[8] — *запове́дных лесо́в*, охраня́емых госуда́рством[9]. Но не потеря́ли своего́ значе́ния и сочета́ния *спе́лый лес, зре́лый лес* — лес выделя́емый для ру́бки[10] и после́дующего восстановле́ния[11].

Лес друг и це́нит челове́к не то́лько по́льзу от ле́са, но и его́ красоту́. Каки́м мы зна́ем и ви́дим лес? Что говоря́т нам пе́сни, ска́зки, как описа́ли лес на́ши поэ́ты и писа́тели?

Тёмный лес, *дрему́чий* лес, *кудря́вый* лес — э́то в пе́снях и ска́зках постоя́нные определе́ния. Но лес многокра́сочен, многоли́к: зимо́й — *бе́лый, прозра́чный*[12], *седо́й*[13], *серебри́стый*, а весно́й — *лёгкий, све́жий*, ле́том — *зелёный, тени́стый, со́лнечный*, о́сенью — *золото́й, золоти́стый, багря́ный, обнажённый*[14], *опусте́вший, тёмный*... Лес *молодо́й, ю́ный, ста́рый, дре́вний, угрю́мый*[15], *таи́нственный, хму́рый*[16], *ти́хий, шу́мный*... Лес называ́ют за шу́мную зе́лень — *Зелёный Шум*.

Идёт-гудёт Зелёный Шум,
Зелёный Шум, весе́нний шум!..

1. little details
2. dense forest
3. firewood
4. acquires
5. generations
6. wild strawberries
7. hot dry wind
8. preserve
9. protected by the state
10. for felling trees
11. for subsequent re-afforestation
12. transparent
13. grey
14. bared
15. gloomy

1. reed
2. maple
3. cheerful
4. rustle
5. lime-tree
6. pale-leaved
7. (*fig*) with a green plait

Шуми́т тости́нка[1] ма́лая,
Шуми́т зелёный клён[2]...
Шумя́т они́ по-но́вому,
по-но́вому, весе́ннему...
Шумя́т повеселе́лые[3]
Сосно́вые леса́;
А ря́дом но́вой зе́ленью
Лепе́чут[4] пе́сню но́вую
И ли́па[5] бледноли́стая[6],
И бе́лая берёзонька
С зелёною косо́й[7]!

Ры́лов А. А. Зелёный шум.

Образ ле́са *Зелёного Шу́ма* — живёт в фолькло́ре мно́гих славя́нских наро́дов — украи́нцев, се́рбов. В ру́сской поэ́зии его́ возроди́л[1] поэ́т Некра́сов. И о́браз э́тот стал и́стинно наро́дным и живы́м. Вот как откли́кнулся Ф. Фоми́н, сове́тский поэ́т, на *Зелёный Шум*:

Май — многоду́м[2],
в сады́ забра́сывай[3]
зелёный шум
стихо́в Некра́сова!

Лес спаса́ет от ле́тней жары́, ма́нит[4] свеже́стью, те́нью. И сейча́с вас введёт в ле́тний лес поэ́т Б. Пастерна́к:

Жары́ неща́дная резня́[5]
Сюда́ не су́нется[6] в опу́шки.
И вот ты вхо́дишь в березня́к,
Вы всма́триваетесь в друг дру́жку.
Но ты уже́ предубеждён[7],
Вас кто́-то наблюда́ет сни́зу:
Сыро́й[8] овра́г[9] сухи́м дождём[10]
Роси́стых[11] ла́нды́шей[12] уни́зан[13].

А продолжа́ет И. Бу́нин:

Люблю́ зелёный лес и до́лгий ле́тний день,
все голоса́ его́ меня́ зову́т и ма́нят...

Тепе́рь А. К. Толсто́й:

И смоло́й[14] и земляни́кой
Па́хнет тёмный бор...

А вот Л. Лео́нов всё угова́ривает[15] нас, убежда́ет[16]: «Нет, пожа́луй, в ру́сской приро́де поры́ чуде́сней, чем э́ти весе́нние предвече́рья[17]... лес совсе́м прозра́чный, без тене́й, сло́вно щу́рится[18] на пры́ткую[19] под нога́ми мелюзгу́[20] — чистя́к[21], „мать-и-ма́чеху"[22] и голубу́ю переле́ску[23]».

И он не одино́к[24]. Вот опя́ть чуде́сные поэти́ческие стро́ки из А. К. Толсто́го и И. Бу́нина:

Юный лес в зелёный дым оде́тый...

Или:

Всю ночь тума́н, а поутру́[25]
Весе́нний во́здух то́чно мле́ет[26]
И мя́гкой ды́мкою[27] синеет
в да́лёких про́секах[28], в бору́...

А за тишину́ — осо́бую лесну́ю тишину́ — лес называ́ют *глухи́м* и *немы́м*.
У А. Твардо́вского есть таки́е стро́ки:

1. revived
2. contemplative
3. throw
4. lures
5. (*fig*) cruel massacre
6. poke its nose into
7. prejudiced
8. damp
9. ravine
10. (*fig*) dry rain
11. dewy
12. lily of the valley
13. studded
14. resin
15. persuades
16. convinces
17. twilight
18. squints
19. quick
20. small fry
21. pilewort
22. colt's foot
23. liverleaf
24. lonely
25. in the morning
26. is overcome with tenderness
27. light mist
28. clearing in the forest

1. hollow
2. great silence
3. add

Лощи́на [1], лес стои́т немо́й,
Тишь-тишина́ [2] вокру́г...

В наро́де же сложи́лась посло́вица: *«Лес ви́дишь, а по́ле слы́шишь».* По-осо́бенному, по-сво́ему уви́дели лес и услы́шали степь певцы́ ле́са и сте́пи И. Турге́нев, Н. Го́голь, А. Че́хов, И. Бу́нин, М. Шо́лохов, М. При́швин, К. Паусто́вский, а ря́дом с ни́ми худо́жник И. Ши́шкин. Вам приходи́лось ви́деть его́ карти́ны «Утро в сосно́вом лесу́», «Дубо́вая ро́ща по́сле дождя́», «Рожь»?.. Лес и степь. И ещё одно́ сло́во присоедини́м [3] к лесны́м слова́м —

Куи́нджи А. И.
Берёзовая ро́ща.

1. forest-steppe
2. intermediary
3. porch
4. wink
5. humid
6. from time to time
7. restrained
8. whisper
9. *here*: enveloped
10. tall
11. hanging
12. powerful
13. spotted with
14. deeper into the forest
15. grows wild
16. inexpressible silence
17. thin mist
18. resilient
19. you breathe calmly
20. deserves
21. lowland
22. cleared from trees
23. trampled
24. vast
25. forestless

лесосте́пь[1] — «о́бласть перехо́дная[2] ме́жду ле́сом и сте́пью». Это о не́й писа́л И. Турге́нев. Послу́шаем его́:

«Зна́ете ли вы, наприме́р, како́е наслажде́ние вы́ехать весно́й до зари́? Вы выхо́дите на крыльцо́[3] ... На тёмно-се́ром не́бе ко́е-где́ мига́ют[4] звёзды; вла́жный[5] ветеро́к и́зредка[6] набега́ет лёгкой волно́й; слы́шатся сде́ржанный[7], нея́сный шёпот[8] но́чи; дере́вья сла́бо шумя́т, обли́тые[9] те́нью... А между те́м заря́ разгора́ется... Вот и лес. Тень и тишина́. Ста́тные[10] оси́ны высоко́ лепе́чут над ва́ми; дли́нные вися́чие[11] ве́тки берёз едва́ шевеля́тся; могу́чий[12] дуб стои́т, как бое́ц, по́дле краси́вой ли́пы. Вы е́дете по зелёной испещрённой[13] теня́ми, доро́жке... Да́лее, да́лее, глу́бже в лес[14]... Лес гло́хнет[15]... Неизъясни́мая тишина́[16] запада́ет в ду́шу; да и круго́м так дремо́тно и ти́хо...».

И ведёт нас И. Турге́нев ле́сом и сте́пью, весно́й и о́сенью, ле́том и в предзи́мье. «Ле́тнее ию́льское у́тро: стено́й стои́т дубо́вый лес и блести́т, але́ет на со́лнце; ещё свежо́, но уже́ чу́вствуется бли́зость жары́...

И как э́тот же са́мый лес хоро́ш по́здней о́сенью... Ве́тра нет, и нет ни со́лнца, ни све́та, ни те́ни, ни движе́ния, ни шу́ма; в мя́гком во́здухе разли́т осе́нний за́пах, подо́бный за́паху вина́; то́нкий тума́н[17] стои́т вдали́... земля́ упру́га[18] под нога́ми... Споко́йно ды́шит грудь[19] ...».

Вот и побыва́ли мы в лесу́, а степь?.. Нельзя́ по степи́ идти́ торопли́во. Степь сто́ит[20] свое́й осо́бой бесе́ды.

Степь

Тепе́рь о ру́сском сло́ве *степь*. Происхожде́ние э́того сло́ва име́ет мно́го толкова́ний. Одна́ко их мо́жно свести́ к одному́ о́бщему: *степь* — э́то низи́на[21], вы́рубленное[22] и́ли вы́топтанное[23] ме́сто, простра́нство. Тако́е толкова́ние предполага́ет связь сло́ва *степь* с корня́ми *сътеп* и *те́пу* (со значе́нием 'рубить'), *сътен* и *то́пот* — топта́ть. Возмо́жно та́кже, что ру́сское сло́во *степь* ро́дственно осети́нскому tæpæn 'пло́ский, ро́вный' при о́бщей свя́зи с индоевропе́йским ко́рнем *(s)tep 'руби́ть'.

Все толкова́ния и предположе́ния в той и́ли ино́й сте́пени подтвержда́ют реа́льно сложи́вшееся в ру́сском языке́ значе́ние *степь* 'обши́рное[24] безле́сное[25] ро́вное простра́нство в зо́не су-

Степь необозри́мая.

хо́го кли́мата, покры́тое травяни́стой расти́тельностью [1]'. В про́шлом, как свиде́тельствует Слова́рь В. Да́ля, объём значе́ний в сло́ве *степь* был не́сколько и́ным — включа́лась как определи́тель сте́пи безво́дность [2]: 'безле́сная и нере́дко безво́дная пу́стошь [3] на огро́мном расстоя́нии, пусты́ня [4]', а та́кже 'целина́ [5], новина́', то́ есть необрабо́танные поля́.

Если сравни́ть толкова́ние сте́пи у В. Да́ля и в совреме́нных словаря́х, то легко́ заме́тить, что в объём значе́ния сло́ва *степь* не вхо́дит значе́ние *пусты́ня* 'обши́рное, обы́чно безво́дное простра́н-

1. herbaceous plants
2. lack of water
3. wasteland
4. desert
5. virgin land

ство со **ску́дной**[1] расти́тельностью'. Наименова́ние *степь* закрепля́ется за зе́млями ю́жной и сре́дней полосы́ Росси́и. И в пе́рвую о́чередь, одна́ко по-пре́жнему, выделя́ются значе́ния обши́рности, беспреде́льности степны́х простра́нств. Именно в э́том значе́нии сло́во *степь* как руси́зм вхо́дит во мно́гие языки́ ми́ра. Наприме́р, украи́нское *степ*, неме́цкое Steppe, англи́йское steppe. Заме́тим, англи́йскому языку́ ру́сское сло́во *степь* бы́ло изве́стно ещё во времена́ Шекспи́ра. Оно́ употреблено́ Шекспи́ром в пье́се «Сон в ле́тнюю ночь» — 1600 год. Это позволя́ет сказа́ть, что ру́сское сло́во *степь* **прони́кло**[2] в англи́йский язы́к ещё в XVI ве́ке. Во францу́зском языке́ словари́ **помеча́ют**[3] сло́во step — *степь* 1752 го́дом.

Для заи́мствующих[4] языко́в *степь* была́ экзоти́змом. В За́падной Евро́пе, по её географи́ческому положе́нию, как то́чно отме́тил ещё в середи́не XIX ве́ка изве́стный ру́сский литерату́рный кри́тик, публици́ст В. Бели́нский, не́ было предме́та, кото́рый бы дал поня́тие о сте́пи. Поэ́тому так легко́ возника́ют отвлечённые переосмысле́ния: *ру́сская степь* — 'любо́е бесконе́чное, безграни́чное простра́нство'. Это с одно́й стороны́, с друго́й — сло́во *степь* терминологизи́руется. Во францу́зском языке́ образова́лось прилага́тельное steppique — *степно́й*: végétation steppique — 'степна́я расти́тельность'.

Жизнь сло́ва *степь* в ра́зных языка́х ка́к бы подтвержда́ет характе́рность, **неповтори́мость**[5] ру́сской реа́лии степь, её **несомне́нную принадле́жность**[6] ру́сскому ландша́фту. И хотя́, раскры́в энциклопе́дию, мы прочтём, что сте́пи «тип расти́тельности с со́мкнутым травосто́ем в уме́ренной полосе́ Евроа́зии, Се́верной Аме́рики и Южной Аме́рики», но да́же сам тип расти́тельности ока́зывается разли́чным. Поэ́тому обобще́ние ока́зывается сли́шком о́бщим и распада́ется на конкре́тные назва́ния, свя́занные с конкре́тными представле́ниями: ру́сская *степь*, североамерика́нские *пре́рии* и южноамерика́нские *пампа́сы*.

Постара́емся раскры́ть **своеобра́зие**[7] ру́сской сте́пи. Показа́ть, что стои́т за сло́вом *степь*, каки́е черты́ на́шей жи́зни, на́шего мироощуще́ния отрази́лись в нём. И кака́я **больша́я жизнь**[8] сопровожда́ет сло́во *степь*, и **бьёт через кра́й**[9] **сухи́х** терминологи́ческих **истолкова́ний**[10].

Са́мое пе́рвое, на что́ мы обрати́м внима́ние,—

1. sparce
2. penetrated
3. indicate
4. borrowing languages
5. inimitability
6. invariable part of
7. distinctiveness
8. long life
9. brimming over
10. dry definitions

13—1413

э́то на сложи́вшиеся, ка́к бы само́ собо́й [1], определе́ния сте́пи — кака́я она́, степь? Степь *без конца́ и кра́я* и сте́пи *ро́вные, как мо́ре*. Сте́пи *бескра́йние, безбре́жные, бесконе́чные, неогля́дные* [2], *огро́мные, откры́тые, просто́рные, раздо́льные* [3], *необозри́мые* [4] ... Как у А. Пу́шкина:

Чей э́то конь неутоми́мый [5]
Бежи́т в степи́ необозри́мой...

Сте́пи *ро́вные, широ́кие*, но и *волни́стые* [6], *холми́стые* [7]. Степь мо́жет быть *безво́дной, безжи́зненной* [8], *безлю́дной* [9], *го́лой* [10], *мёртвой* [11], *холо́дной*, но и *зно́йной* [12], *жёлтой, бу́рой* [13], *чёрной*, но и *сне́жной*, и *зелёной, пы́шной* [14], *плодоро́дной* [15], *паху́чей* [16], *цвету́щей*, и ещё *тума́нной* [17], *голубо́й, ро́зовой.*

Это у М. Ле́рмонтова:

...лист, ото́рванный грозо́й [18],
крутя́сь [19]
лети́т по сте́пи голубо́й...

А у С. Есе́нина:

Далеко́ сия́ют ро́зовые сте́пи,
Широко́ сине́ет ти́хая река́...

Степь, сло́вно живо́е существо́ [20], меня́ет настрое́ние — то *беззву́чная, безмо́лвная* [21], *безра́достная, нема́я* [22], *неслы́шная* [23], *печа́льная, хму́рая, угрю́мая, ску́чная, трево́жная*, то *ти́хая, дре́млющая* [24], *ми́рная*, то *весёлая, во́льная* [25], *были́нная* [26], *ска́зочная* [27].

Наве́рное, лу́чше, чем Н. Го́голь, никто́ не описа́л э́ту во́льную ска́зочную степь:

«Степь, чем да́лее, тем станови́лась прекра́снее. Тогда́ весь юг, всё то простра́нство... до са́мого Чёрного мо́ря бы́ло зелёною, де́вственною пусты́нею [28]... Ничего́ в приро́де не могло́ быть лу́чше; вся пове́рхность земли́ представля́лась зелёно-золоты́м океа́ном, по кото́рому бры́знули [29] миллио́ны ра́зных цвето́в... Занесённый, бог зна́ет отку́да [30], ко́лос пшени́цы налива́лся в гу́ще [31]... Во́здух был напо́лнен ты́сячью ра́зных пти́чьих свисто́в [32]. В не́бе неподви́жно [33] стоя́ли [34] я́стребы [35], распласта́в свои́ кры́лья [36] и неподви́жно устреми́в глаза́ [37] свои́ в траву́. Крик, дви́гавшейся в стороне́ ту́чи ди́ких гусе́й [38], отдава́лся бог весть [39] в како́м да́льнем о́зере. Из травы́ подыма́лась ме́рными взма́хами ча́йка и роско́шно [40] купа́лась в си́них волна́х во́здуха. Вон она́ пропа́ла в вышине́ и то́лько мелька́ет

1. as if by itself
2. boundless
3. expansive
4. endless
5. tireless
6. wavy
7. hilly
8. lifeless
9. deserted
10. bare
11. lifeless
12. sultry
13. brown-gray
14. luxuriant
15. fertile
16. fragrant
17. misty
18. torn away by the storm
19. whirling
20. living organism
21. silent
22. mute
23. inaudible
24. slumbering
25. free
26. legendary
27. fairy-tale
28. virgin wasteland
29. (*fig*) sprinkled
30. God knows from where
31. in the thick
32. birds' chirruping
33. immovable
34. floated
35. hawks
36. with spread wings
37. looking intently
38. huge flocks of wild geeze
39. God knows
40. luxuriously

одно́ю чёрною то́чкою; вон она́ переверну́лась крыла́ми и блесну́ла перед со́лнцем...Чёрт вас возьми́[1], сте́пи, как вы хороши́!..» «Тара́с Бу́льба».

Это степь ска́зочная, хотя́ как и во вся́кой ска́зке всё — быль[2]. Де́ло то́лько в том[3], каки́е слова́ нахо́дит расска́зчик, сравне́ния, мета́форы, как стро́ит свой расска́з. Снача́ла Н. Го́голь определя́ет степь почти́ терминологи́чески: простра́нство земли́. Но ту́т же терминологи́ческое определе́ние сменя́ет метафори́ческое: степь — зелёно-золото́й океа́н, а над ним си́ние во́лны во́здуха. Ра́зные цветы́ в степи́-океа́не не росту́т, не цвету́т, а бры́знули по океа́ну (опя́ть мета́фора!), цвето́в миллио́ны. А миллио́нам цвето́в противопоста́влен оди́н еди́нственный ко́лос: миллио́ны и оди́н. Ты́сячи птиц, ту́ча ди́ких гусе́й, и — одна́ ча́йка в не́бе над сте́пью. Всё меня́ется, всё изме́нчиво (*да́лее, прекра́снее, лу́чше*), всё полно́ движе́ния (*бры́знули, налива́ется, дви́жется*, а ча́йка *подыма́лась, купа́лась, мелька́ет, переверну́лась, блесну́ла*)...

Вы ска́жете: я́стребы стоя́т, они неподви́жны. Но сама́ неподви́жность их — э́то чуде́сно останови́вшееся движе́ние: я́стребы стоя́т в не́бе, распласта́в кры́лья, устреми́в глаза́ в траву́. Мгнове́нье — и они́ бро́сятся за добы́чей[4]. У расска́зчика от восто́рга, ка́жется, не хвата́ет слов и у него́ вырыва́ются восклица́ния[5]: *бог зна́ет, бог весть, чёрт возьми́*... Это степь ска́зочная, романти́ческая. А тепе́рь посмо́трим на сте́пь глаза́ми[6] И. Турге́нева, зая́длого[7] охо́тника[8] и, сле́довательно, как все насто́ящие охо́тники исходи́вшего[9] нема́ло лесо́в и степе́й в ра́зные времена́ го́да[10].

Вспо́мним, мы уже́ ви́дели турге́невский лес. А тепе́рь дава́йте пойдём вслед за И. Турге́невым в степь: «Да́лее, да́лее!.. Пошли́ степны́е места́. Гля́нешь с горы́[11] — како́й вид! Кру́глые, ни́зкие холмы́, распа́ханные и засе́янные до́верху[12], разбега́ются широ́кими волна́ми; заро́сшие куста́ми[13] овра́ги[14] вьются ме́жду ни́ми; продолгова́тыми[15] острова́ми[16] разбро́саны небольши́е ро́щи; от дере́вни бегу́т у́зкие доро́жки... Но да́лее, да́лее е́дете вы. Холмы́ всё ме́льче и ме́льче, де́рева почти́ не вида́ть. Вот она́, наконе́ц,— безграни́чная, необозри́мая степь!..

А в зи́мний день ходи́ть по высо́ким сугро́бам[17] за за́йцами[18], дыша́ть моро́зным, о́стрым[19] во́здухом, нево́льно щу́риться[20] от ослепи́тельного ме́лкого сверка́ния[21] мя́гкого сне́га, любова́ться зелё-

1. by deuce!
2. the truth
3. the thing is
4. rush after their prey
5. can't help exclaiming
6. look through Turgenev's eyes
7. enthusiastic
8. hunter
9. who has trodden
10. in different seasons
11. if you take a look from a hill
12. sown over to the top
13. overgrown with shrubbery
14. ravines
15. elongated
16. *here*: groves
17. snowhills
18. hunting hare
19. nipping
20. to squint
21. dazzling sparkle

ным цве́том не́ба над краснова́тым ле́сом!.. А пе́рвые весе́нние дни, когда́ круго́м всё блести́т и обруша́ется [1], сквозь тяжёлый пар [2] та́лого сне́га [3] уже́ па́хнет согре́той землёй [4], на прота́линах [5], под косы́м лучо́м со́лнца, дове́рчиво [6] пою́т жа́воронки [7], и, с весёлым шу́мом и рёвом из овра́га в овра́г клубя́тся [8] пото́ки...» («Лес и степь»).

Та́к же как и Н. Го́голь зовёт И. Турге́нев в степь да́лее и да́лее. Зовёт и берёт в свои́ спу́тники: гля́нешь с горы́ (кто гля́нет? — а́втор и вы, чита́тель), е́дете вы (коне́чно, вы, все те́, кто чита́ет э́ти стро́ки). А пото́м — ходи́ть по сугро́бам, дыша́ть моро́зным во́здухом, любова́ться... Так говоря́т, когда́ хотя́т привле́чь внима́ние к де́йствию и вовле́чь в соуча́стие [9] в нём.

Степь у И. Турге́нева не океа́н, не до са́мого Чёрного мо́ря, но безграни́чная, необозри́мая. Мета́фору-гипе́рболу [10] смени́ли реа́льные определе́ния. Есть мета́фора и у И. Турге́нева — *во́лны*, как и у Н. Го́голя. Но её содержа́ние так реа́льно: э́то не го́голевские си́ние во́лны во́здуха, а волни́стый релье́ф холмо́в — широ́кие во́лны холмо́в. Как и у Н. Го́голя турге́невская степь полна́ движе́ния, зву́ков. Но посмо́трим, как меня́ется слове́сное выраже́ние в о́бщем схо́дных реа́лий, оказа́вшихся в по́ле зре́ния [11] обо́их а́второв — и Н. Го́голя, и И. Турге́нева.

Каза́лось бы, сухо́е терминологи́чное сочета́ние *пове́рхность земли́* у Н. Го́голя в сравне́нии с турге́невским *степны́е места́* выявля́ет свою́ торже́ственность и а́вторский взгляд на сте́пь сло́вно с пти́чьего полёта [12]. Отсю́да и го́голевский гипербoли́зм, и обозри́мость сте́пи до са́мого Чёрного мо́ря. (У И. Турге́нева степь — необозри́мая, её нельзя́ уви́деть всю сра́зу: так она́ велика́).

У Н. Го́голя степь — *зелёно-золота́я*, во́здух *си́ний*. А у И. Турге́нева ле́тняя степь скупа́ на кра́ски [13], да и зимо́й глаз а́втора ло́вит [14] полутона́ [15], отте́нки [16]: не́бо — *зелёное*, а отдалённый [17] лес — *краснова́тый* (не *кра́сный*, не *чёрный*). И. Турге́нев внима́телен к релье́фу: холмы́ кру́глые, ни́зкие, всё ме́льче и ме́льче, холмы́ разбега́ются, овра́ги вью́тся, доро́жки бегу́т...

Всё в турге́невской степи́ физи́чески ощути́мо: чита́телю а́втор предлага́ет дыша́ть моро́зным, о́стрым во́здухом, нево́льно щу́риться от ослепи́тельного ме́лкого сверка́ния мя́гкого сне́га... И идёт описа́ние сте́пи от обы́чных общепри́ня-

1. falls apart
2. heavy vapour
3. thawing snow
4. warm soil
5. thawed patch of earth
6. trustfully
7. larks
8. whirl
9. participation
10. metaphore-hyperbole
11. within sight
12. bird's view
13. sparing with colours
14. the author's eye detects
15. half-tones
16. hues
17. distant

тых[1] уже́ бу́дто бы стёршихся мета́фор[2] (холмы́ разбега́ются, овра́ги вью́тся, доро́жки бегу́т) к захва́тывающему[3] восто́ргу[4] неожи́данных мета́фор: *всё блести́т и обруша́ется, пото́ки клубя́тся*... Так нарисова́л перед на́ми карти́ну ле́са и сте́пи И. Турге́нев. Но нельзя́ оста́вить степь без сло́ва[5] А. Че́хова. Кто́ же ещё так описа́л ру́сскую ю́жную степь и в ле́тний зной[6], и в прохла́ду[7], и в грозу́, и в у́треннюю тишь[8]? Кто посмотре́л на сте́пь таки́ми ра́зными глаза́ми[9]? Поспеши́м в степь вслед за че́ховскими пу́тниками.

«Между те́м перед глаза́ми[10] е́хавших расстила́лась уже́ широ́кая, бесконе́чная равни́на, перехва́ченная[11] це́пью холмо́в[12]. Тесня́сь[13] и выгля́дывая друг из-за дру́га, э́ти холмы́ слива́ются[14] в возвы́шенность[15], кото́рая тя́нется впра́во от доро́ги до са́мого горизо́нта[16] и исчеза́ет в лило́вой дали́; е́дешь-е́дешь и ника́к не разберёшь, где она́ начина́ется и где конча́ется...

Со́лнце уже́ вы́глянуло сза́ди из-за го́рода и ти́хо, без хлопо́т[17] приняло́сь за свою́ рабо́ту[18]. Снача́ла, далеко́ впереди́, где не́бо схо́дится с землёю, о́коло курга́нчиков[19] и ветряно́й ме́льницы[20], кото́рая издалека́ похо́жа на ма́ленького челове́чка, разма́хивающего рука́ми[21], поползла́[22] по земле́ широ́кая я́рко-жёлтая полоса́; через мину́ту така́я же полоса́ засвети́лась не́сколько бли́же[23], поползла́ впра́во и охвати́ла холмы́...и вдруг вся широ́кая степь сбро́сила с себя́[24] у́треннюю полуте́нь[25], улыбну́лась и засверка́ла[26] росо́й.

Сжа́тая рожь[27], бурья́н[28], молоча́й[29], ди́кая конопля́[30] — всё, побуре́вшее[31] от зно́я, ры́жее[32] и полумёртвое[33], тепе́рь омы́тое росо́ю[34] и обла́сканное[35] со́лнцем, ожива́ло, что́бы вновь зацвести́. Над доро́гой с весёлым кри́ком носи́лись ста́рички *, в траве́ перекли́кались су́слики[36], где́-то далеко́ вле́во пла́кали чи́бисы[37]...

Кузне́чики[38], сверчки́[39], скрипачи́ * и медве́дки * затяну́ли[40] в траве́ свою́ скрипу́чую[41], моното́нную[42] му́зыку... неожи́данно послы́шалось ти́хое пе́ние. Где́-то не бли́зко пе́ла же́нщина, а где и́менно и в како́й стороне́, тру́дно бы́ло поня́ть...

Но прошло́ немно́го вре́мени, роса́ испари́лась[43], во́здух засты́л, и обма́нутая[44] степь приняла́ свой уны́лый[45] ию́льский вид.

Трава́ пони́кла[46], жизнь замерла́[47]. Загоре́лые[48] холмы́, бу́ро-зелёные, вдали́ лило́вые, со свои́ми поко́йными[49], как тень, тона́ми, равни́на с тума́н-

1. commonly used
2. cliches
3. gripping
4. delight
5. without Chekhov's description
6. heat
7. cool season
8. quietness
9. look at the steppe through different eyes
10. before the eyes
11. encircled
12. a chain of hills
13. crowding
14. merge
15. highland
16. as far as the horizon
17. without fuss
18. got down to its work
19. little hills
20. windmill
21. waving hands
22. crawled
23. closer
24. shook off
25. half-shade
26. sparkled
27. harvested rye field
28. tall weeds
29. spurge
30. wild hemp
31. browned by heat
32. red
33. half-dead
34. washed in dew
35. caressed
36. gopher
37. lapwings weeped
38. grasshoppers
39. crickets
40. started their song
41. creaking
42. monotonous
43. evaporated
44. decieved
45. dull
46. drooped
47. stopped
48. sun-burnt
49. quiet

но́й да́лью и опроки́нутое над ни́ми не́бо, кото́рое в степи́, где нет лесо́в и высо́ких гор, ка́жется стра́шно глубо́ким[1] и прозра́чным, представля́лись тепе́рь бесконе́чными, оцепене́вшими[2] от тоски́...

Во́здух всё бо́льше застыва́л от зно́я и тишины́, поко́рная приро́да цепене́ла[3] в молча́нии... Ни ве́тра, ни бо́дрого, све́жего зву́ка, ни о́блачка[4].

Но вот, наконе́ц, когда́ со́лнце ста́ло спуска́ться к за́паду[5], степь, холмы́ и во́здух не вы́держали гнёта[6] и, источи́вши терпе́ние[7], измучившись[8], попыта́лись[9] сбро́сить с себя́ и́го[10]. Из-за холмо́в неожи́данно показа́лось пе́пельно-седо́е кудря́вое о́блако. Оно́ перегляну́лось[11] со сте́пью — я, мол, гото́во — и нахму́рилось. Вдруг в стоя́чем во́здухе[12] что́-то прорвало́сь[13], си́льно рвану́л ве́тер[14] и с шу́мом, со сви́стом закружи́лся по степи́. То́тчас же трава́ и прошлого́дний бурья́н по́дняли ро́пот[15], на доро́ге спира́льно закружи́лась пыль[16], побежа́ла по степи́, и, увлека́я за собо́й[17] соло́му[18], стреко́з[19] и пе́рья[20], чёрным вертя́щимся[21] столбо́м подняла́сь к не́бу и затума́нила[22] со́лнце. По степи́ вдоль и поперёк[23], спотыка́ясь[24] и пры́гая, побежа́ли перекати́-по́ле[25]...

Вдруг рвану́л ве́тер... Чернота́ на не́бе раскры́ла рот и дыхну́ла[26] бе́лым огнём; то́тчас же загреме́л гром... Разда́лся но́вый уда́р, тако́й же си́льный и ужа́сный. Не́бо уже́ не греме́ло, не грохота́ло[27], а издава́ло сухи́е, треску́чие[28], похо́жие на тре́ск сухо́го де́рева, зву́ки...

По доро́ге текли́ ручейки́ и пры́гали пузыри́[29]...» («Степь»).

А. Че́хов не про́сто опи́сывает степь, а приглаша́ет нас, чита́телей, посмотре́ть и уви́деть ю́жную ле́тнюю степь: е́дешь-е́дешь и ника́к не разберёшь (кто е́дет, кто не разберёт — и а́втор, и пу́тники, и девятиле́тний Его́рушка, и мы — чита́тели), где начина́ется и где конча́ется степь. И ви́дим мы степь то глаза́ми а́втора, то глаза́ми Его́рушки. Дава́йте перечита́ем, хотя́ бы не́которые стро́ки: широ́кая равни́на, перехва́ченная це́пью холмо́в; горизо́нт, лило́вые да́ли, пе́пельно-седо́е кудря́вое о́блако; опроки́нутое, стра́шно глубо́кое не́бо; пыль кружи́тся спира́льно... Кни́жные специа́льные слова́ (горизо́нт, спира́льно), сло́жные эпи́теты (пе́пельно-седо́е, стра́шно глубо́кое). И ту́т же друго́й взгляд: ветряна́я ме́льница — ма́ленький челове́чек, разма́хивающий рука́ми; чернота́ на

1. very deep
2. benumbed
3. grew numb
4. clouds
5. the sun was setting in the west
6. burden
7. having exhausted patience
8. worn out
9. tried
10. yoke
11. exchanged glances
12. standstill air
13. bursted
14. there was a gust of wind
15. murmur
16. dust
17. carrying with it
18. straw
19. dragonflies
20. feathers
21. whirling
22. shaded
23. far and wide
24. stumbling
25. baby's breath
26. breathed
27. thundered
28. crackling
29. bubles jumped

не́бе раскры́ла рот и дыхну́ла бе́лым огнём — не мо́лнией, а бе́лым огнём (в де́тском восприя́тии Его́рушки); перекати́-по́ле бежи́т, спотыка́ясь и пры́гая; в дождь по доро́ге пры́гают пузыри́... Так мо́гут ви́деть глаза́ ма́льчика Его́рушки и так мо́жет рассказа́ть Его́рушка — непосре́дственно свои́ми слова́ми, в кругу́ свои́х ассоциа́ций — ма́ленький челове́чек — ме́льница, чернота́ раскры́ла рот, дыхну́ла огнём, бежа́ть, пры́гать, спотыка́ться...

Разноли́кая [1] степь — вели́чественная и проста́я, стра́шная и не всегда́ поня́тная — раскрыва́ется в таки́х ра́зных восприя́тиях: а́втора и его́ ма́ленького геро́я Его́рушки.

Как и у Н. Го́голя, как и у И. Турге́нева че́ховская степь полна́ движе́ния и зву́ков: раздаю́тся весёлые кри́ки птиц, свистя́т су́слики, пла́чут чи́бисы, своя́ му́зыка у кузне́чиков, сверчко́в. Но в че́ховской степи́ звуча́т, ка́жется, всё степны́е голоса́. И ещё. Че́ховская степь олицетворена́, одухотворена́: *сбро́сила* полуте́нь, *засверка́ла, улыбну́лась,* о́блако *перегляну́лось* со сте́пью... Степь стано́вится де́йствующим лицо́м и неда́ром по́весть А. Че́хова на́звана «Степь».

Степь живёт, замира́ет, возрожда́ется, сопережива́ет... Степь сопережива́ющую [2] подари́л нам М. Шо́лохов в своём рома́не «Ти́хий Дон». То успока́ивая [3], то трево́жа [4], окружа́ет степь Григо́рия и Акси́нью, Ми́шку, Дуня́шку, Ната́лью и Да́рью. Степь окружа́ет ка́ждого и всех, кто живёт здесь, се́ет и жнёт хлеб [5], ко́сит се́но [6], лю́бит, ненави́дит, бо́рется...

«Над сте́пью — жёлтый со́лнечный зной. Жёлтой пы́лью дымя́тся [7] нејско́шенные [8] вы́зревшие [9] зали́вы пшени́цы [10]. К частя́м коси́лки [11] не притро́нуться руко́й. Вверх не подня́ть головы́. Исси́ня-жёлтая наволо́ка [12] не́ба накалена́ [13] жа́ром. Там, где конча́ется пшени́ца,— шафра́нная [14] цвете́нь [15] до́нника [16]».

Но шо́лоховская степь зна́ет не то́лько челове́ческий труд, но и борьбу́, заса́ды [17], сраже́ния [18]. Трево́жна степь.

«На за́паде густе́ли [19] ту́чи. Темне́ло. Где́-то дале́ко, дале́ко в поля́х, в полосе́ Обдо́нья вила́сь мо́лния, крыло́м недоби́той [20] пти́цы трепыха́лась [21] ора́нжевая зарни́ца [22]. В той стороне́ блёкло свети́лось за́рево [23], прикры́тое чёрной поло́ю [24] ту́чи. Степь, как ча́ша [25], до краёв нали́тая [26] тишино́й

1. many-faced
2. experiences fellow-feeling
3. soothing
4. disturbing
5. reap corn
6. mow
7. smoke
8. unharvested
9. ripe
10. (*fig*) oceans of wheat
11. mowers
12. bluish yellow envelope
13. white-hot
14. saffron
15. flowers
16. sweet clover
17. ambushes
18. battles
19. gathered
20. wounded
21. fluttered
22. summer lightning
23. glow
24. (*fig*) hem
25. cup
26. brimming over with

и вла́жной сы́ростью, таи́ла в скла́дках ба́лок гру́стные о́тсветы дня. Че́м-то напомина́л э́тот ве́чер осе́ннюю по́ру. Да́же тра́вы, ещё не да́вшие цве́та, лучи́ли непередава́емый ме́ртвенный за́пах тле́на».

Степь охва́чена бу́рным наступле́нием весны́, но ждёт ми́ра и тепла́: «С ю́га дво́е су́ток дул тёплый ве́тер. Сошёл послу́шный снег на поля́х. Отгреме́ли пе́нистые ве́шние ручьи́, отыгра́ли степны́е лога́ и ре́чки. На заре́ тре́тьего дня ве́тер ути́х, и па́ли над сте́пью густы́е тума́ны, засеребри́лись вла́гой кусты́ прошлого́днего ковыля́, потону́ли в непрогля́дной беле́сой ды́мке курга́ны, буера́ки, стани́цы, шпи́ли колоко́лен, устремлённые ввысь верши́ны пирамида́льных тополе́й. Ста́ла над широ́кой донско́й сте́пью голуба́я весна́».

Прозра́чна шо́лоховская аллего́рия степь и наро́д, степь и челове́к, лю́ди. Донска́я степь сама́ живёт каза́чьей жи́знью, сло́вно повторя́ет каза́чью жизнь с её челове́ческими сло́жностями.

«Казаку́ет по роди́мой степи́ восто́чный ве́тер. Лога́ позанесло́ сне́гом[1]. Па́дины и я́ры[2] сравня́ло. Нет ни доро́г, ни тро́пок. Круго́м, наперекрёст[3], прили́занная[4] ветра́ми го́лая равни́на. Бу́дто мёртвая степь...»

Но живёт степь под сне́гом. Там, где сло́вно останови́лись, засты́ли[5] «во́лны, бугри́тся сере́бряная от сне́га замёрзшая па́хота[6], где мёртвой зы́бью[7] лежи́т заволо́ченная[8] с о́сени земля́,— там, вцепи́вшись[9] в по́чву жа́дными[10], живу́чими корня́ми, лежи́т пова́ленное моро́зом[11] ози́мое жи́то[12]. Шелкови́сто-зелёное[13], всё в слези́нках засты́вшей росы́[14], оно́ зя́бко[15] жмётся[16] к хру́шкому[17] чернозёму[18], ко́рмится[19] его́ живи́тельной[20] чёрной кро́вью[21] и ждёт весны́, со́лнца, что́бы встать, лома́я[22] ста́явший[23] паути́нно-то́нкий[24] алма́зный наст[25], что́бы бу́йно[26] зазелене́ть в ма́е. И оно́ вста́нет, вы́ждав вре́мя[27]. Бу́дут би́ться[28] в нём перепела́[29], бу́дет звене́ть над ним апре́льский жа́воронок[30]. И та́к же бу́дет свети́ть ему́ со́лнце, и то́т же бу́дет баю́кать[31] его́ ве́тер. До поры́[32], пока́ вы́зревший[33] полнозёрный[34] ко́лос, мя́тый[35] ли́внями[36] и лю́тыми[37] ветра́ми, не пони́кнет[38] уса́той[39] голово́й, не ля́жет под косо́й[40] хозя́ина, поко́рно[41] роня́я[42] на току́[43] лито́е[44], тяжелове́сное[45] зерно́».

Шо́лоховская степь — донска́я, каза́чья, хлебо-

1. covered with snow
2. ravines
3. crosswise
4. smoothed
5. stood still
6. frozen fields
7. swell
8. plowed
9. clutching
10. greedy
11. felled by the frost
12. lies winter wheat
13. silky green
14. covered with dewdrops like tears
15. feeling chilly
16. clings
17. large-grained
18. black-earth soil
19. feeds on
20. life-giving
21. (*fig*) black blood
22. breaking
23. thawed
24. as thin as web
25. thin crust of ice over snow
26. luxuriantly
27. when the right time comes
28. to thrash
29. quails
30. lark
31. to lull
32. until
33. ripe
34. full-grained
35. beaten
36. rains
37. severe
38. droops
39. whiskered
40. falls under the scythe
41. obediently
42. dropping
43. threshing floor
44. full
45. heavy

ро́бная. Её цвета́ — цвета́ зре́ющих хлебо́в, сжа́тых поле́й: жёлтая степь, жёлтая пыль, исси́ня жёлтое не́бо, шафра́нная ора́нжевая зарни́ца... Шо́лохов не лиша́ет степь высо́кой поэти́чности: над широ́кой сте́пью голуба́я весна́; степь — ча́ша, до краёв налита́я тишино́й и вла́жной сы́ростью; степь бугри́тся волна́ми, лежи́т мёртвой зы́бью; наст — паути́нно-то́нкий, алма́зный; жи́то ко́рмится живи́тельной чёрной кро́вью чернозёма; зарни́ца трепыха́ется крыло́м недоби́той пти́цы... И ту́т же ря́дом донски́е наро́дные слова́. И де́ржат они́ степь в родно́й каза́чьей стихи́и: *ко́рмится, трепыха́лась, отыгра́ли, позаноси́ло, Обдо́нье, ба́лки, лога́, буера́ки, хру́шкий...* Заземлённые [1] бытовы́е [2] мета́форы: дождева́я ту́ча — чёрная пола́, уса́тая голова́ ко́лоса... Кста́ти обрати́м внима́ние на ка́жущуюся повтори́мость [3] шо́лоховских мета́фор, хотя́ бы: спе́лый лито́й ко́лос пони́кнет голово́й. А у Шо́лохова како́й ко́лос? Вы́зревший, полнозёрный. И с како́й голово́й? Уса́той. Повтори́мое, постоя́нное в на́шей ре́чи у Шо́лохова приобрета́ет индивидуа́льность, как индивидуа́лен оказа́лся о́браз сте́пи, да и ле́са, у ка́ждого большо́го писа́теля. При все́й о́бщности, при всём схо́дстве ассоциа́ций, сравне́ний, представле́ний [4].

Лес и степь сопровожда́ют челове́ка в согла́сии [5] и в трево́ге [6]. В печа́ли и в ра́дости. Лес и степь — родна́я запове́дная [7] земля́. И ка́к бы ни́ был сух и безразли́чен [8] обобща́ющий те́рмин окружа́ющая среда́ [9], в нём бьёт через кра́й жива́я жизнь лесо́в и степе́й, а слова́ лес и степь полны́ живо́й челове́ческой жи́знью.

1. earthy
2. every-day
3. recurrence
4. views
5. in harmony
6. in trouble
7. *here*: precious
8. indifferent
9. environment
10. foresters

КОММЕНТАРИЙ

ста́рички, *мн. ч.* (*ед. ч.* — старичка́, *ж. р.*) — мать, ста́рая тетёрка в пти́чьем вы́водке

скрипачи́, *мн. ч.* (*ед. ч.* — скрипа́ч и́ли скрипу́н, *м. р.*) — жук, кото́рый скрипи́т, потира́я грудно́й щито́к о брюшно́й

медве́дки, *мн. ч.* (*ед. ч.* — медве́дка, *ж. р.*) — насеко́мое из отря́да прямокры́лых, с то́лстым те́лом, покры́тым коро́ткими бархати́стыми волоска́ми (сло́вно медве́жья шку́ра)

Ещё немного о лесах, степях и... земле

Ра́зные лю́ди говоря́т о ле́се, о жи́зни, о Земле́: космона́вты, учёные, писа́тели, поэ́ты, педаго́ги, журнали́сты, лесники́ [10] — ра́зные лю́ди, одни́х уже́ нет, други́е — на́ши совреме́нники и у ка́ждого, коне́чно, свой язы́к, своя́ те́ма и что́-то о́бщее. Почи-

14—1413

та́ем их и вду́маемся в связь[1] ми́ра расте́ний, ми́ра люде́й, всего́ живо́го, само́й жи́зни на Земле́ и, гла́вное, духо́вного ми́ра ка́ждого отде́льного челове́ка — наро́да — всего́ челове́чества. Предлага́ем вам три отры́вка из кни́ги Н. Верзи́лина, В. Корсу́нской «Лес и жизнь».

Космический портрет Земли. «Когда́ я смотре́л на горизо́нт,— говори́т пе́рвый космона́вт Ю. Гага́рин,— то ви́дел ре́зкий[2] контра́стный перехо́д от све́тлой пове́рхности Земли́ к соверше́нно чёрному не́бу.

Земля́ ра́довала со́чной пали́трой кра́сок[3]. Она́ окружена́ орео́лом не́жно-голубо́го цве́та. Зате́м э́та полоса́ постепе́нно темне́ет, стано́вится бирюзо́вой[4], си́ней, фиоле́товой[5] и перехо́дит в у́гольно-чёрный[6] цвет».

Сквозь голубизну́[7] просве́чивают[8] золоти́сто-па́левые[9] пя́тна[10] — э́то облака́...

Ещё бли́же к Земле́ — и шар стано́вится сине́е и сине́е, вперемéжку[11] с расплы́вчатыми[12] зелёными, жёлтыми и кори́чневыми пя́тнами.

На́ша плане́та с успе́хом могла́ бы называ́ться «Вода́», а не «Земля́», потому́ что почти́ на 3/4 она́ покры́та водо́й. Лишь о́коло 29,2% пове́рхности земно́го ша́ра занима́ет су́ша. На бо́льшей ча́сти её (16%) тя́нутся пусты́ни, сыпу́чие[13] пески́, приполя́рные[14] райо́ны с о́чень ску́дной[15] расти́тельностью.

На ве́чно волну́ющейся[16] пове́рхности Мирово́го океа́на со́лнечные бли́ки[17], бе́лые грома́ды льдов[18] и сне́га, кори́чневые с чёрными теня́ми го́рные це́пи[19], жёлтые пя́тна пусты́нь, блестя́щие изви́тые ни́ти[20] — ре́ки Земли́; пя́тнами видны́ города́, тёмно-зелёные леса́ Земли́ и ка́к бы размы́тая зе́лень степе́й[21]. Земля́ из ко́смоса — исто́чник безграни́чного вдохнове́ния[22].

Земля — космический корабль. Не похо́жа ли Земля́ на огро́мный косми́ческий кора́бль, с экипа́жем почти́ в три миллиа́рда челове́к, мно́гими и мно́гими ты́сячами ви́дов расте́ний и живо́тных?

Из ко́смоса Земля́ получа́ет то́лько со́лнечную эне́ргию.

Эне́ргия, посыла́емая Со́лнцем, даёт Земле́ живи́тельное[23] тепло́.

В зелёном листе́ скры́та та́йна ве́чной жи́зни на

1. connection
2. sharp
3. rich pallette
4. azure
5. lilac
6. jet-black
7. blueness
8. are seen through
9. golden pale-yellow
10. spots
11. alternating with
12. diffused
13. quicksands
14. Polar
15. scarce
16. agitated
17. patches of sunlight
18. huge icefloes
19. mountain ranges
20. (*fig*) winding threads
21. blurred green patches of the steppe
22. inspiration
23. life-giving

1. provider
2. absorb
3. carbon dioxide
4. nitrogen
5. phosphorus
6. elements
7. secrete
8. oxigen

Земле́. Он ло́вит со́лнечный луч и обеспе́чивает им весь экипа́ж косми́ческого корабля́ — Земли́.

Зелёный лист — корми́лец [1] и ве́чный тру́женик земно́го экипа́жа. Ка́ждый год расте́ния усва́ивают [2] из атмосфе́ры о́коло четырёхсо́т миллиа́рдов тонн углеки́слого га́за [3], да из по́чвы о́коло пяти́ миллиа́рдов тонн азо́та [4], о́коло одного́ миллиа́рда тонн фо́сфора [5] и де́сять-пятна́дцать миллиа́рдов тонн други́х элеме́нтов [6].

Ка́ждый год расте́ния выделя́ют [7] в атмосфе́ру о́коло трёхсо́т миллиа́рдов тонн кислоро́да [8], без кото́рого невозмо́жна жизнь почти́ всех живы́х су-

Лесники́ бе́режно уха́живают за ле́сом.

ще́ств. И о́коло трёхсо́т восьми́десяти миллиа́рдов тонн белко́в, жиро́в и углево́дов расте́ния создаю́т ежего́дно.

Вся жизнь на Земле́ свя́зана с Со́лнцем через зелёный лист.

Лесозащитная полоса: что вы знаете об этом? Пе́рвые попы́тки насажда́ть леса́ в безво́дной степи́ бы́ли ещё при Петре́ I. Давно́ уж вокру́г садо́в выса́живали е́ли и други́е высо́кие дере́вья.

Поме́щик[1] Ломино́вский в нача́ле XIX ве́ка поста́вил образцо́вое[2] своё хозя́йство в усло́виях Полта́вской губе́рнии. Он посади́л леса́ на скло́нах овра́гов[3], лесны́е дере́вья вокру́г садо́в и лесны́е по́лосы в степи́. Н. Го́голь описа́л Ломино́вского под и́менем Костанжо́гло во второ́й ча́сти «Мёртвых душ».

«Лес у него́,— писа́л Н. Гоголь,— кро́ме того́, что для ле́са, ну́жен зате́м, что́бы в таково́м-то ме́сте на сто́лько-то вла́ги приба́вить поля́м, на сто́лько-то унавозить[4] па́дающим листо́м[5], на сто́лько-то дать те́ни... Когда́ вокру́г за́суха[6], у него́ нет за́сухи: когда́ вокру́г неурожа́й[7], у него́ нет неурожа́я». В поме́стье Костанжо́гло поража́л вид лесны́х поло́с: «...через всё по́ле се́яный лес[8], ро́вный, дере́вья как стре́лка[9]; за ни́м друго́й повы́ше, то́же молодня́к[10]; за ни́м ста́рый лес, и все — оди́н вы́ше друго́го. Пото́м опя́ть полоса́ по́ля, покры́тая густы́м хле́бом[11], и сно́ва таки́м же о́бразом молодо́й лес, и опя́ть ста́рый».

В. Докуча́ев в свое́й кни́ге «На́ши сте́пи пре́жде и тепе́рь» не то́лько вы́явил причи́ны[12] за́сухи и предложи́л план борьбы́ с не́ю, но на сле́дующий же год по́сле голо́дного 1891 го́да организова́л «Осо́бую экспеди́цию по испыта́нию и учёту[13] разли́чных спо́собов[14] и приёмов[15] лесно́го и во́дного хозя́йства в степя́х Росси́и» и выезжа́л для организа́ции о́пытных поса́док[16] на ю́ге.

1. landowner
2. exemplary
3. on the slopes of the gullies
4. to manure
5. with fallen leaves
6. drought
7. crop failure
8. planted forest
9. (*fig*) as an arrow
10. young growth
11. rich cornfields
12. found the causes
13. for testing and accounting
14. methods
15. devices
16. experimental plantations
17. custom
18. for a cup of tea
19. for a friendly chat
20. liked
21. that impressed

Литературные чтения

Есть тако́й хоро́ший обы́чай[17]: соберу́тся друзья́ зи́мним ве́чером за ча́шкой ча́я[18], за дру́жеской бесе́дой[19] и ка́ждый чита́ет вслух то́, что осо́бенно полюби́лось[20], запа́ло в ду́шу[21]. Предлага́ем вам на вы́бор те́ксты для таки́х литерату́рных чте́ний.

Белый лес (*М. Усов*). Это был обы́чный лес. Ми́мо него́ по блестя́щему асфа́льту пробега́ли автомаши́ны. Лю́ди спеши́ли: у ка́ждого дела́...

1. you can't see
2. densely
3. tree crowns
4. barrier
5. turn
6. lace-like with hoarfrost
7. through
8. are outlined
9. twist
10. without taking eyes off
11. finely patterned
12. wandering
13. growing
14. at the side of the road
15. row
16. plantations
17. fairly frequently
18. racked my brains
19. unsolved
20. happened to be
21. path
22. my feet were sinking in the snow
23. footprints
24. ground wind
25. disappeared under the falling snow
26. right before my eyes
27. spangled
28. (*fig*) sausages
29. are scattered
30. tiny

Ско́лько раз мне доводи́лось проезжа́ть ми́мо э́того ле́са! Бы́стро мчи́тся маши́на вдоль зелёной стены́. Гла́зу не прони́кнуть[1] да́льше пе́рвого ря́да дере́вьев. Они́ раски́нули ве́тви, пло́тно[2] сошли́сь кро́нами[3], не даю́т загляну́ть внутрь ле́са.

Зелёная прегра́да[4].

И сно́ва — в како́й раз — я в пути́. То́лько вре́мя не для зе́лени — янва́рь.

По привы́чке повора́чиваю[5] го́лову вле́во, к знако́мому ле́су.

Весь бе́лый, кружевно́й от и́нея[6], он ви́ден наскво́зь[7]. Бе́лые ве́точки то́нко вырисо́вываются[8] ка́ждым свои́м изги́бом[9].

Безотры́вно[10] гляжу́ на бе́лый зи́мний лес. Како́й он узо́рчатый[11], необы́чный!

И хо́чется уви́деть Де́да Моро́за — вот тепе́рь, сейча́с же.

Маленькая тайна (*Ю. Дми́триев*). Одна́жды, бродя́[12] по ле́су, я заме́тил три молоды́е берёзки, ро́сшие[13] у обо́чины доро́ги[14]. Вро́де бы ничего́ удиви́тельного. Но деревца́ росли́ на одина́ковом расстоя́нии друг от дру́га, и э́то меня́ заинтересова́ло. Ско́ро соверше́нно в друго́м ме́сте сно́ва уви́дел ту́ же карти́ну. Похо́же бы́ло, что кто́-то специа́льно посади́л тут дере́вья. На э́тот раз берёзок бы́ло семь — це́лая шере́нга[15]. Присма́триваясь, я стал замеча́ть, что таки́е «поса́дки»[16] встреча́ются дово́льно ча́сто[17]. Неуже́ли берёзки кто́-нибудь сажа́л? Нет, не мо́жет быть! Тогда́ почему́ же они́ расту́т так ро́вно, на одина́ковом расстоя́нии друг от дру́га?

Я до́лго лома́л го́лову[18], пыта́ясь разгада́ть та́йну берёзок, но ничего́ не мо́г приду́мать. Мо́жет быть, э́та та́йна так и оста́лась бы неразга́данной[19], е́сли бы одна́жды я не очути́лся[20] в лесу́ зимо́й.

Идти́ по тропи́нке[21] бы́ло тру́дно, я увяза́л в снегу́[22], вдруг заме́тил следы́[23] челове́ка. Кто́-то здесь прошёл. И прошёл совсе́м неда́вно, потому́ что следы́ ещё не успе́ла замести́ позёмка[24].

Я пошёл по э́тим следа́м. Позёмка закрути́ла сильне́е и ста́ла заноси́ть[25] следы́ пря́мо у меня́ на глаза́х[26]. И вдруг... Я останови́лся и огляде́лся вокру́г — весь снег был усе́ян[27] чёрными то́чками. Да э́то семена́ берёз! Ле́том на берёзах вися́т зелёные «колба́ски»[28]. К о́сени они́ созрева́ют и как бу́дто высыха́ют. А зимо́й ве́тер срыва́ет э́ти «колба́ски», и они́ рассыпа́ются[29] на ты́сячи кро́шечных[30] «самолётиков». Однý часть э́тих семя́н — «самолётиков» вéтер унóсит подáльше, иногдá далекó-далекó, а другáя часть их остаётся тýт же. И вот онá лежи́т на снегý передо мнóй.

Мне нáдо бы́ло торопи́ться. Но я стоя́л и смотрéл. Вот снóва налетéл вéтер. Он сгрёб снег, а вмéсте с ни́м и семенá берёз, потащи́л их и часть брóсил в я́мки. В те сáмые я́мки, котóрые остáлись от следóв человéка, прошéдшего впереди́.

Так вот, окáзывается, откýда на обóчинах дорóг появля́ются берёзки и почемý они́ растýт на одинáковом расстоя́нии друг от дрýга. Вéтер наметáет[1] семенá в глубóкие следы́, потóм занóсит[2] их снéгом. Придёт веснá, растáет снег, часть семя́н унесýт весéнние вóды[3], но каки́е-то остáнутся, прижáвшись к землé, зацепи́вшись[4] за трави́нки[5]. А через гóд там, где прошёл человéк, на мéсте егó следóв, поя́вятся крóшечные[6] берёзки!

Я шагáл по лéсу, старáясь не наступи́ть на чужи́е следы́. Шёл и огля́дывался: наметёт ли вéтер и в мои́ следы́ семенá берёз?

Мне óчень хотéлось, чтоб намёл.

Лесной год (*В. Биáнки*). ...В лесý все живýт по сóлнцу[7].

Зá год сóлнце дéлает ширóкий круг по нéбу. Кáждый мéсяц онó прохóдит однó из созвéздий[8], оди́н из знáков Зодиáка, как называ́ются э́ти двенáдцать созвéздий.

Нóвый год в леснóм календарé[9] не зимóй, а веснóй — когдá сóлнце вступáет в созвéздие[10] Овéна. Весёлые прáздники бывáют в лесý, когдá там встречáют сóлнце; грýстные дни — когдá егó провожáют.

Мéсяцев в леснóм календарé мы насчитáли стóлько же, скóлько и в нáшем — двенáдцать.

Тóлько назвáли мы их по-другóму — по-леснóму.

I мéсяц Пробуждéния от спя́чки[11] (1-й мéсяц гóда и весны́) 21 мáрта — 20 апрéля.
II мéсяц Возвращéния пернáтых[12] на Рóдину — 21 апрéля — 20 мáя
III мéсяц Пéсен и пля́сок[13] (3-й мéсяц весны́) — 21 мáя — 20 ию́ня
IV мéсяц Гнёзд[14] — 21 ию́ня — 20 ию́ля
V мéсяц Птенцóв[15] — 21 ию́ля — 20 áвгуста
VI мéсяц Стай[16] (3-й мéсяц лéта) — 21 áвгуста — 20 сентября́

1. sweeps
2. covers
3. spring floods
4. clinging
5. grass blades
6. tiny
7. follow the sun
8. constellations
9. forest calender
10. joins the constellation of Taurus
11. coming out of hibernation
12. return of migratory birds
13. dancing
14. nests
15. fledgelings
16. flocks

1. farewell ceremonies of migratory birds
2. storehouses
3. guests
4. white paths
5. severe hunger
6. endure till spring
7. after a long journey
8. feet ached
9. in the hut
10. intoxicating
11. infused with
12. fir tree resins
13. threw a glance
14. pocket
15. shag
16. snow-maiden
17. *here*: tomorrow is a new day

18. in the morning
19. to fetch water
20. shaggy
21. fir-tree
22. tree stumps looking like bumpkins
23. don't miss
24. (*fig*) spurted out
25. sparkled with rainbows
26. went out
27. thick tree-crown
28. radiant
29. eye-lashes
30. glided
31. stretch your hands
32. join the round dance

VII ме́сяц Проща́ния Перелётных [1] с Ро́диной — 21 сентября́ — 20 октября́
VIII ме́сяц По́лных кладовы́х [2] — 21 октября́ — 20 ноября́
IX ме́сяц Зи́мних госте́й [3] (3-й ме́сяц о́сени) — 21 ноября́ — 20 декабря́
X ме́сяц Пе́рвых Бе́лых троп [4] — 21 декабря́ — 20 января́
XI ме́сяц Лю́того го́лода [5] — 21 января́ — 20 февраля́
XII ме́сяц Дотерпи́ до весны́ [6] (3-й ме́сяц зимы́) — 21 февраля́ — 20 ма́рта

Снегурочкины глаза (*Э. Мацкевич*). Мы бесе́довали допоздна́. С доро́ги [7] гуде́ли но́ги [8], а в избу́шке [9] был тако́й густо́й, пьяня́щий во́здух [10], насто́енный на [11] души́стой пи́хтовой смоле́ [12], что клони́ло ко сну́...

Стари́к стрельну́л в меня́ гла́зом [13], поле́з в карма́н [14] за махо́ркой [15] и сказа́л, как говоря́т в ска́зках:

— Спи, бу́дет снегу́рочка [16]. Утро ве́чера мудрене́е [17].

Ра́но поутру́ [18] засве́тилось око́нце си́ним све́том. Дед Си́дор собра́лся по́ воду [19] и по́днял меня́: «Иди́, гляди́ снегу́рушку».

Вокру́г избы́ всё бы́ло си́не: и сугро́бы, и лохма́тые [20] пи́хты [21], и грома́дные пни-у́вальни [22].

— Смотри́, не прозева́й [23],— сказа́л стари́к.

Со́лнце бры́знуло [24] неожи́данно, и лес сра́зу заблиста́л, засверка́л, зацвёл ма́ленькими ра́дугами [25]. Синева́ пога́сла [26], лишь на снегу́, как на бе́лой бума́ге, легли́ от дере́вьев голубы́е дли́нные те́ни.

Среди́ густы́х пихт, что стоя́ли ме́жду мной и со́лнцем, оказа́лась одна́, бо́лее высо́кая и стро́йная.

В э́то вре́мя два о́стрых луча́ проби́ли густу́ю кро́ну [27] голубо́й е́ли и гля́нули на ле́с снегу́рочкиными глаза́ми. Дли́нные лучи́стые [28] ресни́цы [29] скользну́ли [30] по ве́твям, и от их прикоснове́ния посы́пались вниз со́нные снежи́нки...

Вот она́ передо мно́й, настоя́щая снегу́рочка, стои́т в золото́м сия́нии. Хо́чешь — любу́йся, хо́чешь — ру́ки протяни́ [31] и кружи́сь в хорово́де [32]. А дед Си́дор стоя́л и улыба́лся: «Ну, пра́вду я говори́л?»
Ах, дед, дед, ты к тому́ же ещё и ли́рик.

1. doesn't offer you any treats
2. dense forest
3. to stroll
4. offer gifts
5. on the oak
6. becomes tanned
7. tells fortunes
8. bluish-gray
9. crow
10. squirrel
11. ruse
12. hid
13. biding time

Лесная сказка. (*И. Ко́бзев*)

Когда́ пусты́ в лесу́ кусты́
И лес ниче́м не угоща́ет [1],
Его́ «нену́жной» красоты́
Почти́ никто́ не замеча́ет...

А я люблю́ сквозь глушь [2] брести́ [3]
Здесь вся́кий раз идёшь, не зна́я:
Кака́я та́йна впереди́
И чем ода́рит [4] даль лесна́я.
Чуть слы́шно га́ечки * пою́т
На ду́бе [5] бронзове́ет [6] кро́на.
Почти́ как пти́ца Гамаю́н *
Вещу́ет [7] си́зая [8] воро́на [9].
Вот бе́лка [10], сде́лав хи́трый [11] ход,
За ве́тку спря́талась [12], поме́шкав [13],
И ка́жется, как бу́дто ждёт
Заве́тных [14] золоты́х оре́шков *

КОММЕНТАРИЙ

га́ечки, *мн. ч.* (*ед. ч.* — га́ечка, *ж. р.*) — ма́ленькие сини́чки

Гамаю́н, и́мя со́бственное — волше́бная пти́ца

золоты́е оре́шки — бе́лка, грызу́щая золоты́е оре́шки, живёт в «Ска́зке о царе́ Салта́не, о сы́не его́ сла́вном и могу́чем богатыре́ кня́зе Гвидо́не Салта́новиче и о прекра́сной царе́вне Ле́беди» А. Пу́шкина. Пу́шкинские ска́зки изве́стны с де́тства и мно́гие их стро́ки ста́ли давно́ крыла́тыми:

Ель растёт перед дворцо́м,
А под не́й хруста́льный дом;
Бе́лка там живёт ручна́я [15],
Да зате́йница [16] кака́я!
Бе́лка пе́сенки поёт,
Да оре́шки всё грызёт [17],
А оре́шки не просты́е,
Всё скорлу́пки [18] золоты́е...

Стоит тайга. *И. Беляко́в*

Сто́ит тайга́ дрему́чая [19] —
Густо́й бескра́йний лес.
Дере́вья здесь могу́чие
До са́мых до небе́с [20].
Здесь со́сны [21],
Ке́дры [22],
Ёлочки [23] ...
Под и́неем-снежко́м [24]

14. cherished
15. tamed
16. ingenious creature
17. cracks
18. shell
19. dense
20. as high as the sky
21. pine-trees
22. cedars
23. little fir-trees
24. hoar-frost and snow

Колю́чие иго́лочки
Сверка́ют серебро́м.
Моро́з
Берёзку не́жную
Уви́дел —
Полюби́л
И дороги́е сне́жные
Ей бу́сы подари́л.

Лес *А. Кольцо́в (посвяща́ется па́мяти А. С. Пу́шкина)*

Что, дрему́чий лес,
Призаду́мался,
Гру́стью тёмною
затума́нился?..
Ты стои́шь, пони́к,
И не ра́туешь
С мимолётною
Ту́чей-бу́рею.
Густоли́ственный
Твой зелёный шлем
Бу́йный вихрь сорва́л —
И разве́ял в прах.
Плащ[1] упа́л к нога́м
И рассы́пался...
Ты стои́шь, пони́к,
И не ра́туешь...

Где́ ж тепе́рь твоя́
Мочь зелёная?
Почерне́л ты весь,
Затума́нился...
Не оси́лили
Тебя́ си́льные,
Так доре́зала
Осень чёрная.
Знать, во вре́мя сна,
к безору́жному
Си́лы вра́жие
Понахлы́нули.
С богаты́рских плеч[2]
сня́ли го́лову[3] —
Не большо́й горо́й,
А соло́минкой[4] ...

В наро́де говоря́т, что «по́ле глаза́сто[5], а лес уша́ст[6]». И э́то так. В по́ле далеко́ уви́дишь, а в лесу́ далеко́ услы́шишь. И «пу́сто[7] никогда́ не быва́ет в лесу́, а е́сли ка́жется пу́сто, то сам винова́т», — э́то заме́тил М. При́швин. Лес для него́ живо́е, одухотворённое[8] существо́.

Северный лес (*М. Пришвин*). Ско́лько раз, быва́ло, на тя́ге стои́шь* под берёзкой и над тобо́й ка́пает[9] сок[10] обло́мленного[11] сучка[12], и чу́вствуешь всем свои́м существо́м[13], что жива́я э́та берёзка...

Как мне хоте́лось тогда́, сто́я на тя́ге под берёзкой в лесу́, научи́ться понима́ть жизнь како́го-нибудь уча́стка ле́са, что́бы он, долголе́тний[14], рассказа́л бы мне о судьбе́ люде́й с тако́й коро́тенькой жи́знью.

Нам остаётся то́лько вслу́шаться[15] в лес, всмотре́ться[16] в степь и тогда́ мы услы́шим расска́з и о лесно́й, и о степно́й жи́зни, и о челове́ческой.

1. cloak
2. powerful shoulders
3. chopped off the head
4. not with a big force but with a straw
5. keen-eyed
6. has big ears
7. empty
8. animate
9. drops
10. juice
11. broken
12. twig
13. with all one's being
14. full of years
15. to listen intently
16. to look intently

КОММЕНТАРИЙ

стоя́ть на тя́ге — (из языка́ охо́тников): охо́та во вре́мя полёта птиц (ва́льдшнепов), их у́треннего вы́лета (тя́нут в не́бо)

1. oak forests
2. in the morning mist
3. embrace
4. joy for the heart
5. poplar
6. fade
7. fire weed
8. of what you have read
9. personal observations
10. was retained in memory
11. boundless
12. age-old
13. dense
14. forbidden

РУССКАЯ ПРИРОДА

слова́ А. Попере́чного *Му́зыка В. Хороща́нского*

Стоя́т в тиши́ дубра́вы [1],
даль в у́треннем дыму́ [2],
я упаду́ на тра́вы
и зе́млю обниму́ [3].
В любо́е вре́мя го́да
в снега́, ветра́, дожди́
мне ру́сская приро́да,
как пра́здник для души́ [4].
Припев.
Зацвета́ет то́поль [5],
вя́нет [6] Ива́н-чай [7],
ру́сская приро́да
ра́дость и печа́ль...

ЗАДАНИЕ-ПОЖЕЛАНИЕ

Лес и степь — како́е впечатле́ние оста́лось у ва́с от прочи́танного [8]? Что напо́мнило вам ва́ши со́бственные наблюде́ния [9]? Что осо́бенно запо́мнилось [10]? Како́й наш лес? Кака́я на́ша степь? Начнём?

Безбре́жная, беспреде́льная, широ́кая,
во́льная, приво́льная, раздо́льная, безогля́дная [11],
молчали́вая, безмо́лвная, глуха́я, нема́я,
жёлтая, золота́я, зелёная...
А ещё кака́я? Продолжа́йте!
А тепе́рь лес —
векого́й [12], глухо́й [13], дрему́чий, запове́дный [14]
густо́й, густоли́ственный
дрему́чий, со́нный
могу́чий, заду́мчивый
тёмный
шу́мный
ти́хий
зелёный, зеленоку́дрый [15], кудря́вый [16]
пы́шный [17]
тени́стый
золото́й
светлоство́льный [18]...

Лес — степь — поле —
бескра́йнее, беспреде́льное, безграни́чное

15. green-curled
16. curly
17. lush
18. light-trunked

громáдное, обши́рное, неогля́дное, простóрное[1]
пшени́чное, ржанóе, золотóе, жёлтое
чи́стое[2], тýчное[3], щéдрое[4], души́стое...

Души́стое... А как пáхнет хлéбное пóле, кóлос? Если взять в рýки кóлос, подержáть в ладóнях[5] зёрна? А как пáхнет хлеб — свежевы́печенный, румя́ный[6], с духови́той кóрочкой[7]?

Скóлько стои́т за краю́шкой хлéба[8] трудá человéческого? И какóго?

Возьми́те кусóчек чёрного хлéба — попрóбуйте — бýдто пéрвый раз в жи́зни. И ещё: что такóе крóхотные бухáночки[9] хлéба на косми́ческой орби́те?

С чем мóжно сравни́ть нáшу Зéмлю, éсли смотрéть из кóсмоса? Каки́е крáски? Что они́ означáют? Зелёные пя́тна? Это лес. А что знáчит для жи́зни зелёный лист? И, конéчно, лес?

Давáйте подýмаем, вспóмним и расскáжем о нáшем зелёном дрýге. Что даёт нам лес? Как одухотворя́ет[10] нас?

У кáждого свои́ впечатлéния, свои́ ощущéния[11], воспоминáния. Постарáйтесь сказáть, вы́разить сáмое глáвное, отыскáв[12] сáмые нýжные и тóчные словá.

1. spacious
2. pure
3. succulent
4. generous
5. palms
6. brown
7. fragrant crust
8. slice of bread
9. loaf
10. inspires
11. perceptions
12. finding

И в заключение

Nomina si nescis, perit et cognitio rerum — Если ты не знáешь имён, пропадáет и знáние вещéй. Эта мýдрость из вéка в век передаётся мнóгими нарóдами. И рáзве э́то не прáвда? Что мы знáем о берёзе, éсли ничегó не знáем об истóрии её и́мени?

Ужé в бóлее бли́зкое нам врéмя Н. Гóголь, как всегдá проникновéнно, отмéтил си́лу и вели́чие слóва: «Диви́шься драгоцéнности нáшего языкá: что ни звýк, то и подáрок; всё зерни́сто, крýпно, как сам жéмчуг, и прáво, инóе назвáние ещё драгоцéннее самóй вéщи. Да éсли тóлько уберёшь таки́ми словáми стих свой — целикóм унесёшь читáтеля в минýвшее...» («Предмéты для лири́ческого поэ́та в ны́нешнее врéмя»).

А вот лири́ческий поэ́т начáла нáшего вéка оцéнивает окружáющие предмéты и дáже вóвсе не для тогó, чтóбы унести́ читáтеля в минýвшее, а чтóбы поня́ть «бег совремéнности», чтóбы поня́ть своегó совремéнника: «Эта я́ркая, нéжная зéлень, свéжестью своéй удиви́тельная, принадлежи́т нóвой одухотворённой прирóде... Не метрополитéном, не небоскрёбом измеря́ется бег совремéнности, ско́рость, а весёлой тра́вкой, кото́рая пробива́ется из-под городски́х камне́й... Яблоки, хлеб, карто́фель — отны́не утоля́ют не то́лько физи́ческий, но и духо́вный го́лод. Совреме́нник не зна́ет то́лько физи́ческого го́лода, то́лько духо́вной пи́щи. Для него́ и сло́во — плоть, и просто́й хлеб — весе́лье и та́йна» (О. Мандельшта́м. Сло́во и культу́ра).

Н. Го́голь писа́л о слова́х, свя́занных с исто́рией, а К. Паусто́вский со́здал дифира́мб слова́м ве́чным, ве́чным в жи́зни на́шего наро́да. В «Золото́й ро́зе» К. Паусто́вского есть осо́бенно примеча́тельные две главы́: «Язы́к и приро́да» и «Словари́». Прочтём не́которые стро́чки из э́тих глав.

«Я уве́рен, что для по́лного овладе́ния ру́сским языко́м, для того́, что́бы не потеря́ть чу́вство э́того языка́, ну́жно не то́лько постоя́нное обще́ние с просты́ми ру́сскими людьми́, но та́кже с па́житями и леса́ми, во́дами, ста́рыми и́вами, с пересви́стом птиц и с ка́ждым цветко́м...

В э́то ле́то я узна́л за́ново — на о́щупь, на вку́с, на за́пах — мно́го слов, бы́вших до той поры́ хотя́ и изве́стными мне, но далёкими и непережи́тыми. Ра́ньше они́ вызыва́ли то́лько оди́н обы́чный ску́дный о́браз. А вот тепе́рь оказа́лось, что в ка́ждом тако́м сло́ве зало́жена бе́здна живы́х о́бразов...».

А э́та «бе́здна живы́х о́бразов» создаёт «своего́ ро́да зако́н возде́йствия писа́тельского сло́ва на чита́теля». Если писа́тель ничего́ не ви́дит за сло́вом, то и чита́тель ничего́ не уви́дит. «Но е́сли писа́тель хорошо́ ви́дит то, о чём пи́шет, то са́мые просты́е и поро́й да́же стёртые слова́ приобрета́ют новизну́, де́йствуют на чита́теля с рази́тельной си́лой и вызыва́ют у него́ те мы́сли, чу́вства и состоя́ния, каки́е писа́тель хоте́л ему́ переда́ть». А у на́с, не пра́вда ли, сама́ собо́ю возни́кла паралле́ль: преподава́тель нахо́дит о́тклик у свои́х ученико́в то́лько тогда́, когда́ сам хорошо́ ви́дит, зна́ет то, о чём говори́т.

И да́лее, уже́ в главе́ «Словари́» К. Паусто́вский продолжа́ет: «Вся́кие мы́сли прихо́дят иногда́ в го́лову. Наприме́р, мысль о то́м, что хорошо́ бы соста́вить не́сколько но́вых словаре́й ру́сского языка́...» Кста́ти, подо́бная мысль в своё вре́мя владе́ла и Н. Го́голем. Но вернёмся к К. Паусто́вскому: «Ду́мая об э́тих словаря́х, осо́бенно о словаре́ „приро́дных" слов, я дели́л его́ на разде́лы: слова́ „лесны́е", „полевы́е", „луговые", слова́ о времена́х го́да... Я понима́л, что тако́й слова́рь ну́жно составля́ть так, что́бы его́ мо́жно бы́ло чита́ть как кни́гу. Тогда́ он да́л бы представле́ние как о на́шей приро́де, так и о неисчерпа́емых бога́тствах языка́».

К. Паусто́вский де́лится свои́м о́пытом: «Пе́рвое „лесно́е" сло́во, како́е меня́ соверше́нно заворожи́ло, бы́ло — глухома́нь... А пото́м уже́ шли настоя́щие лесны́е слова́: корабе́льная ро́ща, оси́нник, мелколе́сье, песча́ный бор, черноле́сье, пу́стошь, опу́шка, лесно́й кордо́н, березня́к...

Ещё есть мно́го слов и не лесны́х, но они́ с тако́й же си́лой, как и лесны́е, заряжа́ют нас скры́тым в них очарова́нием».

Суме́л ли а́втор предо́женной кни́ги, хоть в како́й-то ме́ре показа́ть сло́во «на о́щупь, на вку́с, на за́пах», раскрыть очарова́ние ста́рых просты́х слов? Одно́ мо́жно сказа́ть с уве́ренностью: а́втор к э́тому стреми́лся, ви́дел в э́том свою́ цель. «Зови́те меня́ ва́рваром в педаго́гике, но я вы́нес из впечатле́ний мое́й жи́зни глубо́кое убежде́ние, что прекра́сный ландша́фт име́ет тако́е огро́мное воспита́тельное влия́ние на разви́тие молодо́й души́, с кото́рым тру́дно сопе́рничать влия́нию педаго́га». Этими сужде́ниями, мо́жет быть, са́мого замеча́тельного педаго́га К.Уши́нского мне и хоте́лось бы зако́нчить на́ши бесе́ды.

БРАГИНА
Алла Алексеевна

Учебное издание

Зав. редакцией *В. Н. Торопова*
Редактор *Е. Г. Никитина*
Мл. редактор *Е. А. Крючкова*
Редакторы перевода *В. А. Гапаков, Е. В. Сидорова*
Художественный редактор *В. С. Голубев*
Технический редактор *В. Ф. Козлова*
Корректор *Л. А. Набатова*